产业布局原理
基础理论、优化目标与未来方向

Principle of Industrial Layout:
Basic Theories, Optimization Goals and Future Direction

胡安俊◎著

中国社会科学出版社

图书在版编目（CIP）数据

产业布局原理：基础理论、优化目标与未来方向／胡安俊著 .—北京：中国社会科学出版社，2021.9
ISBN 978 – 7 – 5203 – 9232 – 7

Ⅰ.①产… Ⅱ.①胡… Ⅲ.①产业布局—研究 Ⅳ.①F264

中国版本图书馆 CIP 数据核字（2021）第 197515 号

出 版 人	赵剑英
责任编辑	黄　晗
责任校对	郝阳洋
责任印制	王　超

出　　版	中国社会科学出版社
社　　址	北京鼓楼西大街甲 158 号
邮　　编	100720
网　　址	http://www.csspw.cn
发 行 部	010 – 84083685
门 市 部	010 – 84029450
经　　销	新华书店及其他书店
印　　刷	北京明恒达印务有限公司
装　　订	廊坊市广阳区广增装订厂
版　　次	2021 年 9 月第 1 版
印　　次	2021 年 9 月第 1 次印刷
开　　本	710×1000　1/16
印　　张	19.75
插　　页	2
字　　数	276 千字
定　　价	108.00 元

凡购买中国社会科学出版社图书，如有质量问题请与本社营销中心联系调换
电话：010 – 84083683
版权所有　侵权必究

序

《产业布局原理——基础理论、优化目标与未来方向》一书是胡安俊博士对过去几年学术研究的提炼与总结。当前中国面临着经济下行压力、生态环境压力、区域城乡差距压力等问题。合理的产业布局既是解决这些问题的关键一招,也是解决人民日益增长的美好生活需要和不平衡不充分的发展之间的矛盾、实现高质量发展的关键所在。本书在探讨了产业布局研究的重大意义之后,从产业布局理论、产业布局目标和产业布局方向三大方面对产业布局原理进行了较为系统的阐述,讨论了中国产业布局的未来方向。

本书认为产业布局不仅是一个组合形态问题,也是一个调整配置过程。从组合形态方面看,产业布局涉及要素禀赋、集聚经济两大理论。具体而言,第二章从广义要素禀赋的视角,探讨了影响产业布局的自然环境、自然资源、物质资本、人力资本、数据要素等因素,这些因素导致空间异质,构成产业布局的基础。集聚经济是影响产业布局的重要原因,第三章从外部性的角度,探讨集聚经济与产业布局的理论关系与经验逻辑。从调整配置过程看,产业布局涉及产业转移、企业创立和战略政策等三大理论。第四章探讨了产业转移的理论流派,分析了中国制造业转入和转出的测度方法、测度结果与空间模式。中国跨区域的产业转移调整了产业结构,优化了空间结构。企业创立是产业结构与布局调整的源泉,第五章依托经济普查数据,分析了产业集聚与企业创立的逻辑关系。国家发展战略是产业空间演变的指南针，第六章以国家发展战略的演变为轴线，分析中华人民共和国成立以来产业布局的演变逻辑与主要驱动因素。产业布局的组合形态与调整过程都涉及时间和空间两个维度，第七章从产业生命周期的视角探讨了产业在不同发展阶段主要考虑的布局因素，第八章从产业布局的规划需求出发，将产业布局分为国家、区域和城市三个层级，归纳产业布局的基本原理与主要模式。

产业布局原理不仅包括基础理论，还包括布局目标。产业布局的第一大目标是产业与环境的匹配。主体功能区是产业布局的绿色基底，提供了产业布局的约束框架。提高能源效率是实现产业与环境和谐发展的最为重要的途径，第九章从提高能源效率的角度，分析了提高能效的产业与空间重点。产业布局的第二大目标是实现产业与城市的匹配，第十章分析了制造业与城市匹配的理论框架，借助门槛模型，研究了制造业与城市匹配的定量标准。产业布局的第三大目标是实现产业与人口的匹配，产业与人口匹配的本质是产业发展与就业增长的协调同步，第十一章分析了产业与人口匹配的四种类型及对策建议。

中国的产业布局取得了伟大的成就，积累了丰富的经验，同时也存在诸多问题，第十二章探讨了产业布局的未来方向。

总体而言，与国家对产业布局的巨大实践需求相比，产业布局原理的著作非常稀少。中国人民大学区域与城市经济研究所是研究产业布局的大本营，但是距离上一次出版《产业布局学原理》已经有20多个年头了。总结最近的二十多年既有研究成果，归纳产业布局原理，具有重要价值。与既有的产业布局著作相比，本书有两个方面的特点：

第一，区位理论是产业布局的基础理论，既有著作对区位理论的论述比较翔实。本书只在第一章对区位论进行了简要的介绍，并阐述其核心要点与产业布局的关系。本书把精力放在总结最近二十多年的研究进展与实践经验上。

第二，与既有著作侧重从各个产业角度（农业、细分制造业、交通运输、旅游业等）分析产业布局不同，本书更加侧重从原理的角度分析产业布局的理论机制与实现目标。本书提出了产业布局的七大基础理论，认为产业布局既是一个组合形态问题，也是一个调整配置过程。产业布局的组合形态与调整过程都要涉及时间和空间两大维度。同时，还提出了产业布局的三大目标，即实现产业与环境匹配、产业与城市匹配、产业与人口匹配。

胡安俊博士是一位致力于学术研究的年青学者，他在产业布局领域进行了大量的研究。本书不仅总结了产业布局的理论，提出了产业布局的目标，也指出了产业布局的方向，我向读者推荐这本书。

是为序。

孙久文
全国经济地理研究会会长
中国人民大学区域与城市经济研究所教授、博士生导师

目　录

第一章　绪言 ……………………………………………………（1）
　第一节　产业布局研究的重大意义 ……………………………（1）
　第二节　产业布局的定义及其特征………………………………（10）
　第三节　区位论与产业布局说形成………………………………（13）
　第四节　产业布局的三大研究范式………………………………（19）
　第五节　本书结构特点与内容框架………………………………（29）

第二章　要素禀赋与产业布局……………………………………（33）
　第一节　自然条件与产业布局……………………………………（33）
　第二节　资本条件与产业布局……………………………………（38）
　第三节　数据资源与产业布局……………………………………（45）

第三章　集聚经济与产业布局……………………………………（49）
　第一节　集聚经济本质与源泉……………………………………（49）
　第二节　集聚经济模型与数据……………………………………（56）
　第三节　集聚经济与产业布局……………………………………（60）

第四章　产业转移与空间布局……………………………………（68）
　第一节　产业转移的理论流派……………………………………（68）
　第二节　产业转入转出的测度方法………………………………（72）

第三节　产业转入转出的影响因素 …………………………………（78）
   第四节　产业转入转出的空间模式 …………………………………（80）

第五章　企业创立与产业布局 …………………………………………（84）
   第一节　创业精神的研究脉络 …………………………………………（84）
   第二节　创业精神相关测度 ……………………………………………（91）
   第三节　产业集聚与创业精神 ………………………………………（100）
   第四节　深圳的创业精神实践 ………………………………………（129）

第六章　战略政策与产业布局 …………………………………………（140）
   第一节　国家战略的总体演变历程 …………………………………（140）
   第二节　改革开放之前国家战略与产业布局 ………………………（142）
   第三节　改革开放之后国家战略与产业布局 ………………………（146）

第七章　生命周期与产业布局 …………………………………………（159）
   第一节　产业生命周期理论 …………………………………………（159）
   第二节　生命周期与产业布局 ………………………………………（162）

第八章　空间层级与产业布局 …………………………………………（183）
   第一节　空间层级研究的提出 ………………………………………（183）
   第二节　国家层级与产业布局原理 …………………………………（185）
   第三节　区域层级与产业布局范式 …………………………………（193）
   第四节　城市层级与产业布局转向 …………………………………（200）

第九章　产业与环境的匹配 ……………………………………………（207）
   第一节　产业与环境匹配意义 ………………………………………（207）
   第二节　主体功能区与生态基底 ……………………………………（209）
   第三节　能效分布与空间调控 ………………………………………（218）

第十章 产业与城市的匹配 (231)
第一节 产业与城市匹配意义 (231)
第二节 产业与城市匹配机制 (234)
第三节 产业与城市匹配方法 (238)
第四节 产业与城市匹配结果 (243)

第十一章 产业与人口的匹配 (249)
第一节 产业与人口匹配意义 (249)
第二节 产业与人口匹配机理与方法 (251)
第三节 产业与人口匹配模式 (254)

第十二章 中国产业布局的成就与方向 (262)
第一节 产业布局的成就经验 (262)
第二节 产业布局的方向与建议 (269)

参考文献 (275)

附录一 产业布局相关学术组织和期刊 (300)

附录二 2001—2011年中国城市的产业与人口匹配类型 (302)

后记 (305)

第 一 章

绪　言

经济活动总要落实在一定的地理空间上，于是便有了产业布局。产业布局研究产业在空间的分布规律，既是世界各国经济增长关注的焦点，也是宏观经济学、技术经济学和区域经济学等学科关注的重点（Krugman，1991；刘再兴等，1984；徐寿波，2012）。本章首先阐述了产业布局研究的重大意义，尤其是其对解决中国当前突出问题和推动学科建设的意义，交代了产业布局的定义与特征，简要回顾了区位论与产业布局学说的形成。其次，分析了产业布局的三大研究范式。最后，阐明了全书的结构特点与内容框架。

第一节　产业布局研究的重大意义

改革开放四十多年来，在对内改革与对外开放的综合推动下，中国经济取得了巨大的成就，同时也面临了许多挑战，主要表现为经济下行、生态环境压力、区域与城乡差距等问题。合理的产业布局关系到国家经济、社会、环境与安全大局，是应对这些挑战的关键一招。

一　中国经济下行压力很大

2008 年国际金融危机以来，全球经济呈现低增长、低利率的大停滞状态，中国出口增长不断放缓。与此同时，中国投资效益大幅下滑，拉动作用持续下降；产品质量不高，供给端不能适应需求端的要求；房价高企，收入分配差异扩大，从而抑制了居民的消费能力。在这些因素的综合作用下，中国经济下行压力不断加大，GDP增速已经由2007年的14.2%下降到2019年的6.1%，全社会固定资产投资增速由2009年的33.2%下降到2018年的0.47%（见图1—1）。作为固定资产投资的三大支柱，2012—2019年制造业、房地产和基础设施投资的比重总体稳定，但是投资增速明显下滑。

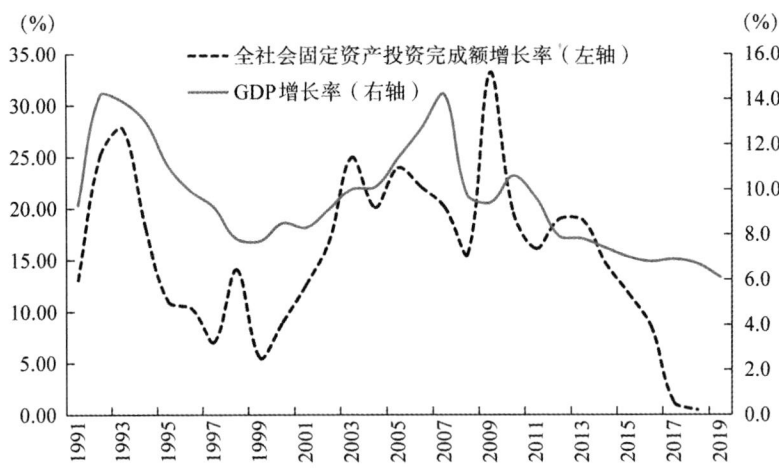

图1—1 中国GDP和固定资产投资增速的演变（1991—2019年）
资料来源：Wind数据库。

制造业PMI是反映商业活动所处周期状态的重要指标。扣除2008年国际金融危机、2009年和2010年"救市"这一时间段，可以发现2005年1月—2007年12月之间的制造业PMI的平均值为54.55，而2011年1月—2019年4月之间的制造业PMI的平均值仅为50.68，稍稍高于50的荣枯线，这反映出制造业经营困难、经济下行的压力很大（见图1—2）。

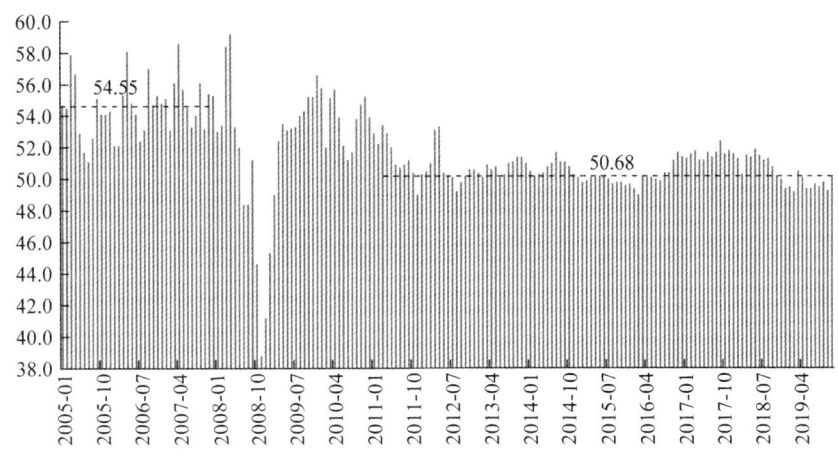

图 1—2 中国的制造业 PMI（2005 年 1 月—2019 年 4 月）

资料来源：Wind 数据库。

对于一个 14 亿人口的大国，经济增长速度保持在合理区间不仅是实现年均 1000 万以上人员就业的保障，也是实现"两个一百年"奋斗目标的根本保障。近年来中国经济下行对实现这些重大战略目标形成了不小的挑战。

二 中国生态环境压力很大

改革开放以来，中国工业化进程快速推进，用 40 多年时间从工业化早期阶段总体迈入工业化后期阶段。快速的工业化进程，一方面推动中国经济快速发展；另一方面也带来了巨大的环境污染。由于污染物量大、排放速度又快，远远超过了环境的自我吸收能力，很多污染物指标已经超过了环境的承载容量，带来了巨大的污染压力。

从主要污染物的排放看，除了工业固体废物大幅下降，氮氧化物、化学需氧量、二氧化硫呈现下降态势之外，废水、氨氮、工业废气都呈现不断上升态势（见图 1—3）。尽管中国各级政府和各类企业都加大力度进行整治，然而根据《2019 中国生态环境状况公报》，2019 年 337 个城市环境空气质量为优的天数占比只有 31.1%，轻度、中度、重度、严重污染的天数比例之和为18.0%。2019年中国酸雨区面积约为47.4万平方公里，占国土面积的5.0%，主要分布在长江以南、云贵高原以东地区，包括浙江、上海的大部分地区、福建北部、江西中部、湖南中南部、广东中部和重庆南部。2019年全国流域总体水质中Ⅰ类的比例为3.9%，Ⅱ类的为46.1%，Ⅲ类的为24.9%。

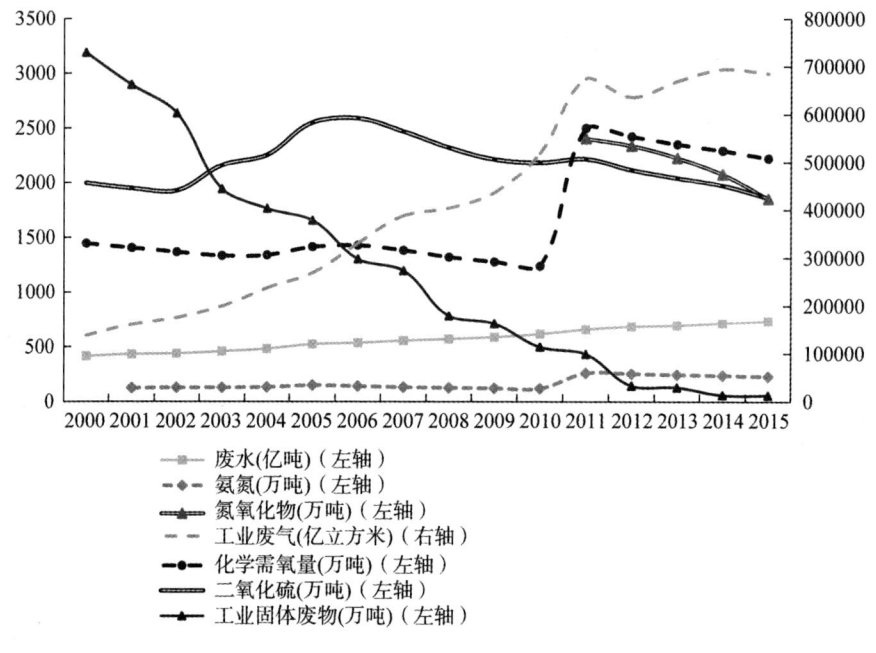

图1—3　各种污染物排放总量（2000—2015年）

资料来源：《中国环境统计年鉴2018》。

党的十九大报告提出生态文明建设是中华民族的千年大计，中国当前的生态环境与人民对天蓝水绿鸟语花香的需求还存在很大差距，这已成为影响人民健康的重要因素，生态环境还具有巨大的改善空间。

三　区域与城乡差距依然很大

经济发展的过程是一个"分散—集聚—再分散"的过程，表现在区域和城乡差距上为较小—较大—较小的倒"U"形过程（尽管经济发展过程与差距过程不完全一致和对应，即存在时间不一致的问题）。改革开放以来，尽管中国实施了许多区域和城乡协调的政策，比如西部大开发、东北振兴、中部崛起、新农村建设、乡村振兴等国家战略，但总体而言，区域和城乡主要表现为集聚的过程，中国的区域和城乡差距依然很大。

（一）区域差距

选择人均GDP最高省份与人均GDP最低省份计算相对差距与绝对差距。（1）从相对差距（人均GDP最高省份/人均GDP最低省份）来看，相对差距总体呈现波浪状下降态势。1978年人均GDP最高省份是人均GDP最低省份的14.3倍，2018年该指标下降为4.5倍。需要注意的是，2014年以来相对差距呈现扩大态势。（2）从绝对差距（人均GDP最高省份－人均GDP最低省份）来看，绝对差距呈现持续扩大态势。1978年人均GDP最高省份与人均GDP最低省份之差为2323元，2018年该指标扩大为108664元（见图1—4）。

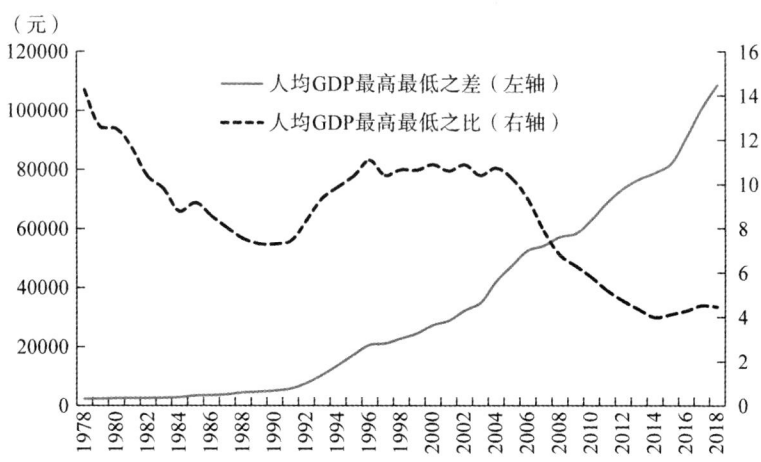

图1—4 改革开放以来中国的区域差距演变（1978—2018年）

资料来源：中国经济与社会发展统计数据库、Wind数据库。

(二) 城乡差距

选择城乡居民收入计算相对差距与绝对差距。(1) 从相对差距（城镇居民收入/农村居民收入）来看，相对差距呈现先上升后下降的态势。1978年城镇居民收入与农村居民收入之比为2.6倍，2007—2009年达到高峰值3.3倍，之后不断下降，2018年该指标下降为2.7倍。(2) 从绝对差距（城镇居民收入－农村居民收入）来看，绝对差距呈现持续扩大态势。1978年城镇居民收入与农村居民收入之差为209.4元，2018年该指标扩大为24634.0元（见图1—5）。

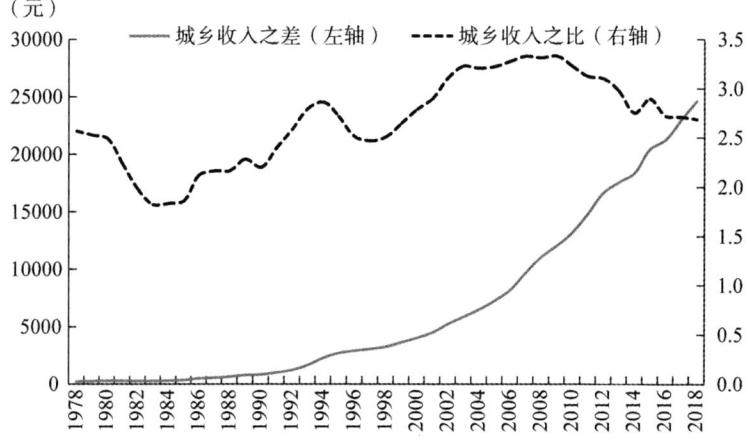

图1—5 改革开放以来中国的城乡差距演变（1978—2018年）
资料来源：中国经济与社会发展统计数据库、Wind数据库。

巨大的区域差距和城乡差距背后，也是巨大的教育、医疗、卫生等方面的差距。这种格局不仅不利于启动内需与经济增长，不利于人力资本等经济发展动力的持续提高，也不利于全体人民的整体福利改善，是"中等收入陷阱说"的重要影响因素。

四 产业布局及其研究意义

产业布局研究产业在空间的分布规律（刘再兴等，1984）。从静态看，产业布局是指产业的各部门、各要素、各链环在空间上的分布态势和地域上的组合。从动态看，产业布局则表现为各种资源、各生产要素为选择最佳区位而形成的在空间地域上的流动、转移或重新组合的配置与再配置过程。因此，产业布局不仅是一个组合形态，也是一个调整过程。

产业布局是解决当前中国存在的各种现实问题的关键一招，具有重大的现实意义；同时，产业布局是构建中国特色宏观经济学、技术经济学与区域经济学的关键一环，具有重大的理论意义与学科建设意义。

（一）产业布局是解决当前中国存在的各种现实问题的关键一招

2008年国际金融危机以来，中国经济增速下滑，经济发展进入新常态。为了实现"两个一百年"的奋斗目标和中华民族伟大复兴的中国梦，中央政府先后提出"一带一路"倡议，京津冀协同发展、长江经济带、粤港澳大湾区、长三角一体化、黄河流域生态保护与高质量发展等国家战略，强调从产业布局的视角寻找新的突破口，并将产业布局推到国民经济各项工作的最前沿。

产业布局关系到国家经济、社会、环境与安全大局。合理的产业布局，意味着不同产业根据自身特点，在空间上形成集聚和分散的不同格局，有利于促进人力、物力、财力和时间的节约，提高经济效益；有利于发挥知识溢出优势，促进人才流动与技术示范，推动创新与创业（王缉慈，2016；Glaeser，2010）；有利于发挥各地比较优势，构建国土空间上的"雁阵模式"，调整产业结构与空间结构，形成国内经济大循环（蔡昉等，2009；蔡昉，2013；Kojima，2000；Ozawa，2003；Vernon，1966）；有利于缩小区域和城乡差距，推动社会公平公正，促进机会均等；有利于根据资源环境承载力、现有开发密度与开发潜力，进行企业选址与资源开发，保护生态环境，实现人与自然和谐发展（樊杰，2015；吴传君，1998）。此外，合理的产业布局还在协调区际关系、探索改革转型、保障国防安全等方面发挥重要作用。

合理的产业布局能促进创新创业、提升经济效益、保护生态环境、缩小区域和城乡差距，是解决中国当前经济下行压力、生态环境压力、区域与城乡差距等问题的关键一招，是解决人民日益增长的美好生活需要和不平衡不充分的发展之间的矛盾、实现高质量发展的关键所在。

(二) 产业布局是构建中国特色宏观经济学、技术经济学与区域经济学的关键一环

2016年5月17日，习近平总书记在哲学社会科学工作座谈会上的讲话指出，一个国家的发展水平，既取决于自然科学发展水平，也取决于哲学社会科学发展水平。构建中国特色的哲学社会科学要把握三个主要方面，一是体现继承性、民族性，二是体现原创性、时代性，三是体现系统性、专业性。这是构建中国特色宏观经济学、技术经济学与区域经济学的根本遵循。

经济活动总要落实在一定的地理空间上，于是便有了产业布局。产业布局与大多数经济学分支学科（还有地理学分支学科）都有着十分密切的关系。本节主要分析产业布局对于构建中国特色的宏观经济学、技术经济学和区域经济学的关系。

宏观经济学主要研究经济增长与经济波动两大问题。长期以来，宏观经济学理论模型不关注空间，这与现实生活中经济活动高度集聚于少数区域、经济活动广泛流动等现实完全不符。理论与现实的激烈冲突，推动着理论模型的发展。1991年，Krugman基于垄断竞争框架，引入冰山交易成本，提出了"核心—边缘"模型，创立了新经济地理学。自此，大批经济学家高度关注空间，并促进了新经济地理学的三次革命（胡安俊、孙久文，2018）。产业布局的研究会进一步丰富宏观经济学的空间内涵，为构建中国特色宏观经济学提

供一个视角。与此同时，行政分包与考核机制组成的地方政府竞争机制是中国特色宏观经济学的重要内容，而产业布局是地方政府竞争的重要方面。从这个意义上说，产业布局构成中国特色宏观经济学的重要组成部分。

技术经济学是研究技术和经济之间的矛盾关系及其发展变化规律性的科学，其主要研究任务包括：（1）研究各种技术方案的经济评价和综合评价理论和方法；（2）从总的技术经济分析论证出发，寻找国内外技术发展的客观规律以及技术进步与经济发展的相互关系和发展规律；（3）研究解决实际技术经济问题。从理论体系看，技术经济学主要包括实体与要素理论、效果与评价理论、选择与决策理论、调整与控制理论等（徐寿波，2012）。合理布局产业是发挥集聚效益、降低交易成本的一个关键，是提升经济效果的重要因素；技术活动，尤其是高端技术，在空间上呈现幂律分布，合理的产业布局是掌握并顺应技术发展规律的空间体现；经济活动总要落实在空间上，产业布局是解决技术经济问题的落脚点。为此，生产力布局技术经济学成为技术经济学的重要分支学科。然而，与对产业布局巨大的现实需求相比，技术经济学中关于产业布局规律的相关研究仍然比较薄弱。

作为经济学和地理学的交叉学科，区域经济学是研究经济活动在一定自然区域或行政区域中变化或运动规律及其作用机制的科学，可以用"哪里有什么，为什么，又该怎么办"这个问题进行概括。从理论体系看，区域经济学主要包括区位论、区域经济增长、区域空间结构、区域经济关系与区域经济政策等五大板块的内容（孙久文、叶裕民，2010）。作为区域经济学的研究根基，产业布局贯穿于区域经济理论体系的五大板块之中，是学科建立的起源与基石，是学科理论体系建设的一项重要内容。然而，近年来关于产业布局的系统研究呈现减少的趋势，这与巨大的现实需求之间产生了矛盾（胡安俊、孙久文，2018）。

在发挥市场决定作用的条件下，更好发挥政府作用，通过政府干预调整产业布局、化解各种矛盾是中国经济的一大特色与关键优势，是构建中国特色哲学社会科学的一个关键点与突破口。基于在宏观经济学、技术经济学和区域经济学领域近20年的学习与研究，笔者从中国特色的经济运行机制与管理体制出发，着眼中国问题，融合最近20多年的研究成果，对产业布局原理进行较为系统的阐述，努力为构建中国特色的宏观经济学、技术经济学和区域经济学贡献一分力量。

第二节　产业布局的定义及其特征

产业布局研究产业在空间的分布规律（刘再兴等，1984）。从静态和动态两个角度考察，产业布局不仅表现为产业在空间的组合形态，也表现为产业在空间上的调整配置过程。静态的形态和动态的过程构成了产业布局的核心内涵，同时也是构建产业布局七大基础理论的内在逻辑。

一　产业布局的组合形态

从静态的角度看，集聚是产业在空间上最突出的组合形态。集聚形态的产生既是自然禀赋条件约束的结果，也是企业寻求集聚效应的结果。要素禀赋理论与集聚经济理论是解释产业集聚形态的主要原理。

尽管随着技术水平的不断提高，人类改造自然的能力不断增强，对自然的依赖性不断降低，但是自然条件与禀赋特征仍然是产业布局形态的重要决定力量，在宏观上就划定了产业分布的基本框架。从全球看，世界上大部分产业集中分布在北半球中低纬度沿海平原地带；从中国看，胡焕庸线（瑷珲—腾冲一线）东南半壁36%的土地供养了96%的人口，西北半壁64%的土地供养了4%的人口，这种格局自宋代以来就十分稳定。

产业集聚也是为了获取共享、匹配和学习等集聚经济效应，这是产业空间集聚形态产生的另一个重要原因。产业集聚有很多空间维度和空间层级，比如国家层级、区域层级和城市层级等，其中城市层级的集聚是最突出最鲜明的空间层级。对于中国城市经济而言，2000年城市市辖区的GDP占全国的比重为50.3%，到2018年城市市辖区的GDP占全国的比重上升为61.2%，表现为集聚强化的态势。从各个省域看，2018年城市市辖区GDP占省域经济的比重有较大差异，最低的是河南，占比为35.3%，最高的是上海、北京和天津，占比皆为100%（见图1—6）。尽管每个省域的集聚程度各有差异，但都表现为较强的集聚形态，产业集聚是为了获取地理成本、时间成本与知识扩散成本的节约，即集聚经济效益。

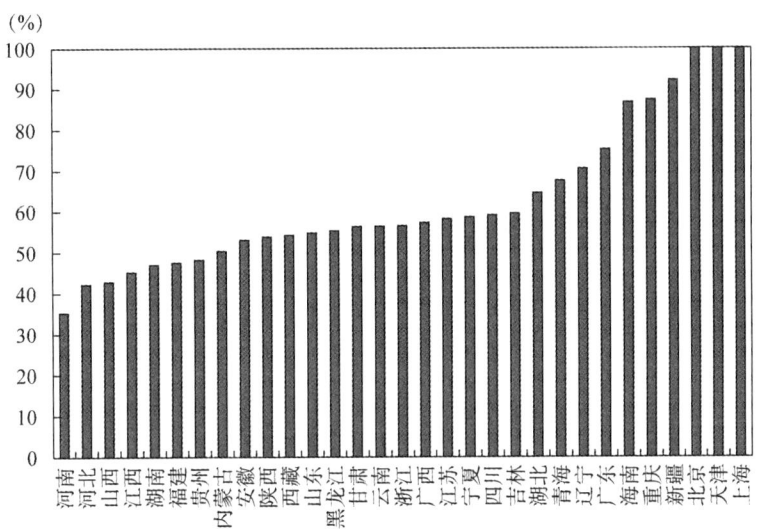

图1—6 中国省域城市市辖区GDP占省域经济的比重（2018年）

资料来源：《中国城市统计年鉴2019》。

二 产业布局的调整过程

从动态角度看，产业在空间上也是一个流动、转移、调整的配置和再配置过程。其中，成本变动、市场机会、政策因素是产业空间调整的基本原因。

产业布局的空间调整过程也同样有很多空间层次，既有全球和全国范围的产业空间调整，也有区域和县域范围的产业空间调整；既有企业创立导致的区域内调整，也有产业转移引致的区域间调整。从中国的产业份额在东部、中部、西部和东北等四大板块的空间变化看，改革开放以来中国的产业空间先表现为东部集聚、后表现为区域协调。具体而言，中国东部地区 GDP 占全国的份额由 1978 年的 43.6% 上升到 2006 年的 55.7%，上升幅度高达 12.1 个百分点；东北地区 GDP 占全国的份额由 1978 年的 14.0% 持续下降到 2018 年的 6.2%，下降了 7.8 个百分点；中部地区 GDP 占全国的份额由 1978 年的 21.6% 下降到 2003 年的 18.6%，之后又上升到 2018 年的 21.1%；西部地区 GDP 占全国的份额由 1978 年的 20.9% 下降到 2006 年的 17.1%，之后又上升到 2018 年的 20.2%（图1—7）。由此可见，产业布局是一个动态的调整与配置过程。

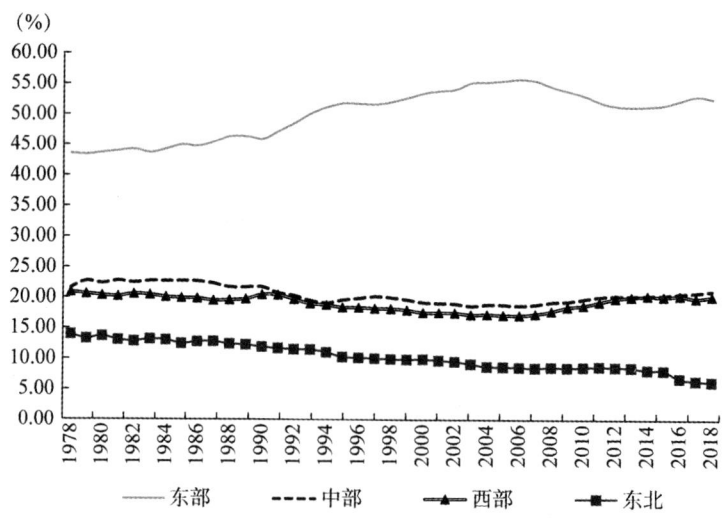

图1—7　中国四大板块 GDP 比重演变（1978—2018 年）

资料来源：中国统计局，Wind 数据库。

产业在空间上的流动与配置过程，是产业转移、企业创立和战略政策等共同作用的结果，因此从动态的角度分析产业布局的原因，涉及产业转移、企业创立与创新、国家战略与政策等理论。当然，无论是静态的布局形态，还是动态的调整配置，都受到时间和空间两个维度的限制，需要产业生命周期和空间层级两大理论的解释支撑。

本书在篇章布局上，就是从产业布局的定义出发，基于产业布局的静态组合形态与动态调整过程两个方面，依次阐述产业布局的七大基础理论。这是构建产业布局基础理论的内在逻辑主线。

第三节　区位论与产业布局说形成

区位论是关于人类活动的空间分布及其空间中相互关系的学说，经历了古典区位、近代区位论与现代区位论三个阶段。区位论蕴含着产业布局的基本逻辑与早期探索，标志着产业布局学说的形成。由于区位论已经在很多著作中得以详细介绍，本节仅从农业区位论、工业区位论、中心地理论三个方面，概述其核心要点，着力讨论它们与产业布局的关系。

一　农业区位论与产业布局

(一) 农业区位论的核心内容

杜能 (von Thünen, 1826) 的农业区位论，旨在探索如何产生最大收益的农业经营方式、农业的空间布局和组合原理 (张文忠, 2000)。在一系列严格的假设条件下，依据农产品的特点和经营方式，农业呈现圈层分布。由于不同类型的农产品具有不同的市场价格、生产成本和运费，因此，它们具有不同的竞租曲线。简单来说，假定存在三种类型的农业：园艺蔬菜业、谷物农业与畜牧业。园艺蔬菜业由于产品容易腐烂、更加偏好城市中心，有能力支付更高的租金，竞租曲线比较陡峭；相反，畜牧业没有能力支付高的租金，更加倾向于远郊区，竞租曲线比较平滑；而谷物农业的竞租曲线处于园艺蔬菜业与畜牧业之间。

在企业自由进入的条件下，农业农户/企业的竞争形成了农业的空间分布格局。依据土地分配给支付租金最高者的原则，园艺蔬菜业最靠近城市中心，占据 d1 范围；畜牧业处于城市边缘，占据 d3 范围；谷物农业处于中间，占据 d2 范围。竞租曲线由各区位支付最高租金的曲线组成，即各类农业竞租曲线组成的包络线，在图中表示为 ABCD 曲线（见图 1—8）。

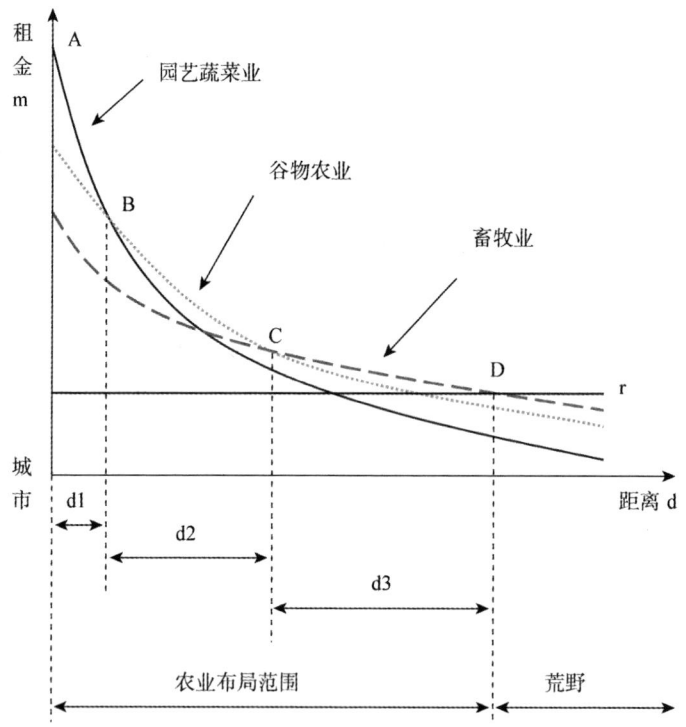

图 1—8　竞租曲线与农业空间布局剖面

资料来源：笔者自制。

(二) 地理距离、运输费用与产业布局

农业区位论认为农业土地利用类型和土地集约化程度，不仅取决于土地的天然特性，而且更重要的是依赖于其经济状况，其中主要取决于到农产品消费地的距离（陆大道，1991）。换句话说，距离与运费是影响农业空间分布的最重要因素。根据各地到城市中心的距离与运费差异，不同类型的农产品进行竞争，形成了农产品围绕城市中心形成"杜能环"的布局特点与规律。

二 工业区位论与产业布局

(一) 工业区位论的核心内容

韦伯（1909）的《工业区位论》研究各种区位因素对工业布局的影响作用。《工业区位论》的出版，标志着生产布局学具备了雏形。

韦伯将区位因素分为一般区位因素和特殊区位因素、地方区位因素与集聚分散因素、自然技术因素与社会文化因素。这些因素中只有少数具有普遍意义，其他的因素多是地方性的，只对某些工业部门的布局起作用（刘再兴等，1984）。韦伯选择运费、劳动费和集聚效应三大因素作为普遍意义的因素，在此基础上将工业寻求最优区位的过程分为三个阶段：第一个阶段，暂定劳动费和集聚效应因素不起作用，只考虑运费作用下，研究工业的合理布局问题；第二个阶段，加入劳动费因素，分析上述工业布局模式的偏移；第三个阶段，加入集聚效应因素，分析工业布局模式如何进一步偏移，形成最终的最优布局区位。

(二) 运费、劳动费、集聚效应与工业布局

韦伯的工业区位论包含三大因素和两次偏移，借助原料指数、重心分析方法等工具，分析工业布局的最优区位。

第一，韦伯将工业布局问题简化为在原料地和消费地之间寻找一个地点，在那里进行工业布局运费最低。原料包括广布原料和地方原料，地方原料又分为地方纯原料和地方失重原料。在此基础上，构建原料指数：

$$原料指数 = \frac{工业生产中耗用的地方原料重量}{制成品重量}$$

如果原料指数大于1，则产业布局是原料地指向的；如果原料指数小于1，则产业布局是消费地指向的。当存在多个原料地和消费地时，借助物理学的合力原理，使用重心分析方法，选择重量与距离乘积之和最小的地点进行产业布局，从而实现运费最低。

第二，在运费最低区位的基础上，考虑劳动费对上述最优区位的第一次偏移影响。也就是说，区位的选择要考虑运费与劳动费之间的权衡，劳动费与运费之和最低点是最优区位。

第三，在上述基础上，再考虑集聚效应对上述区位的第二次偏移作用。最终的最优区位是运费与劳动费之和最小、集聚效应最大的区位。

韦伯使用重心分析方法研究产业布局的思路，对改革开放以来中国的产业布局仍然具有重要的解释力。改革开放以来，中国依托"大进大出"的发展模式，成为世界制造业基地。接近原材料地与市场、降低运输成本是企业最大的利益诉求。建立区位六边形模式，可以对中国产业沿海化集聚提供重要的解释（孙久文、胡安俊，2011）。根据对外开放深化的差异，可以把区位模式归纳为三种类型。封闭经济条件下，原材料和市场由国内供给，工业区位由国内原材料、市场构成的"区位三角形"来决定，最优区位为 x（见图1—9的情形a）；完全开放条件下，原材料和市场由国内和国外共同供给，工业区位由国内外原材料、市场构成的"区位六边形"来决定，最优区位为 x″（见图1—9的情形c）；而对于不完全开放的条件下，原材料和市场也是由国内和国外共同供给，但由于受到多种因素的综合约束，从而向国界线附近 x′ 集中成为企业的最佳区位趋向（见图1—9的情形b）。

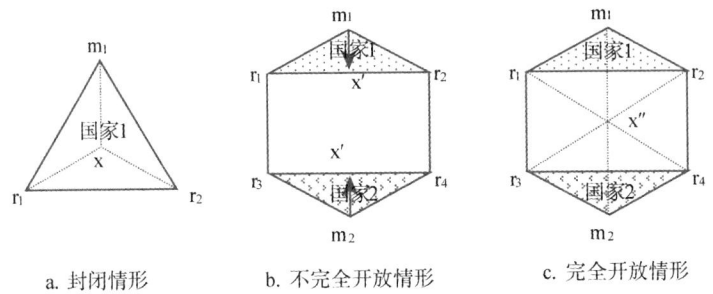

a. 封闭情形　　　　b. 不完全开放情形　　　c. 完全开放情形

图1—9　区位模式的嬗变

说明：r_1、r_2为国家1的原材料地；r_3、r_4为国家2的原材料地；m_1、m_2分别为国家1、国家2的市场；x、x'、x''为不同情景下的最佳区位。

资料来源：孙久文、胡安俊：《雁阵模式与中国区域空间格局演变》，《开发研究》2011年第6期。

改革开放后，由于美国、欧盟、日本等发达国家和除西亚之外的亚洲国家是中国的主要出口国和进口国，在巨大的国外市场与原材料市场驱使下，产业加速向沿海地区集聚。产业在沿海地区集聚后，完善了区域的产业配套能力，提高了沿海地区的经济效率与市场规模，从而进一步推动了产业布局的沿海化。从封闭到开放，中国国际角色转变主导下区位模式的转换，是20世纪90年代以来产业快速向沿海集聚的主要原因（孙久文、胡安俊，2011）。

三　中心地理论与产业布局

（一）中心地理论的核心内容

中心地理论是关于一定区域（国家）内城市规模、城市职能及空间结构的学说。克里斯特勒运用经验归纳与理论演绎的方法，依次从市场原则、交通原则和行政区原则三个方面分析城市等级体系的分布（见图1—10）。

第一，在市场原则下，为了使各级中心地为它所影响的范围最方便地提供货物和最好的服务，三个低一级的城市组成一个高一级的城市。区域组成的结构从尖端到基底的系列是：1，3，9，27，中心城市的从属系列是1，2，6，18。

第二，在交通原则下，最合理的城市网络应当是两个相邻的同一级城市之间的交通线中点有一个次一级的城市中心。区域组成的结构从尖端到基底的系列是：1，4，16，64，中心城市的从属系列关系是1，3，12，48。

第三，在行政区原则下，最小的管理单位由7个基层单位组成。区域组成的结构从尖端到基底的系列是：1，7，49，343，中心城市的从属系列是1，6，42，294。

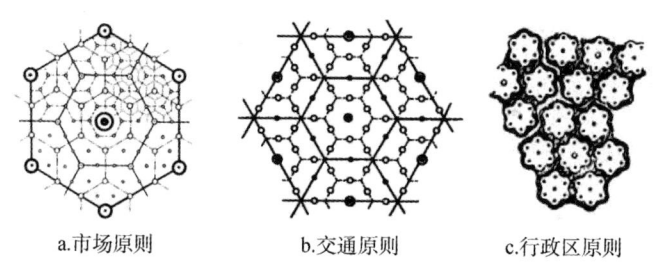

a.市场原则　　　b.交通原则　　　c.行政区原则

图1—10　中心地理论的三个原则

资料来源：陆大道：《区位论及区域研究方法》，科学出版社1991年版。

三个原则对城市等级体系的形成共同起作用。克里斯特勒认为，在开放、便于通行的地区，市场经济原则起主要的作用；在山间盆地地区，客观上与外界隔绝，行政管理作用更为重要；在新开发的地区，交通线对移民起"先锋性"的作用，交通原则占优势（陆大道，1991）。

（二）城市等级、产品门槛与产业布局

中心地理论认为，每种货物和服务为了获得利润，都需要一个门槛人口。只有达到了这一门槛，产品和服务才能获得利润。高等级的产品需要的门槛人口较多，低等级的产品需要的门槛人口较少。所以，高等级的货物和服务往往布局于大城市中，从而获得产品所需的市场门槛,而低等级的货物和服务往往布局于小城市中,就可以达到所需的市场门槛。这对于产业布局及其调整具有重要启发意义:产业布局的关键在于根据产品的等级选择相适应的城市,高等级的产品布局在较大的城市中,低等级的产品布局在较小的城市中。

第四节 产业布局的三大研究范式

空间不可能定理认为在完全竞争框架下,均质空间中不会出现有运输成本的贸易,也不会出现集聚体(Starrett,1978)。换句话说,在完全竞争框架下,均质空间中的企业和个体都是均匀分布在每个空间点上,形成原子经济,不存在空间布局问题。这显然与现实生活不符。为了突破空间不可能定理,推进产业布局研究,学术界形成了三大研究范式:一是在完全竞争框架下,引入空间异质,研究产业布局;二是在完全竞争框架下,引入外部经济,研究产业布局;三是构建不完全竞争模型,引入规模报酬递增和运输成本,研究产业布局。

一 空间异质与产业布局

在完全竞争的框架下,外生地引入空间异质,形成产业布局的动力与基础,构成产业布局的第一个研究范式。空间异质主要包括三种形式:距离(及运费)差异、技术禀赋差异和资源禀赋差异。

(一)距离差异与产业布局

杜能的农业区位论通过各地到城市中心的距离差异而研究农业布局。到城市中心的距离不同,运费不同、地租不同,从而在空间上表现为不同农产品的集聚环。在空间竞争作用下,从城市中心到城市外围依次布局:蔬菜、小麦和牲畜(Fujita,2012)。阿隆索

（Alonso）、米尔斯（Mills）和穆斯（Muth）建立和发展的单中心城市空间结构模型，展现了杜能的产业布局结构。

（二）比较优势到功能布局

比较优势理论假定两个区域具有不同的技术禀赋，每个区域都专业化生产并输出其具有比较优势的产品，输入其具有比较劣势的产品，从而在空间上表现为不同产业在不同区域的专业化布局。在全球化时代，为了充分挖掘各地的比较优势，跨国公司出现了在全球按照产业链进行功能布局的特征，使得区域空间不仅表现为产业和产品的不同，也表现为功能的差异（Duranton and Puga，2005；迪肯，2007）。

按照比较优势进行产业和功能布局，形成对所有区域都有利的结果是有条件的：贸易伙伴之间是平等的、贸易产品的相对价格是稳定的、市场能够保证公平分配。然而，这样的条件根本不存在。首先，随着收入水平的提高，对制成品的需求大于对初级产品的需求；其次，制成品价格往往比初级产品价格增长快；最后，由于边缘区域具有静态比较优势的产业往往是有限学习机会的产业。因此，按照比较优势进行的产业分工提高了核心区的增长率，降低了边缘区的增长率（Young，1991；Stokey，1991）。边缘区域要获取比较优势布局的实得利益、实现比较优势的动态爬升，一方面要积极挖掘区域特有的优势，形成特色经济；另一方面要加强职工培训和研发投入，提升学习能力，增强技术能力。

（三）指向原理到资源诅咒

不同区域具有不同的资源禀赋，基于成本最小的原则，每个区域都会密集使用相对丰富和廉价的要素进行生产，从而在空间上形成原料指向、能源指向、劳动力指向等产业布局特征。新技术革命后，新兴产业的布局着重考虑智力资源、生态环境、交通区位和辅助产业等禀赋条件。

在资源导向型的传统增长模式中，自然禀赋在很大程度上决定了一个地区的经济发展水平。但自20世纪70年代以来这种模式带来了"资源诅咒"，不利于区域长期增长。徐康宁和王剑从要素转移和制度弱化两大方面对资源诅咒的传导机制进行了总结：（1）资源部门较高的边际生产率使得资本和劳动力大规模转向资源部门，从而减少了制造业和科技教育部门的投入。要素转移影响了资源区域的长期增长；（2）由于资源产权安排不合理和相关法律不健全，私人通过行贿等途径来获取开采权，诱发腐败，破坏经济增长的制度保障。"资源诅咒"要求资源区域除了加强制度管理、核算资源开发总成本、形成内逼机制之外，产业发展中要拉伸资源产业链条，引导多样化产业布局，并加强对科技、教育行业的投入，形成后发动力（徐康宁、王剑，2006）。

二 外部经济与产业布局

完全竞争框架下，外生地引入外部经济，形成产业布局的第二个研究范式，主要包括两部分内容：一是 SML 框架与产业集聚布局，二是产业布局与城市形态。

（一）SML 框架与产业集聚布局[①]

本质上，外部经济来自地理成本、时间成本与知识扩散成本的节约，产业集聚就是为了获得这种收益（Glaeser，2010）。杜能在《孤立国》第二卷和第三卷中深入分析了产业集聚的原因，并归纳了

[①] Behrens, Duranton and Robert – Nicoud（2014）整合 Dixit – Stiglitz（1977）和 Henderson（1974）的模型，从自然禀赋、空间排序、选择效应和集聚经济四个方面解释了不同规模城市经济活动的布局差异。他们认为空间排序、选择效应和集聚经济是互补的，为 SML 框架提供了更丰富的解释。首先，大城市中激烈的选择效应意味着只有更加有才华的个体才能在那里生存，选择效应导致了空间排序。其次，更加有才能的个体的出现强化了选择效应。拥有高才能个体的城市，企业更加有效率，能够支付更高的工资，从而吸引更多有才能的个体到城市集聚，从而强化集聚经济。最后，有才华的个体在规模更大的城市中收益更大，空间排序与集聚经济构成互补关系。

三种分散力与七种集聚力。之后,马歇尔将外部经济分解为产业关联、劳动力匹配、知识溢出三大分支;Duranton and Puga(2004)从共享(Sharing)、匹配(Matching)和学习(Learning)三个方面进行了总结,形成了 SML 框架:(1)产业关联。上下游产业的集聚布局,减少了企业的运输成本和交流成本,给上下游产业都带来了便利与收益,形成了产业关联效应;(2)劳动力匹配。产业集聚布局增加了劳动力要素的类型和数量,降低了供需双方的搜寻成本,增加了劳动力的匹配机会与匹配质量,提高了配置效益;(3)技术溢出。很多知识具有缄默、非编码和局部溢出的特点,只有面对面接触与交流才能促使知识有效传播。产业集聚布局拉近了企业之间、企业与客户之间的交流距离,降低了交流成本,增加了彼此之间的信任,有利于促进技术交流与示范。

Hu and Sun(2014)根据不同制造业和不同城市享受的外部经济类型(地方化经济与城市化经济),建立制造业与城市匹配的理论框架,在此基础上对中国制造业的空间布局进行了经验研究,定量回答了"什么技术特征的制造业,在什么规模城市布局"的问题(Hu and Sun,2014)。Ellison,Glaeser and Kerr(2010)使用美国数据,定量测度了自然禀赋、产业关联、劳动力匹配、技术溢出对于产业布局的贡献份额。

产业集聚也会带来竞争效应,它包括正负两方面的效果,一方面产业集聚带来了竞争压力,促进企业引入新产品、采用新的管理方法,增加生产率;另一方面,当与其他企业的技术和人力资本差距较大时,容易被挤出市场,从而产生负的竞争效应(Hanousek et al.,2011)。

(二)产业布局与城市形态

对城市形态的研究,有三个相互独立的传统。第一个传统源于阿隆索(Alonso)—米尔斯(Mills)—穆斯(Muth)的单中心城市模型,该模型使杜能的模型得以重现;第二个传统源于亨德森

(Henderson, 1974) 的模型，该模型不仅把经济体作为城市系统看待，而且也是研究城市最优规模和功能区划的重要工具；第三个传统则是沿着克里斯特勒和廖什的中心地展开，研究市场潜力与运输成本间的相互作用如何产生中心地的空间模式 (Fujita et al., 1999)。从外部经济的视角看，城市产业布局形态的研究集中在城市内部的空间结构上。

城市内部空间结构可以概括为三大模型：巴杰斯的同心圆模型、怀特的扇形模型与哈里斯和阿尔曼的多核心模型（孙施文，2007）。Fujita and Ogawa (1982) 认为，城市产业布局的形态取决于集聚经济与交通成本的权衡。如果集聚经济大于交通成本，则表现为集聚，否则表现为分散。城市产业布局区位由家庭与企业支付租金最高者决定，从而形成完全的居住区、完全的商业区和混合区三类功能区。随着新经济地理学的发展，从外部经济角度对城市产业布局的研究逐步被不完全竞争框架下的城市产业布局研究所取代。

三　不完全竞争模型与产业布局

构建不完全竞争模型，引入规模报酬递增与运输成本，是研究产业布局的第三个范式。使用不完全竞争模型，对产业布局进行的最系统的研究当属新经济地理。新经济地理通过引入运输成本，把空间纳入主流经济学模型之中。自1991年诞生以来，新经济地理经历了三次革命，形成了包括均质、异质和可变替代弹性（VES）函数的三代模型，构建了较为完整的理论体系（见图1—11）。

（一）第一次革命与均质模型

Krugman 在 Dixit – Stiglitz 框架下，首次革命性地将运输成本纳入主流经济学的一般均衡模型之中，开创了新经济地理学，掀起了第一代模型的浪潮（Krugman, 1991）。第一代模型以 Krugman 的核心外围（CP）模型为核心，包括自由资本模型（FC）、自由企业家

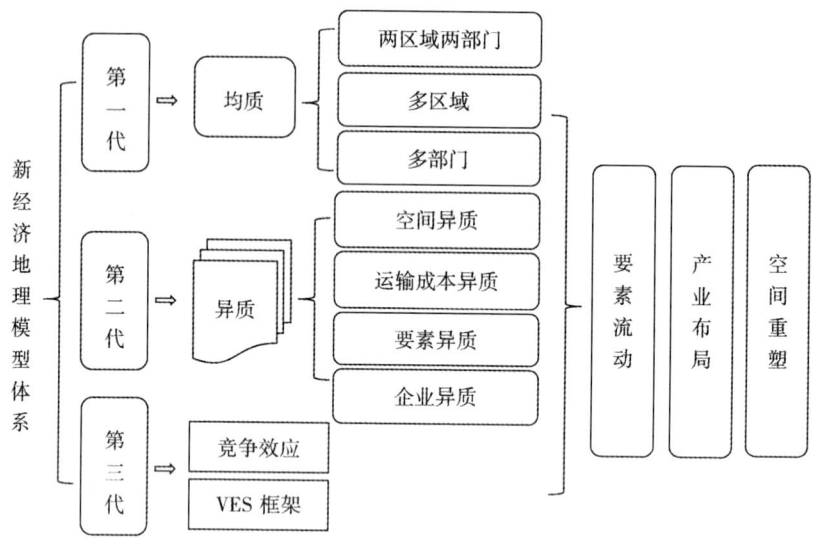

图 1—11　新经济地理模型体系

资料来源：笔者根据文献整理而得。

模型（FE）、全局溢出模型（GS）、局部溢出模型（LS）、垂直联系模型（VL）等，这些模型建立在两区域两部门、均质空间框架下。两区域两部门模型较好地刻画了经济活动的运行过程，但与很多现实情况不符。比如，中国是一个地理空间极不均质的国家，宏观上可以分为三大地理阶梯；同时，拥有众多的产业，仅工业就包括41个二位数部门。为了反映这些问题，实现理论与现实的对接，出现了多区域多部门的模型。

（1）两区域两部门模型。以 CP 模型为蓝本，讨论两区域两部门模型。该模型假定两个区域起初完全相同，产业呈现对称分布；制造业部门是垄断竞争和规模报酬递增的，农业部门是完全竞争的；只有一种生产要素劳动，农业劳动力不可跨区域流动，而工业劳动力可以跨区域流动，两种劳动力不可以跨行业流动；制造业产品的运输满足冰山交易成本的形式，而农产品的运输不需要成本；消费者追求效用最大化，生产者追求利润最大化。在这些假设的基础上，市场出清，求解一般均衡模型，得到以下结论：产业的集聚力是本地市场效应和价格指数效应，分散力是市场拥挤效应。随着贸易自由度的深化，集聚力下降的速度比分散力慢。因此，区域产业布局由对称分布变为核心边缘分布。具体哪个区域变为核心区域，取决于随机事件或者预期的作用。

（2）多区域模型。多区域模型包括离散空间和连续空间两种类型，前者的代表性论文有 Krugman and Elizondo（1996）、Puga（1999）、Monfort and Nicolini（2000）、Behrens et al.（2007），后者的代表性论文有 Krugman（1993）、Fujita et al.（1999）。

以 Krugman and Elizondo（1996）的模型为蓝本，讨论多区域模型。该模型以墨西哥为例，探讨了墨西哥与美国的贸易一体化及对墨西哥内部地理格局的影响。假定存在区域 0（美国）、区域 1（墨西哥城）和区域 2（墨西哥北部边境城市）三个区域；只存在一个工业部门和一种生产要素劳动力，劳动力可以在区域 1 和区域 2 之间自由流动，但是不可以跨国流动；区域 1 和区域 2 之间产品运输有运输费，区域 1 和区域 2 到区域 0 没有运输费，而区域 0 运输到区域 1 或者区域 2 有运输费（存在运输成本的非对称）。假定每个区域是一个长而窄的城市，制造业布局在中心点上。工人居住在这个点的周围。结论是：当国家间的交易成本较高时，本国两个区域的产业呈现均衡分布，而当国家间的交易成本较低时，本国出现产业集聚模式。在该模型中，集聚力是本地市场效应和价格指数效应，而分散力则是城市拥挤效应和市场竞争效应。集聚力与分散力的变化格局解释了墨西哥与美国实现一体化之后，墨西哥北部边境城市人口增加较快，而其首都墨西哥城人口下降的现象。

（3）多部门模型。新经济地理模型对多部门的处理主要有四种方式：第一种方式是假定不同产业的要素密集度不同（Amiti，2005）；第二种方式是假定不同产业的替代弹性不同；第三种方式是假定不同产业的交通成本不同（Amiti，1998；Tabuchi and Thisse，2006）；第四种方式是假定不同产业的竞争程度不同（Alsleben，

2007；Combes and Duranton, 2006)。

以 Fujita et al. (1999) 的模型为蓝本讨论多部门模型。该模型探讨了具有不同替代弹性的不同产业对中心地结构的演化影响。假定在一个没有边界的一维区位空间，土地是均质的。存在农业和 H 种工业部门，农业是完全竞争的，需要土地和劳动力，而制造业则是规模报酬递增的，仅使用劳动力。制造业布局在城市中。农产品和工业品的运输都需要冰山运输成本。结论是：在市场潜力与运输成本的权衡中，不同产业依次扩散，高替代弹性的产业先出现扩散，而对于低替代弹性的产业则要等到市场潜力很大时才会出现扩散，最终在空间上形成中心地的规模结构和空间结构。

(二) 第二次革命与异质模型

自 Melitz (2003) 将企业异质性加入动态产业模型，构建了新新贸易理论 (NNTT) 之后，Ottaviano 等 (2011) 将企业异质性引入新经济地理，构建了新新经济地理 (NNEG)，引发新经济地理的第二次革命，推动了第二代模型的发展。第二代模型以异质性为突出特征，主要包括四类模型：第一类是空间异质模型，主要表现为比较优势理论与新经济地理的整合 (Amiti, 2005；Forslid and Wooton, 2003；Ricci, 1999)；第二类是运输成本异质模型，主要体现为运输成本内生化和非对称性 (Krugman and Elizondo, 1996；Behrens, 2007)；第三类是要素异质模型，表现为劳动力技术的异质 (Mori and Alessandro, 2005) 和偏好异质 (Tabuchi, 2002)；第四类是企业异质模型，即企业效率和成本异质模型 (Ottaviano, 2011)。其中，第一类空间异质模型与第四类企业异质模型最有影响力。

(1) 空间异质模型。以 Amiti (2005) 的模型为例，讨论空间异质对产业布局的影响。该模型对空间异质的处理，是通过要素禀赋差异 (L/K) 实现的。假定存在两种生产要素劳动和资本，都不可以跨区域流动，但可以在同一区域内部跨部门流动；存在两个国家，它们具有不同的比较优势，本国劳动丰裕，外国资本丰裕；存在两个部门，部门间具有垂直联系，上游产业部门为资本密集型，下游产业部门为劳动密集型。模型中存在两种集聚力：需求关联和成本关联，也存在两种分散力：一是最终产品的需求来自两个国家，这会促进下游产业在两个国家都进行布局；二是给定上下游产业不同的要素密集度，生产成本效应会促使它们向不同的区位发展。结论是：如果上下游产业的关联效应小于要素成本效应，会出现与比较优势一致的产业布局；相反，则会出现与比较优势不一致的产业布局。

（2）企业异质模型。传统上，新贸易理论与新经济地理理论考虑的是宏观的异质，忽视了微观异质。在新新贸易理论的影响下，Ottaviano（2011）将企业异质性引入新经济地理，探讨了企业的生产率异质对于产业布局的影响。结论是：企业生产率的异质是一种分散力。当贸易成本越大、企业产品的替代性越强时，企业效率的异质性产生的分散力越大。因此，效率较低的企业倾向于在距离效率较高的企业较远的区位布局，从而降低企业间的竞争。

（三）第三次革命与 VES 模型

Dixit - Stiglitz - Krugman（DSK）框架下产品采取边际成本加成定价，由于企业的边际成本相同、替代弹性相同，所以，所有企业的定价相同[①]。而现实情况是，企业的定价与竞争性企业的数量多寡成反比，即竞争性企业数量越少，定价越高。因此，DSK 框架没有反映企业间的竞争效应。同时，产业间的替代弹性也不是不变的，而是可变的。为了解决这两个问题，近年来新经济地理学引入了可变替代弹性（VES）函数，引发了第三次革命，形成了第三代模型（Behrens and Murata，2007；Zhelobodko et al.，2012）。

[①] 线性模型在 DS 垄断竞争框架，放弃 CD 生产函数、CES 效用函数和冰山成本，代之为准线性二次效用函数和线性运输成本，得出企业定价与企业的空间分布有关。但是，线性模型中市场规模与个人收入无关的结论常常受到诟病，使用 VES 的第三代模型解决了这个问题。

以 Behrens and Murata（2007）的 CARA（Constant Absolute Risk Aversion）模型为例，讨论包含可变替代弹性函数的模型。该模型通过引入可加的拟分函数（Additively Quasi－Separable Classes of Functions，AQS）讨论竞争效应。假定只有一类消费品的经济体，这类消费品是水平差异化的产品。经济体只有一种生产要素劳动。竞争效应取决于生产函数形式是可乘的拟分（Multiplicatively Quasi－separable，MQS）还是可加的拟分（Additively Quasi－separable，AQS）形式。只有生产函数是可加的拟分（AQS）时，才会产生竞争效应，此时利润最大时厂商的定价和边际成本成正比、与竞争性企业数量成反比。这种情况下，产业集聚会带来竞争效应，产生分散力，从而影响产业布局。

尽管新经济地理学模型众多，涵盖了国际、区域和城市等不同的空间尺度，但它们都是从微观机理出发，探讨影响企业区位决策的因素，从而在宏观上解释现实中存在的各种经济活动的空间布局现象。这些模型具有以下核心特征：（1）本地市场放大效应与循环累积因果链。本地市场效应与价格指数效应（两种集聚力），会形成循环累积因果关系，从而放大初始震动对经济系统的影响。（2）突发性集聚。贸易自由度达到某一临界值后，自由度稍微增加，就会发生突发性集聚。（3）区位的粘性。当经济活动的格局被锁定时，经济系统内生力量是很难改变这种均衡状态的。要改变路径依赖的模式，需要支付很大的成本或较强的外生冲击。（4）预期的自我实现。当贸易自由度处于突破点与持续点之间（叠加区）时，人们根据变化后的预期来选择对称结构或核心边缘结构（安虎森，2009）。新经济地理学对于产业布局具有重要的指导意义，一方面要充分利用本地市场效应、价格指数效应及其循环因果规律，引导相关产业向特定区位集聚，发挥集聚收益；另一方面又要根据突发性集聚、路径依赖的机制，合理把握调控的力度，积极发挥预期的作用，优化产业布局。

第五节　本书结构特点与内容框架

一　结构与内容

当前中国面临着经济下行压力加大、生态环境污染依然严重、区域城乡差距很大等问题。合理的产业布局是解决这些问题的关键一招，也是解决人民日益增长的美好生活需要和不平衡不充分的发展之间的矛盾、实现高质量发展的关键所在。

本书首先探讨了产业布局研究的重大意义，交代了产业布局的定义与特征，阐述了区位论与产业布局学说的形成，探讨了产业布局三大研究范式的演进过程。在此基础上，总结最近二十多年产业布局的理论进展与实践经验，从三大部分对产业布局原理进行较为系统的阐述[①]。第一部分（第二章至第八章）阐述了产业布局的七大理论；第二部分（第九章至第十一章）阐述了产业布局的三大目标；第三部分（第十二章）讨论了中国产业布局的基本经验、主要问题与未来方向。具体而言，本书的篇章结构与主要内容如下：

第一部分，七大理论。产业布局既是一种组合形态，也是一个调整过程。从静态角度看，产业布局表现为产业在空间的分布形态和地域组合；从动态角度看，产业布局表现为产业在空间上的流动、转移、重新组合的配置与再配置过程。**作为一种组合形态，产业布局在空间上最突出的特征是集聚。为了解释集聚现象，产生了要素禀赋与集聚经济两大理论**。要素禀赋是产业布局的第一大基础理论，决定了产业布局的基本空间框架，第二章从广义要素禀赋的视角，探讨了影响产业布局的自然环境、自然资源、物质资本、人力资本、数据要素等因素。这些因素导致空间异质，构成产业布局的基础。

[①] 基于包含空间信息的企业数据的不易获得性，本书没有从企业的微观决策出发分析区位选择与产业布局，而是从中观和宏观的视角讨论产业布局原理。

集聚经济是影响产业布局形态的另一个重要原因，第三章从外部性的角度，探讨集聚经济与产业布局的理论关系与经验逻辑。**同时，产业布局也是一个调整配置过程，涉及产业转移、企业创立和战略政策等三大理论。**第四章探讨了产业转移的理论流派，在此基础上分析了中国制造业转入和转出的测度方法、测度结果与空间模式。产业转移调整了中国的产业结构，也优化了中国的空间结构。企业创立是产业结构与布局调整的源泉，第五章总结了创业精神（企业家精神）的相关研究进展，在此基础上依托经济普查数据，分析了产业集聚与企业创立的逻辑关系，从而在产业布局规划中为新企业的创立提供支持。国家发展战略是产业空间演变的指南针，对产业布局产生重大影响。第六章以国家发展战略的演变为轴线，分析中华人民共和国成立以来产业布局的演变逻辑与主要驱动因素[①]。**产业布局的组合形态与调整过程都会涉及时间和空间两个维度，需要产业生命周期和空间层级两个方面的理论支撑。**第七章从产业生命周期的视角探讨了影响产业布局的主要因素，第八章从产业布局的规划需求出发，将产业布局分为国家、区域和城市三个层级，归纳产业布局的主导要素与主要模式。

　　第二部分，三大目标。产业布局过程中，既要发挥市场在资源配置中起决定性作用，也要更好发挥政府的作用。产业布局要以优化目标为导向，实现产业与环境匹配、产业与城市匹配、产业与人口匹配等三大目标，达到环境、经济与社会效益的协调统一。第九章探讨产业布局的第一大目标：产业与环境的匹配。主体功能区是产业布局的绿色基底，提供了产业布局的约束框架。提高能源效率是实现产业与环境和谐发展的最为重要的途径，基于能源效率指标，分析了提高能效的产业与空间调控重点。产业布局的第二大目标是

[①] 对外开放是影响产业布局的重要因素。过去的70多年是中国从计划经济到市场经济不断转型的过程，对外开放对产业布局的影响源于国家战略方针的转变。因此，本书没有单独拿出一章讨论对外开放对产业布局的影响，而是将其影响放在更加本源的战略方针转变带来的效应上（第六章）。未来，随着中国企业"走出去"步伐的不断加快，企业的海外布局问题将是一个重要的研究方向。

实现产业与城市的匹配，从而提高经济效益。第十章分析了制造业与城市匹配的理论框架，借助门槛模型，研究了制造业与城市匹配的定量标准。产业布局的第三大目标是实现产业与人口的匹配，产业与人口匹配的本质是产业发展与就业增长的协调同步，第十一章分析了产业与人口匹配的理论逻辑与研究方法，在此基础上分析了产业与人口匹配的类型与建议。

第三部分，未来方向。中国的产业布局取得了伟大的成就，也积累了丰富的具有中国特色的产业布局经验。目前中国的产业布局还存在政府干预过多、重复建设、分散布局、促进区域创新方面作用不强、没有充分适应经济发展新特点等问题，第十二章探讨了未来产业布局需要关注的方向。

二 特点与框架

总体而言，与国家对产业布局的巨大实践需求相比，产业布局的理论研究相对不足。中国人民大学区域与城市经济研究所是研究产业布局的大本营，但是距离上一次出版《产业布局学原理》（1997）也已经有二十多年了。最近的二十多年，经济社会发生了巨大的变化，理论研究与经验研究都有了长足的发展。基于此，总结既有研究成果，归纳产业布局原理，对于新时代中国解决人民日益增长的美好生活需要和不平衡不充分的发展之间的矛盾等都具有重要参考价值，这是形成本书的直接目的。

与前辈们的著作，比如刘再兴（1981）《中国工业布局学》，刘再兴等（1984）《生产布局学原理》，陈栋生（1988）《中国产业布局研究》，中国人民大学区域经济研究所（1997）《产业布局学原理》，陈栋生（2013）《经济布局与区域经济》，孙久文、肖春梅等（2014）的《21世纪中国生产力总体布局研究》等著作相比，本书有两个方面的特点：

第一，区位理论是产业布局的基础理论，但是考虑到既有的区域经济学和产业经济学教科书等都对其进行了非常深入的探讨,本书不打算对区位论进行详实论述,而把篇章重点集中到产业布局最近几十年的新进展上。为此,只在第一章对区位论进行简要的介绍,阐述区位论的核心要点与产业布局的关系。需要强调的是,这并不意味着区位理论不重要,而只是相关著作已经进行了翔实探讨,本书不再赘述罢了。

第二,与既有著作侧重从各个产业角度(农业、细分制造业、交通运输、旅游业等)分析产业布局不同,本书在总结最近二十多年的研究进展与实践经验的基础上,更加侧重从原理的角度分析产业布局的理论机制、实现目标与未来方向。简言之,产业布局既是一个静态的组合形态问题,也是一个动态的调整配置过程。产业布局的基础理论包括要素禀赋、集聚经济、产业转移、企业创立、战略政策、产业生命周期和空间层级理论。同时,产业布局原理不仅包括基础理论,还包括实现目标,产业布局要实现产业与环境匹配、产业与城市匹配、产业与人口匹配三大目标。最后,结合中国产业布局的成就、经验与问题,分析产业布局的未来方向。

基于上述的结构与内容,本书的逻辑框架如图1—12所示。

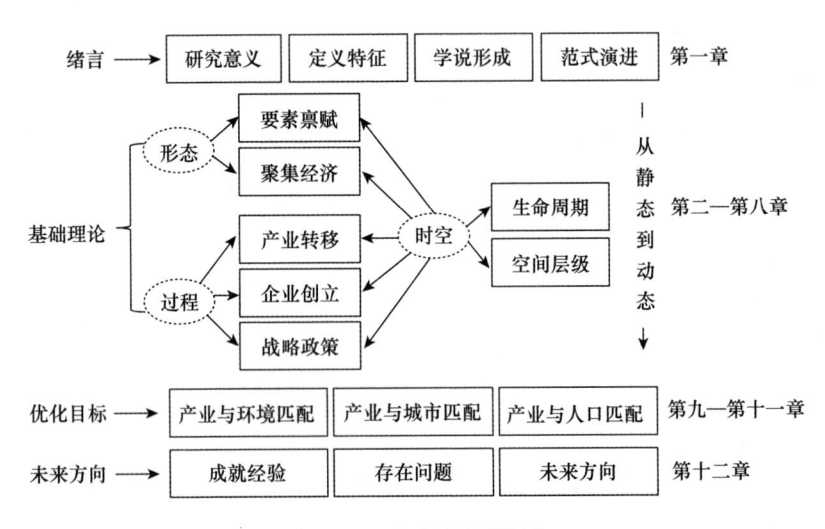

图1—12 本书的逻辑框架

第 二 章

要素禀赋与产业布局

　　产业布局的概念是构建产业布局理论体系的逻辑起点。产业布局研究产业在空间的分布规律,包括静态的组合形态和动态的调整过程两个方面的内容。从静态的角度看,产业布局是一个组合形态问题,其最为突出的形态特征是产业集聚。要素禀赋与集聚经济是解释产业集聚形态的主要理论。要素禀赋理论的提出者是赫克歇尔和俄林,学术界常常使用资本劳动比来表达要素禀赋。本章使用的要素禀赋是广义的要素禀赋,基于生产函数 $Y = A \cdot F(R, K, L)$,广义要素禀赋重点包括自然环境、自然资源、物质资本、人力资本等因素。随着人类步入大数据与人工智能时代,数据成为一种新的生产要素,成为影响产业布局的重要因素,因此本章也考虑了数据资源这一要素条件。这些因素构成产业布局的基础。

第一节　自然条件与产业布局

一　自然环境与产业布局

　　自然环境是环绕着生物的空间,可以直接、间接影响生物生存、生产的一切自然形成的物质和能量的总体。自然环境在宏大尺度上决定着经济社会活动的基本分布。通常而言,自然环境包括地貌、气候、陆地水、海域、土壤和生物六大部分。其中,地貌和气候最为重要。(1) 从地貌特征看,中国地势西高东低,呈现三大阶梯的特征。中国山脉众多,按照走向可以分为南北走向的山脉、东西走向的山脉、北西走向的山脉和北东走向的山脉等四种类型。在纵横交错形成的网格状格局骨架的山地中,分布着高原、盆地、平原、特殊地貌等类型。(2) 从气候特征看,气候是大气、海洋、岩石圈和生物圈等共同作用的结果,在气候的形成和变化过程中,海陆分布是形成大气环流的根本因素。由于巨大的欧亚大陆与太平洋之间的温度差,行星风系在2000米以下的近地面层的大气遭到了很大破坏,形成了独特的气候特征。地形和地表景观类型对气候要素场会产生一定程度的影响,并引起量的变化(赵济,2015)。

自然环境通过地形、地貌、气候、水流、土壤和生物条件等为人类提供基本的生活条件和生产原料来源,决定着人口分布和产业分布的基本格局。在自然环境的作用下,中国东部地区以9.78%的国土面积,集中了全国38.49%的人口和52.58%的GDP；而西部地区则以72.31%的国土面积,集中了全国27.18%的人口和20.15%的GDP(见表2—1)。

表2—1　　　　　2018年四大板块面积、人口与经济比重

	东部	中部	西部	东北
人口比重(%)	38.49	26.57	27.18	7.76
面积比重(%)	9.78	9.61	72.31	8.29
GDP比重(%)	52.58	21.06	20.15	6.20

资料来源：中国经济社会大数据研究平台。

中国的城市群主要分布于平原或者三角洲地区。2018年由16个城市组成的长三角城市群核心区、9个城市组成的珠三角城市群核心区、3个省(市)组成的京津冀城市群分别以1.18%、0.57%和2.25%的国土面积,分布着8.05%、4.51%和8.07%的人口,集中了16.56%、9.00%和9.07%的GDP(见表2—2)。影响三大城市群人口和产业集聚的原因很多,但是自然环境是最基本的原因。

表 2—2　　　　　　　2018 年三大城市群面积、人口与经济比重

	长三角核心区	珠三角核心区	京津冀
人口比重（%）	8.05	4.51	8.07
面积比重（%）	1.18	0.57	2.25
GDP 比重（%）	16.56	9.00	9.07

说明：长三角城市群核心区包括上海、南京、无锡、常州、苏州、南通、扬州、镇江、泰州、杭州、宁波、嘉兴、湖州、绍兴、舟山、台州等 16 个城市，珠三角城市群核心区包括广州、深圳、珠海、佛山、江门、肇庆、惠州、东莞、中山等 9 个城市，京津冀城市群包括北京、天津、河北等 3 个省（市）。

资料来源：中国经济社会大数据研究平台。

从国外看，美国、日本的自然条件同样决定着人口和产业分布的基本格局。Ellison et al.（2010）认为自然条件解释了美国产业集聚的 40%；"二战"后日本 90% 的制造业被毁，之后短短 15 年间产业在原地而不是其他地方重新布局，其根本原因也是因为产业布局受到自然条件的限制（Davis and Weinstein，2002、2008）。

二　自然资源与产业布局

自然资源是自然赋予的，可直接或间接用于满足人类需要的所有有形与无形之物，主要包括土地资源、水资源、气候资源、生物资源、矿产资源和海洋资源六种类型（赵济，2015）。尽管随着技术的进步，人类对自然资源的依赖度不断下降。但是，许多矿产资源的采掘与加工业受自然资源分布的影响依然很大。

煤炭被誉为黑色的金子、工业的食粮，是人类使用的主要能源之一。中国煤炭资源非常丰富，煤炭的供应状况直接关系到经济社会的发展稳定。石油被誉为工业的血液，主要被用于燃油和汽油，也是许多工业产品的原料。天然气具有绿色环保、安全可靠、经济实惠等特点，也是一种重要的燃料与工业原料。中国油气资源较为稀缺，对外依赖度超过 70%，油气资源的发展与布局关系到国家的

能源安全。限于篇幅，本部分主要讨论矿产资源中的煤炭、石油和天然气资源及其产业布局。

（一）资源储量分布

中国煤炭、石油和天然气的储量分布非常集中。对于煤炭而言，2016年山西、内蒙古、陕西、新疆、贵州等5个省（区）的储量达到1862.6亿吨，占全国的比重超过74.7%。对于石油而言，2016年新疆、黑龙江、陕西、山东、甘肃、河北、吉林、辽宁等8个省（区）的储量约为25.67亿吨，占全国的比重接近88.8%。对于天然气，2016年四川、新疆、内蒙古、陕西等4个省（区）的储量为40876.4亿立方米，占全国的比重约为83.0%（见表2—3）。

表2—3　　　　2016年中国煤炭、石油和天然气储量分布特点

	主要省份	比重（%）
煤　炭	山西、内蒙古、陕西、新疆、贵州	74.7
石　油	新疆、黑龙江、陕西、山东、甘肃、河北、吉林、辽宁	88.8
天然气	四川、新疆、内蒙古、陕西	83.0

资料来源：中国经济社会大数据研究平台。

（二）下游产业投资分布

对于煤炭采选业而言，2017年内蒙古、山西、陕西、贵州、宁夏、河南、湖南等7个省（区）的投资量占全国的比重超过76.6%。对于煤气生产和供应业，相对均衡分布。2017年河北、河南、四川、山东、内蒙古、陕西等6个省（区）的投资量占全国的比重接近49.0%。对于发电行业，煤炭可以远距离运输，相比于煤炭资源的储量分布，各省域的发电量要均衡一些，但由于煤电是发电量的主体，2017年中国煤电占总发电量的64.5%。因此，发电量与煤炭基础储量也具有较高的相关性。2017年山东、江苏、广东、内蒙古、四川、浙江、新疆等7个省（区）的发电量占全国的比重超过44.4%（见图2—1）。概括起来，煤炭采选业投资、煤气生产

和供应业投资、发电量与煤炭基础储量都具有较高空间关联，反映出煤炭的上下游产业具有高度的资源禀赋依赖性。

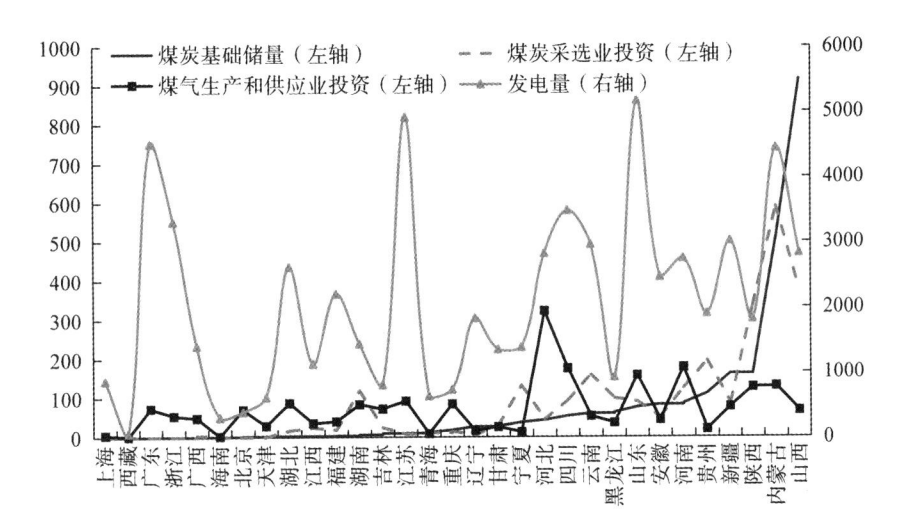

图2—1 煤炭基础储量（亿吨，2016年）、煤炭采选业投资（亿元，2017年）、煤气生产和供应业投资（亿元，2017年）、发电量（亿千瓦时，2017年）分布

资料来源：中国经济社会大数据研究平台、《中国能源统计年鉴2018》。

对于石油和天然气开采业而言，2017年新疆、陕西、黑龙江、天津、吉林、山东、四川、内蒙古等8个省（区）的投资量占全国的比重接近79.2%，与石油天然气的储量分布高度相关。对于石油加工及炼焦业投资而言，2017年山东、河北、广东、陕西、辽宁、江苏、福建、内蒙古等8个省（区）的投资量占全国的比重接近71.0%（见图2—2）。全球化背景下，沿海省份可以依托国际市场，通过进口原油，发展石油加工与炼焦业等下游产业，从而在空间布局上出现下游产业与上游产业布局不一致的情形。不过，总体而言下游加工产业与石油储量的分布也具有较高的相关性。

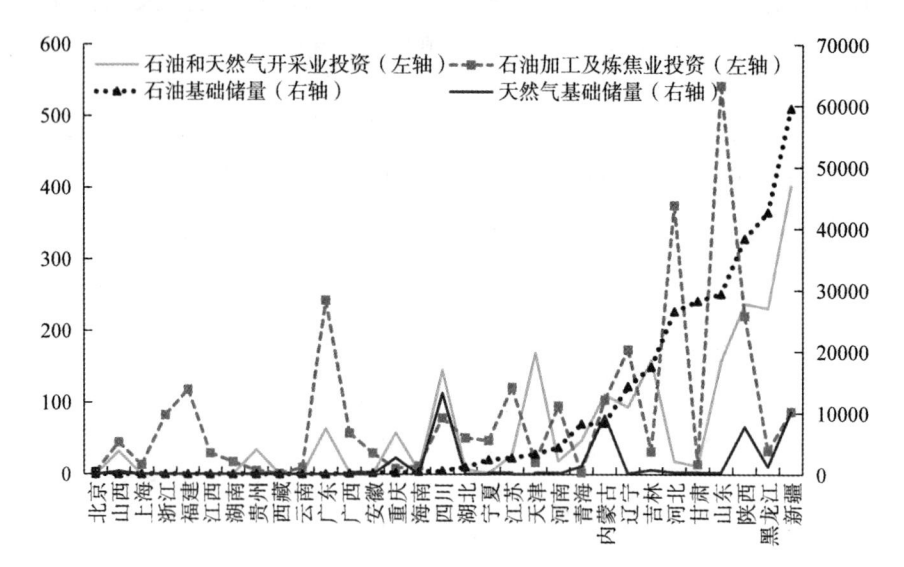

图 2—2　石油基础储量（万吨，2016 年）、天然气基础储量（亿立方米，2016 年）、石油和天然气开采业投资（亿元，2017 年）、石油加工及炼焦业投资（亿元，2017 年）分布

资料来源：中国经济社会大数据研究平台、《中国能源统计年鉴 2018》。

第二节　资本条件与产业布局

资本主要包括物质资本和人力资本两种形式，资本积累是提高经济产出水平（水平效应）和促进经济增长（增长效应）的重要因素，是影响产业布局的重要因素。随着全球化进程的加快，物质资本的流动不断加快，物质资本与产业分布之间形成相互影响的关系。但考虑到一定的物质资本积累是经济起飞的基本条件，物质资本是影响产业发展与布局的先导性和基础性因素，因此，本节主要介绍物质资本影响产业布局的机制。对于人力资本而言，跨国流动较小，其分布影响着产业分布的特征。

一　物质资本与产业布局

物质资本是经济增长的重要源泉，无论古典经济学家、奥地利学派经济学家、发展经济学家，还是马克思主义者都强调资本积累对于经济增长的重大意义。（1）经济增长与劳动分工是同一枚硬币的两个方面，古典经济学家把资本积累视为实现劳动分工的必要基础。只有拥有足够数量的资本积累，企业主才可以购买生产工具与劳动对象，才能将生产要素结合并进行社会化生产；只有在拥有一定数量的资本积累后，才可以从社会劳动中分离出一部分人进行知识生产和技术创造等活动，进而形成知识生产和知识运用之间的分工；只有以资本为中间桥梁，才能沟通生产者之间的联系，深化生产者之间的分工。（2）奥地利学派提出迂回生产说，认为迂回生产往往比直接生产具有更高的生产力，而生产方式的迂回延伸意味着需要生产更多的生产资料和进行更多的资本积累。（3）发展经济学家罗斯托指出，一个社会的经济要实现经济起飞，就必须加大资本积累，将生产性投资从5%或更低水平上升到占国民收入或者国民生产净值的10%以上。（4）马克思提出生产资料生产的优先增长规律：在其他条件不变时，在社会总资本的扩大再生产过程中，生产资料的生产会呈现优先增长的趋势；在资本有机构成提高的条件下，增长最快的是制造生产资料的生产资料的生产，其次是制造消费资料的生产资料的生产，最后是消费资料的生产（朱富强、朱鹏扬，2016）。

中国所处的发展阶段，决定了投资在经济增长中的重要作用。假设 $GDP\ 0$ 为基期国内生产总值，ΔGDP 为报告期 GDP 增量，Δ_1 为报告期的固定资产投资增量，则投资对经济增长的贡献百分比（贡献率）为：

$$投资对经济增长的贡献百分比 = 100\% \times \Delta_1 / \Delta GDP$$

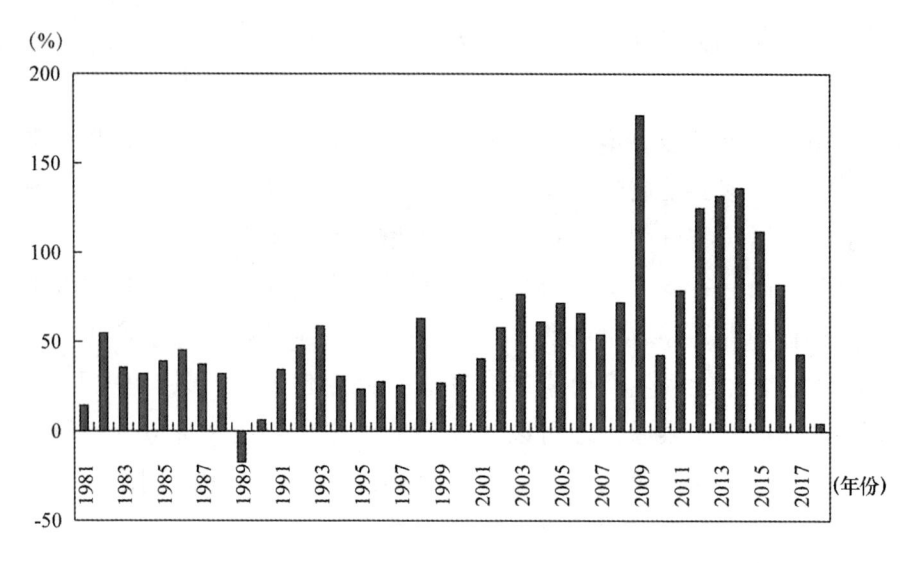

图 2—3　全社会固定资产投资对 GDP 的贡献率（1981—2018 年）

资料来源：Wind 数据库。

　　根据计算结果，1981—1992 年固定资产投资对经济增长的贡献率平均值为 30.1%，1993—2001 年固定资产投资的贡献率平均值为 36.5%，2002—2007 年固定资产投资的贡献率平均值为 64.6%，2008—2018 年固定资产投资的贡献率平均值为 91.3%（见图 2—3）。近年来，固定资产投资对经济增长的贡献率不断下滑，尤其是 2018 年第四季度以来，下滑速度尤其加快。从投资领域看，中国的物质资本投资主要集中在三大行业——基础设施、制造业与房地产，2012—2019 年三大支柱的比重总体稳定，2019 年三大支柱投资所占比重提高较大，到 2019 年 10 月三大支柱的比重已经达到 90.40%。

　　物质资本是支撑产业发展的重要根基，物质资本的分布与产业分布高度相关。物质资本投资充裕的地区，产业的分布也比较密集。这是世界各国高度重视物质资本积累的原因，也是学术界高度重视物质资本研究的原因。

　　根据 Solow 的经济增长理论，物质资本的形成受制于边际报酬递减定律的约束，随着资本深化的不断推进，经济增长速度不断下滑，并向经济增长的稳态收敛。物质资本的积累只会改变水平效应，不能带来增长效应，经济增长不可长期维持。需要注意的是，2008年国际金融危机以来中国经济在大规模投资的同时，资本深化快速推进，全要素生产率持续下滑，资本收益率大幅下滑（赖平耀，2016）。未来的物质资本投资需要调整结构，朝边际生产力高的领域进行投资。当前中国经济进入高质量发展的新阶段，经济社会发展的主要矛盾转变为人民日益增长的美好生活需要和不平衡不充分的发展之间的矛盾。高标准农田、环境保护与治理、健康养老设施、人工智能教育等领域需要加大物质资本的投资与布局，还存在巨大的投资空间。

二 人力资本与产业布局

（一）人力资本理论

人力资本的要点包括：（1）人力资本体现在人身上，表现为人的知识、技能、经验和技术熟练程度等，概括起来表现为人的能力和素质。（2）人力资本——人的能力和素质，是通过人力投资而获得的。人力资本的投资主要有四个方面，一是用于教育和职业训练的费用，二是用于医疗保健的费用，三是用于为寻找更好的职业而进行流动和迁移的费用，四是用于从国外迁入的移民的费用。(3)在人的素质既定的情况下，人力资本可表现为从事劳动的总人数及劳动力市场上的总工作时间。(4)作为一种资本形式，个人及社会对其所进行的投资都必然会产生收益。从这个角度讲，人力资本是劳动者时间价值提高的主要原因，而且其大小和高低还表现在人力资本的所有者，即劳动者的收入上（舒尔茨，2017）。

（二）人力资本与产业布局

回顾第二次世界大战后的经济史，低成本劳动力是影响产业布局的重要因素。20世纪50年代到70年代，由于发达国家劳动力成本大幅度上升，这些国家的劳动密集型产业逐步向亚洲和拉丁美洲的部分国家和地区转移。在此推动下，出现了亚洲"四小龙"与"四小虎"的高速增长。随着新兴经济体工业化和城市化任务的完成以及国民收入的提高，这些国家工资水平大幅提高，劳动力便宜的比较优势逐步下降。中国的城乡二元结构、国有体制改革、显著的区域差距，为中国经济的腾飞提供了丰富的廉价劳动力。在此条件下，20世纪80年代后国际上大量劳动密集型产业出现向中国转移的浪潮。2001年，中国国有制造业职工的周工资仅为22.35美元，分别相当于泰国的38.3%、马来西亚的28.7%、韩国的9.2%、中国台湾的6.8%、中国香港的5.1%，美国、日本、德国的4%左右。劳动力资源丰富、多数产业部门从业人员的工资水平低是中国最突出的比较优势，是吸引产业布局的一个关键因素（吕政，2003）。

随着中国跨过刘易斯拐点，中国的劳动力工资大幅提高。尤其是，2008年国际金融危机后中国东部地区的生产成本大幅上升。根据世界银行的数据，2019年东亚和太平洋区域的人均GDP为10657美元，拉丁美洲和加勒比海区域的人均GDP为9579美元，中东和北非区域的人均GDP为7857美元，而南亚区域人均GDP为1945美元，撒哈拉以南非洲的人均GDP为1669美元（见图2—4）。南亚和撒哈拉以南非洲区域仍然是劳动力最多、劳动力价格便宜的主要区域，成为吸引劳动密集型产业布局的一个潜在因素。随着用工成本的上涨、产业转型升级的需求不断加大、"一带一路"倡议的推进等因素的综合作用，中国的一些劳动密集型企业开始向工资更低的南亚、非洲等区域转移，这为经济发展水平较低区域的产业发展提供了机遇。需要强调的是，劳动密集型产业的布局，除了需要劳动力成本低的条件之外，还需要产权清晰和财产保护的制度基础、价格机制主导的运行机制、完善的基础设施和配套条件、勇于开拓的企业家队伍、素质较高的产业工人、服务高效的地方政府等条件的支撑。只有具备了这些综合条件，区域的要素禀赋优势才能得以发挥，产业布局才能实现。

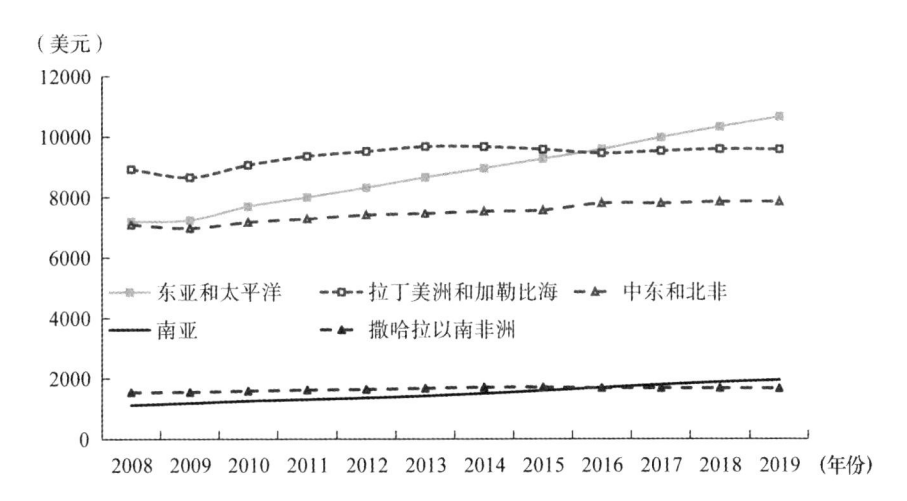

图 2—4　代表性区域的人均 GDP 比较（2008—2019 年）
资料来源：世界银行 WDI 数据库。

当前中国迈入高质量发展的新阶段，高技能的人力资本是实现中国经济高质量发展的关键支撑。高技能人力资本的投入，一方面提高物质资本的边际报酬，另一方面提高技术创新和模仿创新的能力，从而既带来水平效应，又带来增长效应，推动经济高质量发展。决定人类前途的并不是空间、土地和自然资源，而是人的素质、技能、知识水平，以及处理各种复杂经济活动的能力。在此背景下，产业布局也由过去的资源指向、劳动力指向、市场指向，逐步转变为高水平人力资本指向。近年来的产业布局，尤其是高科技产业的布局越来越向高水平人才集中的区域布局。

2017 年是人工智能元年，人类进入人工智能时代。（1）根据科技部 2019 年公布的 15 家新一代人工智能开放创新平台名单，15 家人工智能龙头企业总部分布于北京、上海、杭州、合肥、深圳 5 个城市，表现为极大的空间集中性（见表 2—4）。（2）根据中国人工智能产业发展联盟 2019 年公布的 8 家人工智能示范园区名单，它们分别是北京亦庄人工智能科学园、中关村壹号、山东日照经济技术开发区、南京新港高新技术产业园、上海长阳创谷园区、苏州高铁新城人工智能产业园、苏州人工智能产业园、中国（杭州）人工智能小镇，分布在北京、日照、南京、上海、苏州、杭州六地，也表现为极大的空间集中性。（3）根据亿欧智库（2019）发布的2014年以来人工智能初创企业100强的区域分布看，北京、上海、深圳、杭州四个城市的企业数占到了90家，人工智能初创企业也表现为极大的空间集中性（见图2—5）。

表2—4　　　　15家新一代人工智能开放创新平台总部所在地与专注领域

企业名称	总部所在地	核心领域	批复时间
百度	北京	自动驾驶	2017年
阿里云	杭州	城市大脑	2017年
腾讯	深圳	医疗影像	2017年
科大讯飞	合肥	智能语音	2017年
商汤	北京	智能视觉	2018年
依图科技	上海	视觉计算	2019年
明略科技	北京	营销智能	2019年
华为	深圳	基础软硬件	2019年
平安	深圳	普惠金融	2019年
海康威视	杭州	视频感知	2019年
京东	北京	智能供应链	2019年
旷视科技	北京	图像感知	2019年
360奇虎	北京	安全大脑	2019年
好未来	北京	智慧教育	2019年
小米	北京	智能家居	2019年

资料来源：笔者根据网络资料整理。

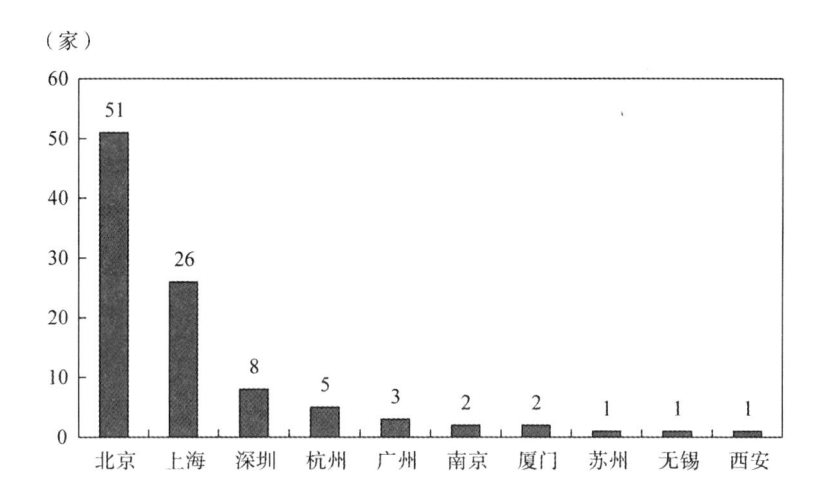

图2—5 中国人工智能初创企业100强分布（2019年）

资料来源：https://www.maigoo.com/news/525765.html。

人工智能人才尤其是顶级科学家，对于人工智能企业的发展发挥着极为关键的作用。人工智能企业的高度空间集聚特性表明人力资本对于产业发展起关键作用。正因为人力资本对经济发展的作用越来越重要，近年来各地都在进行人才争夺战。北京、上海、天津、深圳、广州、杭州、南京、郑州、成都、西安、合肥、武汉、海口等地都出台了一系列在落户、住房、子女、启动资金等方面的优惠政策，吸引高层次人才集聚。各地在高科技人才、文化创新人才、金融人才等方面的新政目的是推动产业升级与高质量布局。

第三节　数据资源与产业布局

一　数据要素与产业布局

数据规模的爆炸式增长和数据模式的高度复杂化推动人类社会进入大数据和人工智能时代。与之相对应，人类社会的生产要素也从土地、劳动力、资本等要素，拓展到数据要素。作为一种新的生产要素，数据是新时代的石油，将对经济活动的各个环节产生重要而深刻的变革。（1）数据的广泛使用将使厂商更好判断用户偏好、发现潜在需求、预测销售趋势，明确产品的需求方向；将优化生产工艺，加强过程管理，提升产品质量，降低次品率，实现产品的质量变革；将促进企业柔性生产，形成多样化、个性化的产品；作为原始材料，数据也将催生许多新兴的产业，形成数据服务、数据探矿、数据化学、数据材料、数据制药等一系列战略性的新兴产业（李国杰、程学旗，2012）。（2）数据的广泛使用将降低信息的不对称与不完整，实现物流信息无缝对接，降低物流成本；将优化政府管理，由串联执行变为并联执行，方便办事过程；将扩大交易范围，将世界变为地球村。（3）数据的广泛使用将降低用户了解产品特征和办理流程的成本，提高消费体验，激发消费活力。

大数据和人工智能时代，产业界关注的焦点将以数据为中心，数据成为推动产业发展的关键力量。数据资源丰富、质量较高的地区，相关产业的发展最为繁荣，而产业的繁荣又反过来推动了数据的增长。数据增长与产业发展布局之间形成了良好的循环累积关系，推动产业规模报酬递增发展，使得产业呈现集聚的空间布局特点。北京大学大数据分析与应用技术国家工程实验室2020年发布的《2020中国大数据产业发展指数》使用5个一级指标、13个二级指标、22个三级指标，对全国134个城市的大数据产业发展进行了评价，结果是：全国大数据企业主要分布于京津冀、长三角、珠三角三大都市圈，其中长三角和珠三角的大数据产业生态图谱较为完善。从城市看，北京、深圳、上海、广州、杭州位于第一梯队，南京、武汉、天津、成都、苏州、重庆、合肥位于第二梯队，其他城市处于第三和第四梯队。大数据产业的布局呈现高度集聚的态势。

大数据产业的集聚也会推动广泛使用大数据的企业呈现空间集聚态势。大数据在企业中的应用，需要大量的设备和生产线投资等。因此，最先应用大数据技术的往往是经济效益比较好的企业。中国企业500强的经济实力较强,具有应用大数据技术的能力和动力。从中国企业500强的空间分布看,京津冀、长三角、珠三角三大都市圈是主要的集聚区,占据了60%以上的席位(见图2—6)。大数据应用企业也呈现集聚布局态势。

大数据时代,大数据研发和应用企业会形成"赢家通吃"市场。在"赢家通吃"市场中,企业的市场份额呈现幂律分布,小规模群体获得不成比例的收入份额,即80/20法则。同时,这种分布具备尺度(标度)不变的特征(第1名在前10名中所占的份额,与前10名在前100名中所占的份额大体上相同)(布莱恩约弗森、麦卡菲,2014)。

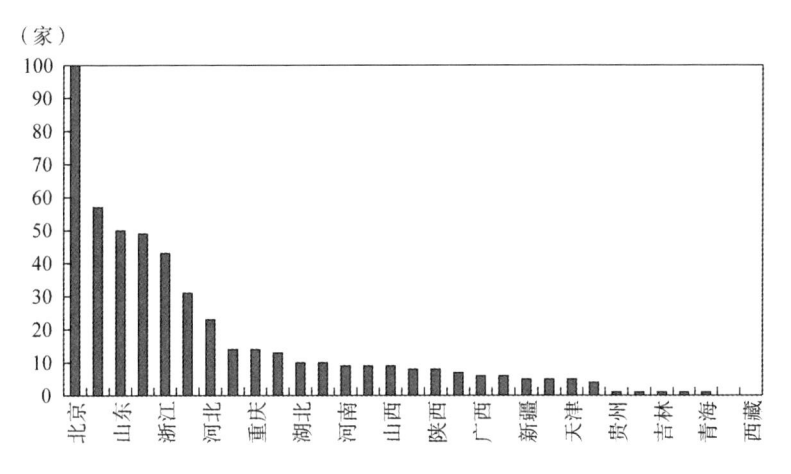

图2—6 中国企业500强的空间分布(2019年)

资料来源:笔者通过搜集中国企业500强的总部所在地制作而成。

二 数据孤岛与数据安全

目前中国运行着多种信息化系统,这些多源异构的系统之间彼此割裂,而且由于历史原因很多数据没有被数字化,致使系统之间处于孤岛状态。人工智能因大数据而重生,制约人工智能广泛应用的不是算法不够先进,而是缺乏高质量的数据。就像土地是农业时代的原材料、钢铁是工业时代的原材料一样，数据是信息时代的原材料。限制数据读取无异于在农业时代管控土地使用、工业化时代限制工厂的产品生产。为了加快人工智能的发展与应用，需要打破数据孤岛，加快数据的开放和大力整合，实现数据准确与有效联通（胡安俊，2020）。

与此同时，由于数据本身的价值很高、人工智能技术自身不完善和使用不当等原因，人工智能系统已成为不法黑客攻击的重要目标，面临着巨大的安全风险。保障数据与网络安全必须遵循和谐友好、尊重隐私、安全可控、共担责任的原则，需要政策法规与技术手段等的结合。

1. 完善细化法律法规，保护数据安全。首先要立法确定数据的所有权，并且数据所有者有删除个人数据的"被遗忘权"。其次，完善细化法律法规，明确数据收集、存储、处理、使用等各个环节的边界。在数据汇聚和使用之前，利用大数据和人工智能技术完成数据的清洗、脱敏、结构化和标准化（冯登国、张敏、李昊，2014）。保障数据使用的可追溯性，完善追责问责机制，规范数据使用范围。

2. 使用"联邦学习"策略，保护数据安全。在数据不出本地的前提下，各个数据拥有方依托各自数据建立模型，将各地的模型参数上传到云端，再在云端训练人工智能模型。然后将优化的人工智能模型参数返回到各地共享。这种策略既实现了数据共享，又保证了数据安全（世界人工智能大会组委会，2019）。

3. 借助大数据和人工智能等技术，保障网络安全。基于人工智能技术在软件二进制分析、网络攻击检测、安全行为辅助分析、网络信息过滤等领域的应用，建立一套基于"大数据＋威胁情报＋安全知识＋安全专家"的全新战法，构建覆盖整个国土空间的智能网络防御系统，即国家网络安全大脑，从而应对网络战争，保障网络安全。此外，加强政府、科研院所、企业和行业等各方紧密合作，共建有利于网络安全的大生态（周鸿祎，2019）。

第三章

集聚经济与产业布局

空间集聚是产业布局的基本特征，集聚背后的另一动力是集聚经济（外部性）。从生产者角度看，集聚经济主要包括共享效应、匹配效应、学习效应、市场效应和组织效应。从影响产业布局的作用力角度看，集聚经济对产业布局的作用力要大于自然条件的作用力，是影响产业布局的重要原因（Ellison et al., 2010）。本章着力探讨集聚经济与产业布局形态的理论关系与经验逻辑。

第一节 集聚经济本质与源泉

一 集聚经济的本质

产业集聚可以提高生产效率、促进创新、增加就业，一直是经济学家关注的焦点（Duranton and Puga, 2004; Glaeser, 2010; Rosenthal and Strange, 2004）。在 Marshall（1890）、Hoover（1937）、Isard（1956）等第一代学者和 Henderson（1974）、Porter（1990）、Krugman（1991）、Glaeser et al.（1992）、Duranton and Puga（2004）等第二代学者的共同努力下，产业集聚的研究已经形成了较为完整的体系。与此同时，产业集聚的实践也在如火如荼地进行着，硅谷、128 公路、第三意大利成为各地竞相模仿的对象，集聚区成为区域发展的政策工具（王缉慈，2001）。

集聚经济是经济活动主体在产业集聚中获得的收益。这种收益的本质是范围外部性，它包括地方化经济（又称马歇尔外部性、专业化经济）和城市化经济（又称雅各布斯外部性、多样化经济）两种类型。前者是同一产业的集聚而产生的收益，因此源于本地经济活动的专业化；后者是多种产业的集聚而产生的收益，因此源于本地经济活动的多样化。产业集聚有利于知识扩散、上下游产业关联与劳动力市场的共享。因此，从产生机理看，集聚经济的收益主要通过两种渠道而产生。一是通过知识溢出等方式改变企业的投入产出关系（生产函数）而产生，这就是技术外部性（Technological Externality）；二是由于产业集聚而影响自身产品价格而产生，这就是金钱外部性（Pecuniary Externality）。

二 集聚经济的源泉

对集聚经济源泉的研究，可以追溯到马歇尔。他认为集聚经济源于产业关联、劳动力市场共享与知识溢出。之后，杜兰顿和普加（Duranton and Puga，2004）、罗森泰尔和斯特兰奇（Rosenthal and Strange，2004）等人进行了补充。本质上，集聚经济产生的原因在于节约运输的地理成本、时间成本与知识信息成本。从生产者、消费者、政府三个角度看，集聚经济的产生源泉主要有：

（一）共享效应

共享效应分为以下几种情况：第一，共享公共物品。由于自然资源、公共设施等具有不易移动或不可分割性，产业集聚能分担个体的使用成本，从而促进集聚。第二，共享多样化收益。创新产品的生产需要不断地进行试验，摸索最优的投入组合与生产流程。因此，创新部门需要弹性投入，处于多样化城市中，从而共享多样化的收益（Vernon，1966）。第三，共享专业化收益。在规模报酬递增的作用下，产业的集聚能够增加对本地中间产品的使用量，降低中间产品的生产成本,从而带来专业化分工的收益。

(二) 匹配效应

产业的集聚可以降低企业、求职者、银行等行为主体的搜寻成本,增加劳动力、资产、知识匹配的质量和机会,从而提高资源配置效益(Helsley and Strange,1990; Duranton and Puga,2004)。

(三) 学习效应

很多知识具有缄默、非编码和局部溢出的性质,只有面对面接触才能有效传播;同时,面对面的接触也有利于企业和个人之间建立信任关系,从而方便传播。因此,产业集聚有利于知识的产生、扩散与积累(Duranton and Puga,2004)。

(四) 市场效应

在垄断竞争、报酬递增与冰山成本条件下,市场潜力与企业利润、要素价格息息相关(Head and Mayer,2004)。市场规模较大的区域,市场潜力较大,企业利润和要素收益高。在此驱动下,企业和要素加速向市场潜力大的区位迁移和流动,而这又会进一步放大市场潜力。最终在循环累积机制作用下形成产业集聚。这就是新经济地理学中的本地市场效应(Home Market Effect)。改革开放后,中国产业大量向沿海集聚的主要原因在于市场效应的作用(Jian,1996)。

(五) 组织效应

企业为了提高竞争力,往往把不相关的技术、部门转移出去,释放其中的风险。而这同时意味着企业对外部企业的需求会更加密切。因此,为了便于产业融合、减小交易成本和道德风险,相关企业往往选择在一定空间内集聚布局。另外,企业的规模也是影响集聚的重要因素。企业规模通过影响企业间的交流方式和竞争方式而影响集聚。实证研究表明，小企业对集聚经济的影响要大于大企业（Rosenthal and Strange，2003）。因此，开发区的发展不仅要甄别产业类型，而且要甄选企业的规模，才能防范"有企业无产业"的现象。

（六）消费者效应

大量产业的集聚，形成了更加多样化的产品和服务市场，降低了人们的搜寻成本和交通成本，扩大了消费的机会。而这又反过来促进集聚（Rosenthal and Strange，2004）。这就是新经济地理学中的价格指数效应（Price Index Effect）。

（七）寻租

在市场经济不完善、制度不完备的许多国家，产业集聚的一个重要原因是为了寻租（Rosenthal and Strange，2004）。

总结起来，前五点侧重从生产者的角度讨论集聚经济的源泉，而第六点和第七点则分别从消费者和政府的角度讨论集聚经济的源泉。

三　集聚经济的维度

集聚经济在行业、地理和时间三个维度上扩散，与三个维度相对应的是三种距离：产业距离、地理距离和时间距离（Rosenthal and Strange，2004）。与自然界的事物一样，集聚经济随着距离的增大而减小。

（一）产业特征与地方化经济、城市化经济

认识产业特征与地方化经济、城市化经济的关系，对开发区根据自身实际进行产业选择和产业发展，具有重要意义。(1) 从产业的技术层次看，低技术产业更多集聚于专业化环境，受惠于地方化经济。高技术产业更多集聚于多样化环境，受惠于城市化经济（Henderson，1997a）。(2) 从轻、重工业、服务业的分类看，轻工业更多地享受城市化经济，重工业更多享受地方化经济（Nakamura，1985）。对于服务业，由于其具有生产和消费空间的不可分性、非物化、不可存储等特点，其比工业更加依赖本地市场的容量，因此更多享受城市化经济（Catherine and Schiffauerova，2009）。

（二）空间范围与地方化经济、城市化经济

与企业尺度一样，空间尺度是影响产业发展与创新能力的另一个维度。认识空间尺度与地方化经济、城市化经济的关系，对于指导产业区位选择具有重要意义。

（1）制造业更多的是对"物"的运输，而服务业更多的是对"人"的运输，二者运输成本的性质差异导致不同的集聚特征。一般而言，制造业更多在州（省）层次上集聚，而服务业则在县的层次上集聚（Kolko，2010）。

（2）从城市规模来看，大城市的城市化经济更加显著，中小城市地方化经济更加显著。美国的经验表明，50万人口城市是二者的分界线（Henderson，1997）。

（三）时间跨度与地方化经济、城市化经济

在生命周期的初始阶段，创新部门需要弹性的投入与广泛的反馈交流，因此，创新部门处于多样化环境中，享受城市化经济更加重要。随着技术的成熟与产品的标准化，产业部门更加关注成本要素，因此，选择专业化环境，地方化经济地位越发凸显（Vernon，1966；Durandon and Puga，2001）。另外，产业之间的过度依赖可能会导致区域锁定，地方化经济会阻碍产业发展（Catherine and Schiffauerova，2009）。当地方化经济阻碍产业发展时，就需要进行集聚经济的转换。

概括起来，各地区在进行产业选择时，关键在于根据自身的技术要素供给条件与城市规模，选择适宜的产业类型。高技术要素的大城市往往选择技术层次高的产业，促进基于公共科学基础的多样化产业集聚发展。而低技术要素和中小城市，往往选择技术层次低的产业，促进专业化发展。同时，还要根据集聚的动态变化，适时进行转换。

四 集聚经济的转换

所谓集聚经济的转换是指地方化经济与城市化经济之间的转换，或者是专业化与多样化之间的转换。它包括两种类型：一是由城市化经济向地方化经济的转换；二是从地方化经济向城市化经济的转换。前者常常通过产业的区位转移与空间再配置来实现，而后者则侧重通过企业创立与产业创新来实现。考虑到中国开发区存在的主要问题是产业技术层次低，本章主要分析第二种类型的转换。

（一）地方化经济向城市化经济的转换背景

随着全球化与区域经济的发展，发展中国家和区域的开发区面临着许多新的发展条件和问题。第一，在区域发展水平与区域技术吸收能力有了巨幅提高的同时，开发区所在地政府认识到只靠专业化发展获得微薄利润，无法实现经济超越；第二，信息和知识浪潮的加快，使得跨国公司在发展中区域建立研发机构成为可能；第三，服务贸易全球化，使得发展中区域开拓附加值更高的服务业成为未来趋势；第四，很多发展中区域的开发区开始出现区域锁定、发展速度放缓等现象，迫切需要功能升级。这种背景下，原来以专业化为主、享受地方化经济的发展中区域的开发区就有了通过创新实现多样化发展的迫切需求。

（二）地方化经济向城市化经济的转换途径

地方化经济向城市化经济转换的本质是由专业化区域向多样化区域的转换。这种多样化可以是产品及其技术层次的多样化，也可以是产业的多样化，还可以是空间组织的多样化。因此，地方化经济向城市化经济的转换途径主要有产业升级、产业结构升级、空间组织的变换和互补开发区的合并。

1. 产业升级

任何产品都有生命周期，产业升级是地方化经济向城市化经济转换的重要途径。具体而言，当产业发展丧失劳动成本优势后，可以通过流程升级，在新要素组合下获得第二次生命。随着劳动成本的进一步提升，企业可以通过开发新的产品，获得第三次生命。在产品升级之后，为了进一步吸收原材料和劳动力成本的上升压力，企业还可以通过功能升级（一是实施品牌化，二是提升企业在价值链中的地位），获得第四次生命。

2. 产业结构升级

中国发展现代农业与先进制造业的迫切需求，为中国服务业，尤其是生产性服务业的发展提供了巨大的发展空间（何骏，2009）。另外，经过 20 多年的发展，开发区在形成了良好投资环境、带动了上下游产业和人口大量集聚的同时，对第三产业和服务功能产生了巨大需求（王峰玉，2006）。因此，开发区应抓住这两个契机，通过发展生产性服务业、休闲娱乐等第三产业，实现产业结构升级与功能转变。

需要说明的是，由于高端服务业的发展与城市等级正相关，各个开发区在选择产业发展的类型上，需要考虑各自的实际情况。

3. 空间组织的变换

空间是城市化经济发挥的重要维度，由"刚性"产业区向"柔性"产业区的转变是地方化经济向城市化经济变换的又一途径。建立柔性产业区的核心不在于企业的规模，而在于柔性生产方式、密集网络与根植性。具体来说，（1）通过设置一套有利于发挥人力资本作用的体制以及社会文化，培育创业精神，形成一种学习创新和主动适应环境变化的能力，从而塑造柔性生产方式，这是建设柔性产业区的关键（吕拉昌，2006）；（2）通过与当地、全球的生产要素以及新知识和有价值的思想，尤其需要与大学、中介机构、公共部门、金融部门等网络"结点",建立畅通网络,实现网络的密集性;(3)通过培育为本地龙头企业服务的本地企业,建立根植于当地文化的非正式联系、信赖关系和协作关系,实现产业根植。

4. 互补开发区的合并

中国制造的秘密在于企业之间共享互补性资产,将单个组织或个人广泛分布性知识、能力以及资源有机地组合起来,从而实现"杠杆增长战略"(罗珉,2009)。同样的,这种杠杆效应也能在开发区层面实现。自 1984 年以来,基于功能的差异,中国建立了各种类型的开发区。经济技术开发区侧重发展制造业、吸引外资与促进出口,而高新技术开发区则借助靠近大专院校和科研机构的优势,致力于推动高新技术的孵化(唐华东,2008)。因此,对于同时拥有经济技术开发区、高新技术开发区等各类开发区的城市来说,进行开发区的合并,有利于优势的互补,促进区域由专业化向多样化的转变。

第二节 集聚经济模型与数据

一 计量模型

生产函数是影响集聚经济测度的一个原因,经济增长模型是生产函数的理论来源。自 20 世纪 50 年代中后期现代经济增长理论诞生以来,关于经济增长的经验分析主要有两类框架:一是 Mankiw, Romer and Weil(1992)给出的经济增长分析框架(MRW 框架);二是 Barro(1991)给出的回归方程(Barro 形式回归方程)。两者的重要区别是,Barro(1991)先验地给出一个关于经济增长的回归方程,而 MRW 框架则是在 Solow 模型基础上给出了一个扩张的模型。MRW 框架已经成为经济增长经验分析的一个基本分析范式(严成樑,2011)。

本章选择包括人力资本的索罗模型估计集聚经济效应(Durlauf

et al., 2005; Mankiw, Romer and Weil, 1992)。假定经济发展遵循一个三要素的柯布－道格拉斯生产函数：

$$Y_{ijt} = K_{ijt}^{\alpha} H_{ijt}^{\varphi} (A_{ijt} L_{ijt})^{1-\alpha-\varphi} \tag{3—1}$$

其中，i，j 和 t 分别代表产业、区域和时间，Y_{ijt}，K_{ijt}，H_{ijt}，A_{ijt}，L_{ijt} 分别代表产出、物质资本存量、人力资本存量、知识和就业人口。

经济增长是由经济发展的初始水平和稳态时的人均收入决定的。经济增长率的方程可以推导为：

$$r_{ij} = g_{ij} + \beta_1 \log y_{ij0} + \beta_2 \log(n_{ij} + g_{ij} + \delta) + \\ \beta_3 \log s_{Kij} + \beta_4 \log s_{Hij} + \beta_5 \log A_{ij0} \tag{3—2}$$

其中，r_{ij} 为人均产业增加值的增长率，y_{ij0} 为初期的人均产业增加值，g_{ij} 和 n_{ij} 是知识和劳动力的增长率。假定物质资本和人力资本的折旧率相同，都为 δ。s_{Kij} 和 s_{Hij} 物质资本和人力资本的投资率。相比于公式（3—1），公式（3—2）的优点在于很好地规避了物质资本和人力资本存量的估算问题。

影响经济增长的因素很多，除了上式中已经显性表达的技术进步、资本和劳动之外，其他因素包含在 $\log A_{ij0}$ 中。新增长理论强调了知识溢出的重要性（Lucas，1988；Romer，1986），经济地理学认为区位和自然禀赋对经济增长十分重要（Ellison et al.，2010；Gallup et al.，1999），新经济地理学则强调了交易成本、集聚及其相互作用（Baldwin et al.，2003），新制度经济学则认为制度是经济发展最为重要的因素（Acemoglu et al.，2005；Acemoglu et al.，2002）。基于这些理论，我们假定 $\log A_{ij0}$ 是以下因素的线性函数：

$$\log A_{ij0} = f(local_{ij0}, urban_{ij0}, transp_{ij0}, com_{ij0}, gov_{ij0}, open_{ij0}, u_{i0}, u_{j0}) \tag{3—3}$$

其中，$local_{ij0}$、$urban_{ij0}$、$transp_{ij0}$、com_{ij0}、gov_{ij0}、$open_{ij0}$、u_{i0} 和 u_{j0} 分别代表马歇尔外部性、雅各布斯外部性、交通基础设施、通信设施、政府干预、对外开放、产业和城市固定效应。马歇尔外部性和雅各布斯外部性反映集聚和知识溢出的作用，交通基础设施和通信设施反映交易成本，政府干预和对外开放反映制度的作用，而产业和城市固定效应则反映区位和自然禀赋的作用。

基于上述假设,经济增长率的模型可以表述为:

$$r = \beta_1 \log y_0 + \beta_2 \log(n + g + \delta) + \beta_3 \log s_K + \beta_4 \log s_H + \beta_5 local + \beta_6 urban + \beta_7 transp + \beta_8 com + \beta_9 gov + \beta_{10} open + u_i + u_j + \varepsilon$$

(3—4)

二 数据

基于数据的可获得性,本章选择31个省(市、自治区)和333个地级市(自治州、盟)的两位数、三位数和四位数制造业进行分析,没有考虑服务业。2003年是目前可以获取的包含细分产业数据的最早年份,2007年之后国家统计局不再公布细分产业的工业增加值。为此,我们选择2003年和2007年的数据。由于计量模型的内生性,2003年的数据被用于控制内生性,所以本章主要分析产业和空间两个维度,没有分析产业集聚在时间维度上的演化。产业数据来自中国统计局,城市和省份数据来自中国经济社会发展统计数据库。

三 变量

根据上面的计量模型,定义各个变量。

(1) 因变量(r)。人均工业增加值增长率为2003—2007年的年均增长率。

(2) 产出的初始值($\log y_0$)。y_0是2003年人均工业增加值。

(3) $\log(n + g + \delta)$。n为2003—2007年平均就业增长率;g是2003—2007年知识的年均增长率,使用新产品产值的增长率来表达。根据张军等(2004)的测算,设定$\delta = 9.6\%$。

(4) 物质资本投资率($\log s_K$)。基于数据的可获得性,假定固定资产净值与固定资产投资成正比,使用2003—2007年固定资产净值占GDP的平均比重表达物质资本的投资率。

(5) 人力资本投资率（log s_H）。在较短的时间内，每年的人力资本投资与教师的数量是成正比的。为此，使用 2003—2007 年每万人高等学校平均教师数表达人力资本投资率。

(6) 马歇尔外部性（local）。因为区位商是使用最为广泛的指标，本章用它表达马歇尔外部性（Beaudry and Schiffauerova, 2009）。

(7) 雅各布斯外部性（urban）。因为 Hirschman – Herfindahl 指数是使用最为广泛的表达雅各布斯外部性的指标，本章用它表达雅各布斯外部性（Beaudry and Schiffauerova, 2009; Henderson, Kuncoro and Turner, 1995）。

(8) 交通设施水平（transp）。交通设施的长度是一个较好的反映交通基础设施水平的指标（Fleisher 等，2010），但是它没有考虑不同交通设施的质量差异。本章采用客运量占全国的比重和货运量占全国的比重这两个指标的均值表达交通设施水平。

(9) 通信设施水平（com）。经济全球化和信息化以来，经济增长与区域使用/拥有的信息技术和设备密切相关（Bloom et al., 2012）。本章使用邮电业务占 GDP 的比重表达通信设施水平。

(10) 政府干预度（gov）。自 1994 年财税体制改革以来，地方政府拥有了大量的财权和事权（Fleisher, Li and Zhao, 2010）。本章使用扣除教育和国防支出的政府支出占 GDP 的比重反映政府干预度（金煜等，2006）。

(11) 对外开放度（open）。外商直接投资和进出口总额是表达对外开放程度的最为常用的指标。由于二者具有较强的共线性，本章采用进出口总额占 GDP 的比重表达对外开放度。

需要说明的是，人力资本投资率、交通设施水平、通信设施水平、政府干预度和对外开放度五个指标都是针对每个区域的指标，而不是针对每个产业—区域的指标。一般而言，规模较大的产业，具有较大的人力资本投资，较多的客运量、货运量和邮电通信量，较多的政府支持和外商直接投资。因此，我们假定这些指标与各个产业的规模正相关，将各个产业的规模作为权重，将上述五个指标乘以该权重，就可以得到各个产业—区域的指标。

四 内生性问题

内生性是计量模型估计中的棘手问题。主要的内生性问题有遗漏变量、测度误差、自我选择和反向因果四大类型（Durlauf, Johnson and Temple, 2005）。基于经济增长模型，使用产业固定效应、区域固定效应控制不可观测的遗漏变量。中国的数据质量具有一定的奇异值和测度误差，本章借鉴 Hsieh and Klenow（2009）的做法，对各项指标分别进行1%和2%的截尾处理，用于检验结果的稳健性。针对人力资本可能产生的自我选择问题，使用三要素的增长模型，引入人力资本变量（Fallah et al., 2014）。产业的集聚会促进增长，而增长又会反过来促进集聚。集聚与增长构成了反向因果关系。为了控制这种关系，估计模型中自变量采用基期2003年的数据，从而使得集聚与增长的关系单向化。

第三节 集聚经济与产业布局

一 集聚经济估计结果

（一）制造业集聚经济的特征

不同区域具有不同的区位、资源、文化等条件，不同的制造业具有较大的异质性。Hauseman 检验结果表明，区域和产业双向固定效应模型具有较好的结果。两位数制造业表现为正的马歇尔外部性和正的雅各布斯外部性，三位数制造业表现为正/负的马歇尔外部性和正的雅各布斯外部性，四位数制造业表现为负的马歇尔外部性和正的雅各布斯外部性。正的雅各布斯外部性支持了产业多样化更有利于发展的观点。马歇尔外部性在两位数制造业表现为正的集聚经济，在三位数制造业表现为正或负的集聚经济，在四位数制造业表现为负的集聚经济，一方面印证了三位数制造业是马歇尔外部性的分水岭，另一方面由于较宽的产业维度包含了更多的产业，从四位数制造业到两位数制造业，马歇尔外部性由负数变为正数也在一定程度上反映了多样化有利于产业发展的观点（见表3—1和表3—2）。

Marshall（1890），Henderson、Kuncoro and Turner（1995）和Henderson（2003）等从理论与经验上论证了同一产业的集聚有利于上下游产业的贸易关联、劳动力的共享与知识溢出，是产业增长的重要原因。然而，中国的制造业却表现为正的不显著或者负的显著的马歇尔外部性。这种现象是中国产能过剩的结果，与中国特定的发展阶段、特殊的经济体制和混乱的产业布局密不可分。第一，中国的发展阶段决定了"产业潮涌"的发生，进而影响产业集聚的收益。中国整体上正处于快速发展的工业化中期阶段。在产业发展中，企业所要投资的是技术成熟、产品市场已经存在的产业，企业家对哪一个产业是有前景的产业容易产生共识，从而导致投资上的"潮涌现象"。在每一波浪潮开始出现时，每个企业对其投资都有很高的回报预期，金融机构也乐意给予这些投资项目金融支持。然而，等到每个企业的投资完成后，不可避免地将会出现产能过剩，企业恶性竞争，利润下滑，大量企业亏损破产（林毅夫，2007；林毅夫等，2010），这自然影响产业集聚的收益。近年来，风能、太阳能产业的过度投资就是一个典型的案例。

第二，中国转轨经济过程中体制性缺陷导致企业投资行为扭曲，导致产能过剩，进而影响集聚经济收益。20世纪90年代税制改革后，实施财政分权和以GDP为纲的地方官员考核体制，极大地增强了地方政府不顾社会经济成本和效益盲目推动经济规模增长的动机。模糊的土地产权和银行的预算软约束等体制上的缺陷，使得地方政府掌握大量的资源，这为地方政府干预经济提供了条件。在此背景下，地方政府的不当经济干预行为会通过成本外部化效应、投资补贴效应和风险外部化效应扭曲企业的投资行为，导致企业"重复建设"和严重的产能过剩（江飞涛、曹建海，2009）。国际货币基金组织的国别报告（2012）指出中国的整体制造业产能利用率仅为60%，在2008年国际金融危机爆发前产能利用率最高的时期也不到80%。中国大宗商品研究中心发布的《2012年度大宗商品经济数据报告》认为，目前中国大宗商品产能过剩品种与非过剩品种比为6：4。在产能过剩产品中，产能利用率低于80%的产品数占了近九成；利用率小于70%的占了51.5%。如此严重的产能过剩势必降低马歇尔外部性。

第三，马歇尔外部性的效应也与产业布局有关。中央政府与地方政府是委托代理关系，部分地方官员的重要动机在于经济收益与政治晋升。为此，在招商引资的区际竞争中，部分地方政府会对引进的企业在土地面积和区位选址上做出让步，从而导致区域和城市规划很难落到实处，产业布局较为混乱，不利于集聚经济的发挥。

从雅各布斯外部性来看，制造业表现为正的集聚经济，这一方面印证了雅各布斯主张的重要的知识创新来自产业之外，多样化更有利于产业发展的观点；另一方面，这种现象也与中国产业集聚的阶段有关。改革开放以来，中国陆续批复了经济技术开发区、高新技术开发区、出口加工区、保税区等各类开发区，经过几十年的发展这些开发区已经成为中国制造业的主要集聚区。与此同时，开发区也集聚了大量的产业工人。在此背景下，开发区的功能定位发生了改变，从一个单纯的制造业空间向科研—生产—消费综合空间转变。由于多数开发区距离老城区较远，开发区逐步向新城方向转变（罗小龙等，2011）。

从产业的集聚区到各种活动的集聚区，这不仅是经济发展的内在需求，也提供了雅各布斯外部性为正的证据。此外，从雅各布斯外部性的显著性来看，仅仅三位数和四位数制造业表现为显著的雅各布斯外部性，这表明雅各布斯外部性主要发生在三位数和四位数的范围之内。

中国的统计数据具有一定的离群值。为了验证结果的稳健性，还对各个变量进行了1%和2%的截尾处理，发现结果是稳健的。[①]

[①] 限于篇幅，我们没有把这些结果放在正文中。需要的读者可向笔者索取。

表 3—1　城市制造业聚集的特征

	城市两位数制造业 OLS	城市两位数制造业 FE	城市三位数制造业 OLS	城市三位数制造业 FE	城市三位数制造业 FE	城市四位数制造业 OLS	城市四位数制造业 FE	城市四位数制造业 FE
$\log y_0$	0.299 (1.00)	0.397*** (3.19)	0.302** (2.33)	−1.639*** (−18.11)	−1.652*** (−30.86)	−1.697*** (−31.15)	1.597*** (14.35)	1.752*** (34.85)	1.868*** (36.04)
$\log(n+g+s)$	0.622*** (7.55)	0.697*** (10.17)	0.700*** (10.16)	0.381*** (9.62)	0.407*** (9.65)	0.385*** (9.12)	0.944*** (23.02)	0.984*** (30.17)	0.997*** (30.25)
$\log S_k$	0.999*** (3.98)	0.942*** (5.87)	1.177*** (7.02)	2.625*** (23.52)	2.605*** (38.36)	2.582*** (37.62)	0.142 (0.98)	0.117 (1.61)	0.157** (2.13)
$\log S_h$	−0.314*** (−5.85)	−0.425*** (−14.66)	−0.443*** (−15.05)	−0.318*** (−15.88)	−0.359*** (−23.69)	−0.371*** (−24.39)	−0.468*** (−24.49)	−0.520*** (−52.18)	−0.538*** (−53.12)
local	−862.5*** (−3.00)	−185.8 (−0.11)	751.4 (0.42)	367.1*** (5.07)	471.0 (0.63)	279.1 (0.37)	−1007.4** (−2.18)	−746.6 (−0.96)	−587.5 (−0.74)
urban	−0.0569** (−2.17)	0.0142 (0.55)	0.00843 (0.32)	−0.0247*** (−3.77)	0.137*** (3.13)	0.137*** (3.11)	−0.0641*** (−13.54)	0.117*** (2.78)	0.117*** (2.77)
常数	−1.850*** (−4.15)	−3.550*** (−8.02)	−5.309*** (−5.62)	−4.339*** (−12.59)	−7.885*** (−9.43)	−6.280*** (−4.73)	−1.927*** (−9.65)	−5.286*** (−7.50)	−7.530*** (−6.50)
控制变量	是	是	是	是	是	是	是	是	是
区域固定	否	否	是	否	否	是	否	否	是
产业固定	否	否	是	否	否	是	否	否	是
N	9756	9756	9756	36696	36696	36696	44772	44772	44772
Adj. R²	0.032	0.003	0.006	0.199	0.195	0.201	0.067	0.067	0.071

注：括号中的值为 t 值；*** 表示在 1% 水平上显著，** 为在 5% 水平上显著，* 为在 10% 水平上显著。通过 Hausman 检验，选择 FE 估计方法。

表 3-2　省域制造业聚集的特征

	省域两位数制造业 FE	省域两位数制造业 OLS	省域两位数制造业 FE	省域三位数制造业 FE	省域三位数制造业 OLS	省域三位数制造业 FE	省域四位数制造业 FE	省域四位数制造业 OLS	省域四位数制造业 FE
$\log y_0$	7.263*** (4.98)	7.466*** (16.62)	8.822*** (17.06)	8.871*** (21.42)	8.436*** (28.32)	8.338*** (28.93)	6.797*** (17.43)	6.918*** (59.69)	7.772*** (63.01)
$\log(n+g+s)$	0.330* (1.90)	0.368* (1.83)	0.0211 (0.11)	0.274 (1.27)	0.328 (1.59)	0.197 (1.09)	0.227*** (3.82)	0.127** (2.11)	0.160*** (2.65)
$\log S_k$	2.434** (2.49)	2.048*** (2.88)	3.266*** (4.40)	17.19*** (29.59)	16.78*** (35.96)	12.62*** (27.51)	-0.505*** (-5.54)	-0.263** (-2.37)	-0.0117 (-0.10)
$\log S_h$	-1.852*** (-5.41)	-1.955*** (-13.97)	-1.974*** (-14.91)	-1.837*** (-27.64)	-1.982*** (-20.89)	-2.164*** (-26.04)	-1.252*** (-18.42)	-1.273*** (-58.25)	-1.471*** (-63.59)
local	-77.30 (-1.11)	-7.017 (-0.04)	49.38 (0.29)	-93.32 (-0.96)	-85.47 (-0.32)	-650.3*** (-2.75)	-529.0*** (-2.93)	-410.3** (-2.11)	-188.1 (-0.89)
urban	-0.123 (-1.40)	0.337 (1.34)	0.0269 (0.11)	-0.138*** (-4.48)	2.246*** (6.03)	1.218*** (3.72)	-0.0765*** (-10.34)	0.211** (2.40)	0.162* (1.84)
常数	-6.547*** (-3.59)	-11.15*** (-4.25)	-7.950** (-2.51)	2.390*** (3.91)	-45.39*** (-6.37)	0.731 (0.09)	0.817*** (7.25)	-6.597*** (-2.93)	-12.54*** (-3.84)
控制变量	否	是	是	是	是	是	是	是	是
区域固定	否	是	是	否	是	否	否	是	是
产业固定	否	否	是	否	否	是	否	否	是
N	930	930	930	5239	5239	5239	12865	12865	12865
Adj. R²	0.253	0.241	0.416	0.269	0.251	0.464	0.231	0.232	0.275

注：括号中的值为 t 值；*** 表示在 1% 水平上显著，** 表示在 5% 水平上显著，* 表示在 10% 水平上显著。通过 Hausman 检验，选择 FE 估计方法。

（二）高技术产业的集聚经济特征

不同技术特征的产业也具有不同的集聚经济特征。一般而言，批量化生产的低技术产业表现为地方化经济，而高技术产业则表现为城市化经济（Beaudry and Schiffauerova，2009）。为了进一步考察中国制造业的集聚经济特征，我们根据2013年国家统计局设定的高技术产业目录，考察了高技术产业的集聚经济特征。[①] 结果表明：四位数高技术制造业表现为负的马歇尔外部性和正的雅各布斯外部性。高技术产业具有较好的市场前景，是各地招商引资中着力引入的产业，其具有更高的产业潮涌效应和政府干预效应，从而具有更为严重的产能过剩。因此，其表现为负的马歇尔外部性。高技术产业的产品需要较多的试验与交流，需要多样化发展环境。因此，表现为正的雅各布斯外部性。无论是低技术的产业，还是高技术的产业，都表现为负的马歇尔外部性和正的雅各布斯外部性，这证实了中国产业产能过剩的普遍性，也支持了雅各布斯的观点（见表3—3）。

表3—3　　　　　　　　　**高技术产业的集聚经济特征**

	城市四位数高技术产业		
	OLS	FE	FE
$\log y_0$	1.598 *** (14.34)	1.751 *** (34.83)	1.872 *** (36.10)
$\log(n+g+s)$	0.942 *** (23.01)	0.983 *** (30.11)	0.996 *** (30.22)
$\log S_k$	0.146 (1.01)	0.121 * (1.66)	0.162 ** (2.19)
$\log S_h$	−0.469 *** (−24.53)	−0.521 *** (−52.21)	−0.538 *** (−53.15)

[①] 由于同一个四位数产业中并非所有四位数产业都是高技术产业，我们只分析四位数的高技术产业。

续表

	城市四位数高技术产业		
	OLS	FE	FE
local	−981.9**	−733.9	−575.6
	(−2.17)	(−0.94)	(−0.73)
urban	−0.0665***	0.115***	0.114***
	(−14.02)	(2.75)	(2.68)
local * i. hightech	−115051.5***	−36340.9	−26307.2
	(−3.96)	(−0.59)	(−0.42)
urban * i. hightech	0.0246**	0.0188*	0.0507***
	(2.44)	(1.69)	(2.82)
常数	−1.932***	−5.300***	−7.482***
	(−9.67)	(−7.51)	(−6.46)
控制变量	是	是	是
区域固定	否	是	是
产业固定	否	否	是
N	44772	44772	44772
Adj. R²	0.067	0.067	0.071

注：括号中的值为 t 值；*** 表示在1%水平上显著，** 表示在5%水平上显著，* 表示在10%水平上显著。通过 Hausman 检验，选择 FE 估计方法。

二 马歇尔外部性、雅各布斯外部性与产业布局

集聚发展是改革开放以来中国地方政府发展经济的基本思路，从经济特区到综合配套改革试验区，从经济带到城市群，无不如此。然而，随着中国经济过去几十年的快速发展，要素结构、资本/劳动弹性参数、产业结构正在发生变化，中国产业面临着紧迫的转型任务。在此过程中，产业专业化还是多样化更有利于经济发展，却没有达成共识。为了探索中国制造业的集聚经济特征，本章使用中国省域和地级市的两位数、三位数和四位数制造业数据，对产业集聚的特性进行较为系统的分析，得到以下结论：

第一，多样化发展有利于产业发展。两位数制造业表现为正的

马歇尔外部性和正的雅各布斯外部性，三位数制造业表现为正/负的马歇尔外部性和正的雅各布斯外部性，四位数制造业表现为负的马歇尔外部性和正的雅各布斯外部性。中国制造业集聚经济的特征印证了雅各布斯主张产业多样化发展的观点。

第二，制造业表现出的负的马歇尔外部性是产能过剩的结果，与中国特定的发展阶段、特殊的经济体制和混乱的产业布局密不可分。首先，中国是一个后发赶超国家，企业家对哪一个产业是有前景的产业容易产生共识，容易导致投资上的"潮涌现象"；其次，中国转轨经济过程中体制性缺陷导致企业投资行为扭曲，带来产能过剩，进而影响集聚经济收益；最后，负的马歇尔外部性也与中国产业布局混乱有关。

第三，中国制造业表现为正的雅各布斯外部性，这一方面印证了雅各布斯主张的多样化更有利于产业发展的观点；另一方面，这种现象也与中国产业集聚的阶段有关。在中国，开发区是制造业的主要集聚区。经过几十年的发展，开发区的功能定位正从一个单纯的制造业空间向科研—生产—消费综合空间转变。从产业的集聚区到各种活动的集聚区，这不仅是经济发展的内在需求，也提供了雅各布斯外部性为正的证据。

为了促进产业健康发展，除了深化改革、优化竞争秩序、让市场在资源配置中发挥决定性作用之外，制造业产业布局规划中，还需要通过对企业进行问卷调查等，规划与之有关联的多样化企业的布局空间。这是提升产业效益的重要手段。与此同时，同一类型制造业的大量集聚，不利于企业本身的发展。这是一个在产业布局规划中需要特别重视的问题。

第四章

产业转移与空间布局

从动态的角度看，产业布局是一个产业在空间上流动、调整、配置的过程。为了解释产业的动态配置，产生了产业转移与产业布局、企业创立与产业布局、战略政策与产业布局等三大理论。中国是一个经济发展很不平衡的国家，为了推动区域经济"新古典收敛"，中国政府秉承"移业就民"的发展理念，自20世纪末先后实施了西部大开发、中部崛起等战略，并辅以各种优惠政策，推动产业向中西部地区转移。与此同时，2004年前后，东部地区出现"用工荒"，企业用工成本节节攀升，市场机制也在推动产业向外转移。在政府与市场的双重推动下，产业从东部向中西部地区转移。本章回顾了产业转移的理论流派，分析了产业转入和转出的测度方法、测度结果与空间模式。中国跨区域的产业转移调整了产业结构，优化了空间布局。

第一节 产业转移的理论流派

产业转移本质上是一种企业和产业的区位选择过程，产业转移理论与区位理论具有一脉相承性。根据科学研究纲领与产业转移的影响因素，可以将产业转移理论划分为三个学派：新古典学派、行为学派与制度学派（Hayter，1997；Dijk and Pellenbarg，2000）（见表4—1）。

一　新古典学派

新古典学派以完全信息、完全理性、无迁移成本为假设前提，以边际分析方法为分析工具，认为当一个区位不再处于利润的空间边界之内，而另一个区位处于利润的空间边界之内时，产业就会发生迁移。产业转移追求的目标在于利润最大化。新古典学派将企业简化为投入产出的转换器，从自然禀赋、市场、交通、人力资本、信息网络等区位因素的视角分析区位变迁的原因。

20世纪90年代以来，产业转移受到了主流经济学家的青睐，形成了一系列新经济地理模型。这些模型以垄断竞争、规模报酬递增与冰山交易成本为前提，分析均质空间中的企业在本地市场效应、价格指数效应与拥挤效应的作用下，如何随着交易成本的变化而发生区位迁移。与早期研究强调第一性质（First Nature）对产业转移的影响不同，新经济地理学理论强调了市场规模、劳动力成本、产业关联、知识关联等第二性质（Second Nature）对产业转移的作用。经过三十余年的发展，新经济地理学发生了三次革命，形成了完整的理论体系，使得产业转移理论模型化、规范化、严密化、精细化，提升了产业转移模型的分析与解释能力，从而便于采用实验与结构的方法对产业转移的效果进行评估（Fujita et al.，1999；Baldwin et al.，2003；胡安俊、孙久文，2018）。

进入21世纪后，人们也越来越深刻地认识到人力资本对于产业转移的影响。人力资本不仅是企业生产过程必不可少的投入要素，而且是提高生产效率的关键因素。在产业转移中，人力资本成为企业角逐的核心因素。区域人力资本的质量与规模，直接决定着转移产业的层次与数量。与此同时，随着信息化和网络化的普及，流动空间的触角几乎遍及所有区域；随着高铁线路网的逐步建成，将形成高速铁路、高速公路、航空等构成的综合便捷的交通网络。在此推动下，企业不再围绕一个中心城市开展贸易，而是借助交通和信息网络开拓广域市场空间。在网络空间中,决定产业转移的不是第二自然强调的本地市场规模,而是枢纽和网络所达到的广域空间,区域的人力资本与信息设施(含教育研发机构)构成了区域的第三自然。产业转移的空间组织形式从中心腹地的封闭的"塔尖式"模式演变为"枢纽—网络"的开放模式。人力资本和信息网络变为新时期产业转移的重要条件。

新古典学派仅仅从区位因素的视角分析产业转移的原因,并将企业的内部运行视为一个黑箱。因此,受到了行为学派的批判。

二 行为学派

Simon(1955,1957)和 Cyert and March(1963)建立了企业的行为理论,Pred(1967,1969)将它引入到区位论中,形成了产业转移的行为学派。行为学派强调经济理论行为假设的真实性,用现实世界中观察到的真实经济行为对新古典学派假设的有效性进行验证,提出了区位选择的满意原则。

Simon 认为由于缺乏完整的、统一的能够对所有可能选择方案进行排序的效用函数,企业家只能找出一部分备选方案,并且无法估计各个备选方案可能产生的后果以及不确定的未来事件出现的现实概率(符正平,1998)。企业家基于预期进行企业投资和转移决策。在经济学研究中,按照预期的不同形成机理,美国经济学家 Muth(1961)曾把预期归结为四种类型:古典预期、外推预期、适应性预期和理性预期。

(1)古典预期是指对某一经济变量,其在现期对未来的预期值等于其上一期的实际值,即 $Y_t^e = Y_{t-1}$。

(2)外推预期是指对某一经济变量,其在现期对未来的预期值不仅依据其上一期的实际值水平,而且还取决于其上一期实际值对再上一期实际值的变动趋势,即 $Y_t^e = Y_{t-1} + \alpha(Y_{t-1} - Y_{t-2})$。

(3)适应性预期是指对某一经济变量,其在现期对未来的预期值不仅依据其上一期的预期值,而且还要依据其上一期实际值对其上一期预期值的偏离做出相应的调整,即 $Y_t^e = Y_{t-1}^e + \beta(Y_{t-1} - Y_{t-1}^e)$。

(4)理性预期是指人们能够充分利用所得到的一切信息,对经济变量的未来值做出无偏的、合乎理性的预期。这样,某经济变量的未来实际值就等于当前的预期值(刘树成,2016)。

纳尔逊和温特等演化经济学家借用生物学中进化和自然选择理论,将企业视为有机体,将产业视为群体,将盈利性视为适应,将惯例视为基因,认为企业迁移不是由成本与收益的理性计算决定的,而是基于过去、面向发展的"惯例"带来的遗传和变异决定的(苗长虹,2004)。

概言之,行为学派认为人是有限信息与有限理性的,企业在区位选择中受到惯性的约束,遵循的不是最优原则,而是满意原则;区位选择的目标不是最优利润,而是寻求次优结果。行为学派强调使用案例研究、统计调查研究、实验室实验、计算机模拟等分析方法,从企业内部寻找区位转移的原因。它认为,企业的建立年限、企业规模、企业的组织结构(分公司还是总公司)、企业家的籍贯等企业自身因素会影响企业掌握信息的数量、应用信息的能力与抵御不确定性的能力,因此会影响企业的迁移决策。

三 制度学派

产业转移不仅受到区位因素与企业内部因素的影响,还受到社会文化的影响。因此,在20世纪80年代新古典学派与行为学派的观点受到质疑时,产业转移理论出现了制度转向,形成了制度学派(Matin,1999)。产业转移三大学派的比较见表4—1。

制度学派吸收了"新经济社会学"发展的"嵌入性""网络分析""根植性"等理论工具,认为区位迁移是特定的社会和制度情景的产物,它不能只根据原子式的个人动机和市场均衡来解释,而必须把它置入更广的社会、经济、政治的规则、程序和传统中去理解（Granovetter，1985，1993）。中国特色的政府管理机制和体制为产业转移的制度学派增添了新内容。上下级政府之间的行政分包、分税制、考核问责等构成的"事权""财权""考核"机制，激发了地方政府经济发展的积极性，各级政府通过土地、税收、营商环境等手段，加大招商引资，吸引产业转移。在研究方法上，制度学派将博弈论作为其方法论基础，认为企业的区位迁移是企业与供应商、政府、工会和其他机构，针对价格、工资、税收、补贴、基础设施和其他关键的生产要素进行谈判的结果（Pellenbarg et al.，2002）。

由于思想来源的多样化，制度学派形成了六个有代表性的分支：弹性专业化和产业区学派、新产业空间学派、学习型区域学派、创新环境学派、区域创新学派、管制与治理学派（吕拉昌、魏也华，2005；苗长虹，2007）。尽管不同分支所持的观点具有一定的差异性，但是它们具有共同的研究目标：解析制度在产业转移中的作用，在制度"路径依赖"和"锁定"机制作用下产业转移的动态演化，以及区域发展的社会管制和治理机制（苗长虹，2004）。

表4—1　　　　　　　　　产业转移三大学派的比较

学派	假设	影响因素	核心观点
新古典学派	完全信息、完全理性	区位要素	利润最大化
行为学派	有限信息、有限理性、不确定性	企业内部因素	满意原则与决策过程
制度学派	社会文化背景	制度、体制	根植性、博弈谈判

资料来源：胡安俊、孙久文、胡浩：《产业转移：理论学派与研究方法》，《产业经济评论》2014年第1期。

第二节　产业转入转出的测度方法

新古典学派、行为学派和制度学派系统总结了影响产业转移的因素，认为区位要素、市场规模、劳动力成本、产业与知识关联、交易成本等新古典因素，企业建立年限、企业规模、企业组织结构等企业自身因素，文化制度因素是影响产业转移的主要因素。此后，大量学者对这一框架进行了经验检验（Dijk and Pellenbarg，2000；Pennings and Sleuwaegen，2000；Brouwer et al.，2004；Arauzo et al.，2010）。由于不同类型产业对各个影响因素的响应不同，因此会呈现不同的布局特征。经济地理理论将产业转移的空间模式归纳为扩展扩散与等级扩散两种方式；而空间计量经济学则根据产业在空间的组合方式，将产业布局归纳为"高—高"、"高—低"、"低—高"和"低—低"四种方式（胡安俊、孙久文，2014）。

2008年国际金融危机以来，在政府与市场的双重作用下，中国东部地区的产业开始向中西部地区转移。对于某一产业，从产业转入区考察可能出于发育或者成长期，而从产业转出区考察可能处于成熟期甚至衰退期。在不同的发展阶段，产业受到的影响因素不同。因此，产业的转入和转出需要区别对待。然而，目前的研究都将产业转入与产业转出视为等同，没有讨论二者在产业转移机制与影响因素上的差异。比如，胡安俊、孙久文（2014）对中国制造业转移的机制、次序与空间模型进行了较为系统的研究。他们仅对整体情况进行了阐释和测度，并没有分析产业转入和产业转出的区别。同时，由于主流经济学将空间限定于交易成本的范畴之内，从而限制了产业空间组合与布局模式的研究。为此，本节从产业转入和转出的角度，分析推动产业转入和产业转出的影响因素是什么，它们有没有差异？产业在空间的布局和组合特征是怎样的？回答这些问题对于国家优化产业布局、调整产业转移政策等具有重要参考价值。

一　数据结构

由于采矿业受自然禀赋与区位条件的依赖较大，四位数服务业数据目前尚不可获得，为此，本节选择335个地级及以上行政单元的415个四位数制造业作为研究对象。335个地级及以上行政单元包括4个直辖市、15个副省级市、266个地级市（全国总共268个地级市，由于广西来宾市和崇左市 2003 年数据缺失，因此为 266 个地级市）和 50 个自治州、盟、地区。时间尺度上，本节选择 2003 年和 2009 年两个年份。2003 年中国产业分类发生了较大的变化，使得 2003 年之前的数据与之后的数据不能较好地匹配。为此，我们没有选择 2003 年之前的数据。而 2009 年的数据是目前可以获得的四位数制造业的最新数据。数据来源于中国统计局统计数据库、《中国统计年鉴》（2003—2010）、《中国城市统计年鉴》（2003—2010）、各省统计年鉴（2003—2010）。

二 产业转入转出的识别

国内外对于产业转移的识别具有较大差异。欧美等发达国家由于具有完善的企业区位变迁数据，它们根据企业区位变迁研究绝对产业转移（Relocation）。中国由于缺乏完善的企业区位变动信息，将产业转移定义为产业增加值、从业人员份额、产业集中度或者区际贸易量的变化，研究相对产业转移（胡安俊、孙久文，2014）。但无论国内还是国外，目前的研究都侧重从产业转入的角度展开，对产业转出分析较少。

本节选择工业总产值和从业人员两个指标，根据份额的变化测度相对产业转移。将产业产值或从业人员份额上升定义为产业转入，将产业产值或从业人员份额下降定义为产业转出。首先通过比较 2009 年与 2003 年四位数制造业工业总产值份额的变化，测度产业转移。之所以选择工业总产值，而不是工业增加值，是因为 2008 年之后中国统计局不再公布四位数制造业的工业增加值。为了反映 2008 年之后的产业转移情况，本节选择了工业总产值进行计算。即：

$$\Delta v = v_{r,2009}^k - v_{r,2003}^k = \frac{A_{r,2009}^k}{\sum_r A_{r,2009}^k} - \frac{A_{r,2003}^k}{\sum_r A_{r,2003}^k} \qquad (4-1)$$

其中，Δv 为 2003—2009 年 r 地区 k 产业的产业转移；$v_{r,2009}^k$、$v_{r,2003}^k$ 分别为 2009 年和 2003 年 r 地区 k 产业的工业总产值占全国该行业工

业总产值的比重；$A_{r,2009}^{k}$、$A_{r,2003}^{k}$ 分别为 2009 年和 2003 年 r 地区 k 产业的工业总产值。

产业转移不仅表现为产值的转移，也表现为工人的流动。为此，本节还使用从业人员来测度产业转移。

$$\Delta w = w_{r,2009}^{k} - w_{r,2003}^{k} = \frac{B_{r,2009}^{k}}{\sum_{r} B_{r,2009}^{k}} - \frac{B_{r,2003}^{k}}{\sum_{r} B_{r,2003}^{k}} \quad (4\text{—}2)$$

其中，Δw 为 2003—2009 年 r 地区 k 产业的产业转移；$w_{r,2009}^{k}$ 和 $w_{r,2003}^{k}$ 分别为 2009 年和 2003 年 r 地区 k 产业的从业人员总数占全国该行业从业人员总数的比重；$B_{r,2009}^{k}$ 和 $B_{r,2003}^{k}$ 分别为 2009 年和 2003 年 r 地区 k 产业的从业人员数。

三 产业转移的计量模型

Hayter（1997）将影响产业转移的因素归纳为新古典因素、企业自身因素与制度文化因素。由于本节使用的是产业数据，无法分析企业自身因素，因此可以将影响产业转移的这些因素归纳为地理因素、新经济地理因素和经济政策三个方面（金煜等，2006）。制造业的增长可以通过以下计量模型来表达：

$$Y = \alpha_0 + \alpha_1 X_1 + \alpha_2 X_2 + \alpha_3 X_3 + \varepsilon \quad (4\text{—}3)$$

其中，Y 表示制造业份额，X_1 表示地理因素向量，X_2 表示新经济地理因素向量，X_3 表示经济政策因素向量。由于 Y 为制造业份额，X_2 和 X_3 中的变量使用比例指标。

假定地理要素是区位条件以及其他短期内不变的要素，对两个时期的制造业份额进行差分，消除这些不可测度的地理因素，得到制造业转移的计量模型。

$$\Delta Y = \alpha_2 \Delta X_2 + \alpha_3 \Delta X_3 + e \quad (4\text{—}4)$$

其中，ΔY 表示制造业转移变量，ΔX_2 表示新经济地理因素变化向量，ΔX_3 表示经济政策因素变化向量。具体而言，新经济地理变量和经济政策变量包括如下 7 项：

（1）外部性（firm）。Marshall 和 Jacobs 强调了外部性在产业发展中的作用，Duranton 和 Puga（2004）对外部性的产生机制进行了系统总结。Henderson（2003）的经验研究发现外部性是通过增加企业数量实现的。我们借鉴他的做法，选择区域企业数量占该产业全国总数的比重度量产业的外部性。

（2）市场规模（gdp）。新经济地理认为市场规模影响产业利润，进而影响产业区位（Head and Ries，2001）。我们借鉴金煜等（2006）的方法，选择区域 GDP 与全国之比度量市场规模。

（3）生产成本（wage）。根据生命周期理论与雁阵模式，生产成本，尤其是劳动力成本是产业转移的重要诱因（Vernon，1966；Kojima，2000）。我们选择区域工人工资与全国平均工资之比度量生产成本。

（4）人力资本（hum）。近年来东部地区产业结构出现高技术化和重型化趋势，企业对承接地人力资本要求提高，人力资本丰富的区域能够吸引更多的产业转移。将人力资本定义为区域每万人普通高校专任教师数与全国均值之比。

（5）交易成本。产业区位选择的过程就是不断节约交易成本的过程。邮电通信和交通运输条件的改善有利于降低交易成本，我们借鉴金煜等人的做法，选择区域邮电业务量占 GDP 的比重反映信息条件（com）；选择客运量占全国的比重与货运量占全国的比重两个指标的平均值度量交通条件（transp）。

对于中国这样一个转轨经济体，经济政策是分析产业转移不可忽视的因素。我们还引入两个经济政策变量：

（6）对外开放度（foreign）。对外开放度量一个地区与国际市场连接的紧密程度。改革开放以来，中国对外开放度的提高是产业向东部集聚的主要原因。在中西部地区市场规模较小且存在市场分割的条件下，它在一定程度上阻碍东部地区产业向中西部地区转移。借鉴金煜等（2006）的做法，选择实际利用外资占 GDP 的比重度量对外开放度。

（7）地方政府参与度（gov）。在地方政府竞争体制下，各级地方政府极力招商引资、筑巢引凤，通过行政手段与市场化手段，实现了对区域经济的统御（2009年全国地方政府财政支出占到国家财政支出的80%，占GDP的17.9%）。基于这个事实，我们选择地方政府支出占GDP的比重度量地方政府参与度，反映地方政府对经济的干预。

各个变量的统计特征如表4—2所示：

表4—2　　　　　　　　　变量的统计特征

变量	名称	样本数	均值	标准差	中位数	最小值	最大值
v	Δv	23508	-0.25	3.41	-0.01	-74.56	68.15
w	Δw	23508	-0.16	3.30	-0.05	-62.82	80.01
$firm$	外部性	23508	-0.18	2.18	-0.07	-92.96	54.33
gdp	市场规模	23508	0.04	0.15	0.01	-0.24	0.67
$wage$	工资	23508	-0.06	0.18	-0.03	-0.78	0.71
hum	人力资本	23508	0.03	0.65	0.03	-2.75	4.73
com	信息条件	23508	-0.20	0.68	-0.15	-9.76	4.26
$transp$	交通条件	23508	0.00	0.00	0.00	-0.01	0.03
$foreign$	对外开放度	23508	-1.19	3.51	-0.18	-34.57	6.29
gov	地方政府参与度	23508	4.73	4.77	4.01	-22.33	90.91

注：除$rnpv$之外的所有变量都是2003—2009年的变化值，$rnpv$值是2003年和2009年的均值。

资料来源：中国统计局统计数据库、中国统计年鉴2003—2010年、中国城市统计年鉴2003—2010年、各省统计年鉴2003—2010年。

反向因果是计量模型最为棘手的内生性问题之一，通常通过选择自变量的滞后项或者地理变量作为自变量的工具变量来控制因果关系的方向（Glaeser，2010）。为了控制反向因果，ΔX_2和ΔX_3采用2002—2008年的变化值。同时，由于模型中的因变量是针对每个产业的，而自变量中除了外部性（$firm$）之外都是针对每个区域（城市）的，因变量对自变量的反馈作用有限，这与Glaeser等（2001）处理就业岗位与人口数量之间的反向因果关系时采用的方法有类似之处。通过上述两个方面的处理，反向因果在模型（4—4）中能够得到较好的控制。

四 产业空间模式的表达

产业在空间上的组合特征是学术界关注的一个重点。根据要素禀赋理论,本节选择各个产业的资本劳动比率反映产业要素密集度和技术层次,并借助空间计量中的 Moran 指数,分析产业在空间的组合特征。使用 Moran 指数分析产业在空间的组合特征,需要设置权重矩阵。由于知识与经济联系都受到距离的限制,为此,我们考虑了两种类型的权重矩阵:邻接矩阵(W^C)和地理距离矩阵(W^D)。

同时,基于产业转移的结果,运用 ArcGIS 中的自然断裂法,将产业转移分为产业转出最高区、产业转出次高区、产业转入最高区、产业转入次高区四大类型,分析制造业转移的总体空间格局。由于一些原因,地图没有在文中呈现,有需要的可向作者索取。

第三节 产业转入转出的影响因素

基于上面分析的计量模型,本节依次采用混合回归(OLS)、固定效应(FE)与随机效应(RE)对模型进行估计,Hausman 检验结果表明固定效应是最优的估计方法。

根据上面对产业转入和转出的定义,可知产业转入的因变量(Δv,Δw)是正值,而产业转出的因变量(Δv,Δw)是负值。明晰了因变量的特点,是理解因变量与自变量关系的逻辑前提。从产业转入区和产业转出区看,影响产业转移的因素可以分为三类:外部性(*firm*)、市场规模(*gdp*)、工资(*wage*)是促进产业转入、阻碍产业转出的因素;信息条件(*com*)是促进产业转出的因素,对产业转入的影响不显著;而人力资本(*hum*)、交通条件(*transp*)、对外开放度(*foreign*)、地方政府参与度(*gov*)则是阻碍产业转入和转出的因素(见表4—3)。

表4—3　产业转入与转出的影响因素

变量	产业转入				产业转出			
	Δv	Δw	Δv	Δw	Δv	Δw	Δv	Δw
firm	0.543***	0.587***	0.228***	0.225***	0.428***	0.299***	0.540***	0.360***
	(8.45)	(47.28)	(3.62)	(15.88)	(5.08)	(23.96)	(10.05)	(31.76)
gdp	2.528***	1.989***	2.828***	2.335***	0.822**	0.916***	-0.829***	-0.623***
	(8.53)	(11.11)	(6.21)	(8.57)	(2.47)	(4.20)	(-4.01)	(-4.17)
wage	-0.567***	0.0647	0.811***	1.033***	-0.130	-0.179	0.569***	0.398***
	(-2.66)	(0.50)	(2.93)	(5.15)	(-0.65)	(-1.08)	(3.38)	(3.50)
hum	0.0631	0.0132	-0.343***	-0.342***	0.230***	0.208***	0.0549*	0.0490*
	(1.31)	(0.38)	(-5.94)	(-6.15)	(5.48)	(4.69)	(1.91)	(1.68)
com	0.0239*	0.0404	0.0451***	0.0308	-0.0959***	-0.0846*	-0.0182	-0.0189
	(1.66)	(1.46)	(2.89)	(0.64)	(-4.60)	(-1.83)	(-1.13)	(-0.66)
transp	-65.42***	-50.79***	-123.8***	-87.93***	113.0***	92.71***	27.04***	20.52***
	(-6.30)	(-5.45)	(-4.11)	(-6.02)	(7.53)	(7.85)	(3.27)	(2.65)
foreign	-0.0197**	-0.0143**	-0.0815***	-0.0687***	0.113***	0.0990***	0.0222***	0.0203***
	(-2.26)	(-2.03)	(-6.35)	(-5.76)	(9.66)	(10.04)	(2.84)	(3.22)
gov	-0.0301***	-0.0160***	-0.0512***	-0.0372***	0.0821***	0.0636***	0.0231***	0.0134***
	(-6.54)	(-3.52)	(-8.27)	(-4.39)	(10.86)	(8.84)	(5.81)	(3.13)
常数	0.869***	0.857***	1.130***	1.133***	-1.360***	-1.399***	-0.798***	-0.871***
	(19.97)	(25.28)	(16.61)	(18.65)	(-18.32)	(-27.32)	(-19.78)	(-27.54)
方法	OLS	FE	OLS	FE	OLS	FE	OLS	FE
N	11330	11330	9522	9522	12178	12178	13986	13986

注：括号中为t值，* p<0.1，** p<0.05，*** p<0.01。

理解上述结果，还需要结合产业转入区和转出区的经济发展条件、区位特征等信息。上述计量结果具有重要的启示意义。

（1）产业转入区主要是中西部的发展中区域，对于产业转入区而言，外部性（*firm*）、市场规模（*gdp*）、工资（*wage*）是主要的集聚力，这些变量的增加有利于产业的转入；而政府的过度干预会增加政府债务负担，给产业未来发展带来很多不确定性。因此，加大地方政府参与度（*gov*）、对外开放度（*foreign*）和交通条件（*transp*），不利于产业的转入。这一结论是需要中西部等发展中地区在引导产业转入时需要特别关注的因素。

（2）产业转出区多位于中国东部的发达区域，对于产业转出区而言，改善信息条件（*com*）有利于企业获取更好的信息，从而促进产业的转出。提高地方政府参与度（*gov*）、对外开放度（*foreign*）和交通条件（*transp*），意味着进一步改善本地的基础条件，增强区域集聚力，从而不利于产业的转出。

第四节　产业转入转出的空间模式

一　制造业转移的空间组合模式

四位数制造业包含 415 个，数量较多，本节只选择代表性产业进行分析和比较。要素禀赋理论认为，资本劳动比率是反映产业要素密集度和技术层次的重要指标。为此，我们筛选了资本劳动比率最低和最高的 15 个产业进行分析。结果表明：资本劳动比率低的产业与资本劳动比率高的产业在空间的组合模式上具有显著差异。

（1）对于资本劳动比最低的产业，Moran 指数基本上都是正数，呈现为"高—高"和"低—低"的空间集聚模式。这意味着产业转入区和转入区集聚，产业转出区和转出区集聚。

（2）对于资本劳动比最高的产业，Moran 指数多表现为负数，呈现"高—低"和"低—高"的空间离群模式。这意味着产业转入区和转出区集聚。

因为资本劳动比最低的产业多是劳动密集型产业，是产业转出区的转出产业，是产业转入区的接受产业。产业转入区多位于发展中区域，主要分布于中西部地区的发展中区域，而产业转出区主要分布于东部地区的发达区域。近年来产业转移规模比较大，转入和转出区域面积较大且呈现连片分布，因此 Moran 指数呈现"高—高"和"低—低"的集聚模式。而资本劳动比最高的产业多是资金和技术密集型产业，空间布局较为集中，呈现点状分布特征，空间上被资本劳动比低的产业包围。因此，Moran 指数呈现"高—低"和"低—高"的集聚模式（见表4—4）。

二 制造业转移的总体空间特征

从整体上看，中国制造业呈现"点上集中、面上扩散"的空间态势。即产业向少数几个增长极显著集中的同时，向中西部地区大幅扩散。从产业转入的角度看，中国制造业突出表现为向京津冀都市圈与长三角城市群的边缘区域，辽中南城市群、冀南—中原经济区、皖江城市带、长株潭城市群、成渝经济区、闽三角城市群等发育城市群、山东、江苏和广东等省内欠发达区域集聚的态势。这些区域市场潜力较大，产业配套齐全，本地市场效应和价格指数效应突出，是产业转入的理想区位。

从产业转出的角度看，京津冀都市圈与长三角城市群的核心区和中西部欠发达区域是产业份额减少的主要区域。近年来，京津冀都市圈和长三角城市群核心区的资源环境约束不断增强，企业运行成本节节攀升，在此推动下产业加速向外转移。而中西部欠发达区域由于市场规模较小、产业配套不完善，在中西部城市群的吸力作用下，产业份额不断向中西部核心区集聚，从而导致中西部欠发达区域的份额下降。

表4—4　代表性产业的Moran指数

	资本劳动比率最低的15个产业				资本劳动比率最高的15个产业		
产业代码	产业名称	邻接矩阵	距离矩阵	产业代码	产业名称	邻接矩阵	距离矩阵
1924	皮手套及皮装饰制品制造	−0.0030	0.0009	2621	氮肥制造	0.0333	0.0047
1923	皮箱、包（袋）制造	0.0015	0.0248	3759	航标器材及其他浮动装置的制造	−0.0021	0.0020
3791	潜水及水下救捞装备制造	0.0049	0.0037	3141	平板玻璃制造	−0.0038	−0.0022
1921	皮鞋制造	0.0093	0.0035	4051	电子真空器件制造	−0.0117	−0.0057
2424	运动防护用具制造	0.0314	0.0076	1539	茶饮料及其他软饮料制造	0.0103	0.0045
2433	电子乐器制造	0.0356	−0.0022	2651	初级形态的塑料及合成树脂制造	0.0078	0.0050
3081	塑料鞋制造	0.0030	0.0107	2511	原油加工及石油制品制造	−0.0027	−0.0050
3159	园林、陈设艺术及其他陶瓷制品制造	0.0016	0.0092	2822	涤纶纤维制造	−0.0021	−0.0023
4215	天然植物纤维编织工艺品制造	0.0409	0.0189	3491	铸币及贵金属实验室用品制造	−0.0120	−0.0049
4219	其他工艺美术品制造	0.0121	0.0146	3316	铝冶炼	−0.0006	−0.0046
2421	球类制造	0.0228	0.0159	3721	汽车整车制造	−0.0015	0.0068
4218	珠宝首饰及有关物品的制造	0.0322	0.0065	4053	集成电路制造	0.1214	0.0153
4214	花画工艺品制造	0.1012	0.0336	3931	电线电缆制造	0.0615	0.0250
3453	安全、消防用金属制品制造	0.1266	0.0221	2623	钾肥制造	0.0043	−0.0080
4212	金属工艺品制造	0.1116	0.0343	2653	合成纤维单（聚合）体的制造	−0.0048	−0.0004

注：按照资本劳动比率从低到高的顺序排列。

本节的分析也存在一些不足。第一，使用产业份额的变化测度产业转移仍然具有一定的争议。随着中国企业区位数据的完善，企业转移将得到更多的重视，该问题也会得到有效解决；第二，仅分析了产业转入和转出的影响因素和空间特征，对于产业转出是否促进了产业升级、产业转入是否促进了区域协调发展等问题没有涉及。这些问题有待进一步研究。

第五章

企业创立与产业布局

企业创立是调整产业结构、优化空间布局的重要源泉。企业创立需要上下游产业的支撑,受到产业集聚的重要影响。本章总结了创业精神(企业家精神)的研究进展,在此基础上,依托经济普查数据,分析了产业集聚与企业创立的逻辑关系。这可为产业布局规划中新企业的创立提供政策参考。

第一节 创业精神的研究脉络

一 国外研究脉络

在一般均衡的完全竞争模型中,产品没有差别,价格完全相同。在这种模型中,不需要有企业家创造新产品。创新、想象、创造和承担风险也是不必要的。因此,企业家和创业精神长期受到主流经济学的忽视。然而,对于企业家和创业精神的研究却具有很长的历史。

对创业精神的研究可以追溯到理查德·坎梯隆(Ricard Cantillon)1730年法文版的《论一般商业的性质》(Baumol and Schilling, 2008;斯考森,2009)。在英文版中,他使用"冒险家"(undertaker)一词表示企业家。他将社会分为三大阶级:君主和土地所有者、冒险家、受雇者。后两者依靠土地所有者维持生活和发家致富。冒险家是指在一国所有交换和流通中起着"中介"作用的人,是不确定性的承担者。最主要的冒险家是租地农场主，他们将农产品的1/3作为地租交给土地所有者，1/3用于生产费用和支付工资，余下的1/3是利润。由于存在谷物供求变化、价格波动等不可预测的情况，冒险家的利润是不确定的（汤洪波，2006）。

萨伊（Say，1819）对创业精神进行了开创性研究，创造了"企业家"这一术语。他认为生产是消费的原因，一种产品一旦生产出来，就立刻给其他产品创造了等于自身价值的市场，也就是说供给创造其自身的需求。因此，一个国家要发展，必须创造新的、更好的产品，开辟新的市场，从而提高消费、促进增长。而要创造新的产品，需要企业家寻找超过平均水平的机会，并将经济资源从生产力较低的领域转移到生产力更高、收益更多的领域。萨伊认为，在创造新产品的过程中，企业家必须具有判断力、坚毅、节俭和专业知识，需要相当准确地估量某一商品的重要性及其需求的可能数量与生产方法，掌握监管和管理的技术，并愿意承担一定程度的风险（斯考森，2009）。在此意义上，创业精神是一种创新精神、冒险精神，是土地、劳动、资本之外的一种生产要素。

之后，穆勒（J. S. Mill）、马歇尔、奈特（Knight）讨论了创业精神。不过，他们关注的不是创新职能，而是企业家的管理职能（Baumol and Schilling，2008）。熊彼特对创业精神进行了开拓性研究，是创业精神研究的极大推进者。熊彼特在《经济发展理论》（1912）中认为企业家扮演着资本主义经济发展的核心角色，是资本主义的灵魂，主宰着资本主义的上升和下落。通过引入新产品、新方法、新市场、新原料、新工艺等创造性破坏，企业家打破既有的市场均衡，重塑资本主义的竞争特征（熊彼特，1912；Heertje，2008）[①]。在此过程中，企业家扮演的是创造机会和创造不平衡的角

[①] 熊彼特的成名作是1912年出版的《经济发展理论》一书。之后的《商业周期》（1939）、《资本主义、社会主义和民主》（1942）是《经济发展理论》的深化和完善（Heertje，2008）。在《经济发展理论》中，熊彼特对创新、资本、利息、利润和经济周期进行探讨。他认为，企业家是资本主义的灵魂，创新是资本主义的本质，资本是企业家与商品世界的桥梁，企业家利润则是创新的应得报酬。由于创新是断断续续的，从而产生了经济周期（熊彼特，1912）。

色（张维迎、盛斌，2014）。创业精神的日益减少，则是资本主义最终走向社会主义的根源（Heertje，2008）。第二次世界大战之后，一般均衡模型成为经济学的主流。它们讨论的是既定条件下关于资源配置的静态均衡，具有异质性的创新产品不利于微观经济学的最优分析。因此，创业精神游离在主流经济学之外。

行为经济学、新制度经济学、演化经济学等异端经济学派的兴起，丰富了创业精神研究的视角。这些新领域假设人是有限理性、规则跟随、制度、认同和演化。其中，有限理性的假设最为重要，它决定了其他四个方面。这种转变为创业精神的研究提供了新的土壤。

（1）行为经济学认为企业家是有限理性的，其决策常常因参考点（Reference Dependent Behaviors）判断偏误、事件发生概率判别偏差（Probability Bias）、自我认知的偏差（Biases in Self-perception）而影响其行为，进而影响创业精神（Koellinger et al.，2007）。正因为企业家是有限理性的，因此，创业精神是一个演化的过程。

（2）新制度经济学对创业精神特别关注，在一定程度上归因于新制度经济学与奥地利经济学的关联。好的制度会吸引企业家前来投资。当一个企业家进入市场后，一些互补的产品和服务就可能创造出来，从而进一步导致新的企业家产生。

（3）演化经济学[①]研究的不是既定条件下资源的最优分配问题，而是知识、偏好、技术和制度在历史进程中为什么和如何改变，以及这些改变如何影响经济。演化经济学对创业精神进行了较为系统的研究（Witt，2008）。具体而言：

A. 作为演化经济学的重要分支，奥地利学派是创业精神研究的

---

① 演化经济学对新古典范式进行大量批评，将偏好、技术、制度作为研究对象，认为演化是一个自我转变的内生过程，并在此过程中受到传统模式的约束（Witt，2008）。演化经济学是一个极其庞杂的理论体系，很难找到公认的理论范式（黄凯南，2014）。它包括老制度主义、新熊彼特主义、奥地利学派、法国调节学派、系统动力学和复杂系统理论、演化博弈论等分支。凡勃伦是演化经济学的奠基者，纳尔逊和温特则是现代开拓者（贾根良，2004）。

一支主力军①。奥地利学派对新古典经济学的完全信息假设进行了批评，认为信息是不完全的，市场过程是一个未被发现的利润机会不断被学习和发现的过程。一系列机会的发现过程就构成了趋向均衡的进程。这一过程背后的驱动力是企业家的发现（Kirzner，2008；方福前，2014）。

B. 对于演化经济学的另一重要分支——熊彼特学派，尽管熊彼特对企业家和创业精神做出了开创性研究，但是由于创新不是主流经济学的研究对象、统计数据缺乏、1929—1933年经济大萧条之后需求管理的影响，熊彼特在经济学中的地位长期处于凯恩斯的遮蔽之下。20世纪70年代经济学家开始关注供给，熊彼特学说才引起越来越多学者的注意，并在20世纪80年代形成了新熊彼特学派②。从研究内容上看，新熊彼特学派有两个分支：以技术变革和技术推广为对象的技术创新经济学；以制度变革和制度形成为对象的制度创新经济学。前者注重技术创新在经济增长中的作用，而后者更注重制度创新在经济增长中的作用。

近十年来，创业精神理论研究出现了三个方面的新进展：创业精神人力资本行为理论、创业精神资本理论和创业精神知识溢出理

---

① 自19世纪70年代门格尔创建奥地利学派以来，其发展共经历了七代。第二代代表人物是维塞尔（Friedrich von Wieser）和庞巴维克（Eugen von Bohm-Bawerk），第三代领袖是米塞斯（Ludwig von Mises）和迈耶（Hans Mayer），第四代的主要代表人物是哈耶克、哈伯勒（Gottfried Haberler）、摩根斯特恩（Oskar Morgenstern）、弗里茨·马克卢普（Fritz Machlup）、罗森斯坦—罗丹（Paul N. Rosenstein-Rodan）等，第五代代表人物是罗斯巴德（Murray N. Rothbard）、拉赫曼（Ludwig M. Lachmann）、柯兹纳（Israel M. Kirzner）等，第六代代表人物是里佐（Mario J. Rizzo）、拉沃耶（Lavoie Don）、加里森（Roger W. Garrison）、怀特（Lawrence White）等，第七代代表人物是波尔惕克（Peter J. Boettke）、塞尔金（Gorge A. Selgin）、豪威斯（Steven Horwitz）、普莱科克（David L. Prychitko）等。西方学术界将第五代之后的奥地利学派称为新奥地利学派（Kirzner，2008；方福前，2014）。奥地利学派具有以下特点：（1）方法上的个人主义；（2）方法上的主观主义；（3）边际主义；（4）效用对需求和市场价格的影响；（5）机会成本；（6）消费和生产的时间结构；（7）市场和竞争是一个学习和发现的过程；（8）个人决策是在不确定环境下的行动（Kirzner，2008）。

② 人们习惯上把在科学技术与创新经济学、长波、企业理论等问题研究上遵循熊彼特思路的研究称为"新熊彼特主义"。代表人物包括纳尔逊、温特、弗里曼、伦德瓦尔、多西、佩雷丝、多普菲、福斯特、卢桑、梅特卡夫和罗森伯格等经济学家（贾根良，2015）。

论（欧雪银，2009）。（1）创业精神人力资本行为主要包括创新、冒险、提供风险资本、建立子公司以及识别和利用企业家机会等。（2）创业精神资本是指建立新公司的社会能力，包括接受失败的创业精神文化、银行提供贷款的意愿、风险资本家提供风险资本的意愿、较高的社会信任度、较低的寻租成本、较强的合作创新及较规范的市场制度等。（3）创业精神知识溢出理论认为，新知识由大学和公司研发部门创造，由于各种原因，大学和公司没有能力也不愿意全部利用这些知识，于是区域知识的生产和利用产生缺口（知识悖论）。企业家可以充分利用区域知识缺口，产生知识。区域知识生产水平越高，区域知识缺口越大，创业精神知识数量越多，就能够提供越多的企业家机会。总结起来，三大理论从企业家个体特征、公司结构与激励机制、区域特征等方面分析创业精神。

20世纪80年代以来在经济学之外，尤其是管理学、心理学和社会学也对创业精神开展了大量研究。这些研究集中在三个方面：第一，个体差异如何影响创业精神；第二，环境如何影响创业精神；第三，企业家使用的策略和组织形式是怎样的（Baumol and Schilling，2008）。

二 国内研究脉络

根据《史记·货殖列传》及其他文献资料，通过分析商贾人数的多寡、地区分布、社会地位和经济实力，李埏（2000）认为中国古代商人阶级成长于春秋战国时期（公元前770—公元前221年）。从人员构成上，商人阶级包括专事商品交换、兼营商品生产与交换、从事服务性行业、经营借贷等与商品相关的群体。它的兴起决定于铁器的发明与应用引起的工农业生产的大发展。尽管商人阶级的兴起有两千多年的历史，但是在中国封建社会的很长时间里，政府采取的是"重农抑商"政策，士农工商的排序让"商"这个阶层一直处于卑微的地位，整个社会都弥漫着对这个阶层的不屑与偏见，商人生活在社会的夹缝之中①。而且由于商人缺乏民法以及公司法的保障，旅行时不安全，贸易时又多有冒险性，所以商业资本常常变为地产，脱离商业。正如司马迁所说："以末致财，用本守之"，这是中国资本主义不发达的重要原因（黄仁宇，2001）。明朝（1368—1644）之后，国退民进，实施"开中法"，白银上升为本位货币，社会氛围才开始流露出对商人阶层更多的包容和较为公允的认识，以山西、陕西、徽州为先导的商帮相继萌芽②，商人才逐渐以一个群体的身份登上历史舞台（梁小民，2011；王俞现，2011）。自顺治朝（1644—1661）始，清朝实施捐纳制度，开辟了商人进入仕途的捷径。商人为了提高自己的社会地位，竞相捐纳报效，谋得一官半职，进入"绅商"行列。一旦同地方官吏、士林名流交流酬酢，顿时身价倍增，受到工商界的瞩目而成为商会上层人选（徐鼎新，1983）③。中国的商人或企业家向来都无法摆脱对政府的依赖，中国的企业史就是一部政商博弈史④。

王孝通（2015）认为中国物产丰盈、竞争缺少；交通阻塞、贸易不兴；贱商之习、相沿已久；资本浅薄、缺乏冒险精神，这是中

---

① 早在春秋战国时代对商的抑制就开始了，认为商人是祸乱。隋唐之后商人不可参加科考；朱元璋下令农民之家可以穿绸，商贾之家只许穿布；雍正皇帝则说市以士为长，农次之，商其下。

② 范金民（2006）认为在清朝前期，福建盐运业分地区为商纲承运盐斤，"商帮"之名正式产生。但直到清末，中文文献才有"商帮"字样。从民间看，自明代中期由于人地矛盾尖锐，大量内地贫民迫于生活压力或者政府移民实边的要求，"走西口""闯关东""蹚古道""下南洋"和"赴金山"，形成近代五股大的移民浪潮，这些都是以谋生为特点的非官方行为（这一过程也形成了许多著名商帮），体现出创业精神。

③ 从时间上看，商帮仅存在于明清两代。明代之前，商人的活动多是单个的、分散的，有"商"无"帮"。清朝灭亡之后，原来意义上的商帮已不存在。所以，各商帮都是从事商品交易的，并没有进入加工制造业；他们的经营模式与封建制度有关。各商帮都具有"成也官，败也官"的特点；商帮继承了儒家文化的优点和缺点（梁小民，2011）。在中国明清两代，公认的十大商帮是晋商、徽商、粤商、闽商、宁波商、龙游商、洞庭商、鲁商、江右商和陕商。这些商帮在历史上对中国经济和商业产生过不可磨灭的影响，形成了自己独特的传统。商帮文化是中国传统文化的一部分，在今天仍然具有现实意义（梁小民，2011）。

④ 可参阅曹婧生、陈峻菁《张謇奋斗史》，长江文艺出版社2012年版。张謇，清末甲午恩科状元，在炮火和夹缝中参与创办大小企业180余家，囊括工业、垦牧、交通运输、金融商贸、商会民团、文化教育和公益事业，被称为中国民商第一人。

国商业不发达的四大原因。王亚南（2010）认为中国的官僚政治严重侵蚀和消融工商资本，阻碍现代工业的发展。此外，中国的科举考试、进入仕途的制度也阻碍了创业精神的发展。但是，中国近代仍涌现了一批卓越的熊彼特式的企业家，比如上海大隆机器厂的严裕棠和南洋兄弟烟草公司的简照南、简玉阶兄弟都是"最有创造性的企业家"[①]。他们表现出卓越的创业精神：（1）顺应时代潮流，勇于开发实业，投入资本主义商品经济竞争中去；（2）在企业生产经营中不断创新；（3）重视功利，注重实际，敢于冒险，尊重科学和爱惜人才等（陈自芳，1989）。

新中国成立之后，中国实行从苏联移植的高度集中的指令性计划经济体制。国家对经济发展的调控和政策直接通过行政系统布置下达。这种体制限制商品生产，排斥市场竞争，全面窒息了创业精神。具体而言：（1）企业的固定资产由政府投资，利润几乎都上缴国家，亏损由上级行政机关挽救，从来不会破产。这种情况下，企业内无动力，外无压力，主要任务是完成国家计划。因此，有人说，改革开放之前中国无企业，更无企业家；（2）市场发育极端不良，众多消费品和生产资料通过定额票证制度和国家调拨计划进行分配。价值规律不起作用，没有真正的商品，创业精神无从谈起；（3）企业主管由政府任命，并被授予一定的行政级别，他的权力和待遇不是由市场表现决定，而是由行政级别高低决定。企业主管不得不周旋于市场与官场之间，发挥行政官员的才能，而不是企业家的职能（王林生，1989）[②]。

改革开放之后，中国实施市场经济体制，沿着科尔奈（Janos

[①] 在旧中国有许多民族资本企业利用内外反动势力争斗的缝隙，获得发展，积累了一些经营管理经验：优胜劣汰、事在人为的理念和危机意识，"空袋不能直立"的不断学习和对产品进行改进，适销对路、货如轮转的经营手段，不"嫌细微"、力"图远功"的服务格言，"一钱不落虚空地"的经营管理。代表性企业家有民国初年的棉纺工业资本家穆藕初、永安企业的郭氏家族、上海商业储蓄银行的陈光甫等（徐鼎新，1984）。

[②] Fritsch and Wyrwich（2014）使用历史数据发现计划经济恶化了民主德国的创业精神。这与中国的情况形成呼应。

Kornai）的战略 A 行进[①]：20 世纪 80 年代初期的农村家庭联产承包责任制催生了几千万个家庭农场，把中国农民天生的创业精神解放出来。随后进行企业转型：一是改造国有企业，使之成为与市场经济相适应的现代公司；二是将国有资本逐步从一般性竞争领域退出；三是发展民营经济，形成多种所有制共同发展的格局。通过三条路径的改革，企业获得自主权，培育了大批企业家（吴敬琏，2003）。2013 年党的十八届三中全会提出"使市场在资源配置中起决定性作用"，这进一步激发了市场活力，促进了创业精神的发挥。时至今日，中国经济涌现四次创业高潮（吴晓波，2014）。1984 年，当市场经济的阳光第一次播撒在百废待兴的大地上时，在那个物资短缺的时代出现了第一次创业高潮，诞生了联想、海尔等企业；1992 年邓小平南方谈话之后，坚定了走市场经济的路线，出现第二次创业高潮，产生了 SOHO 中国、新东方等企业；1999 年全球化经济成为主导之后，互联网产业在中国崛起，出现第三次创业高潮，产生了阿里巴巴、腾讯等互联网企业。目前，随着中国政府的减政放权，厘清负面清单、权力清单、责任清单，新注册企业数量大幅增长，出现第四次创业高潮。

第二节　创业精神相关测度

一　数据与特征

从新建企业数量及其就业的角度考察创业精神，目前可以选择的有两大数据库，第一个数据库是中国工业企业数据库。该数据库指标完善、年份很长，便于进行计量分析。但是该数据库有两个缺

[①] 科尔奈提出"后社会主义"的转型有两种基本的战略。战略 A 中，最重要的任务是创造有利条件，使私有部门得以从下而上生长起来；战略 B 中，最重要任务是尽可能快地通过国有企业私有化消灭国有制（吴敬琏，2003）。

陷：一是统计的是规模以上企业的情况，对于规模以下企业没有统计[①]；二是中国服务业比重已经超过了50%，该数据库考虑的只是工业的情况，对服务业没有分析。第二个数据库是中国经济普查数据库。目前中国已经进行了三次经济普查，分别于2004年12月31日、2008年12月31日和2013年12月31日统计覆盖国民经济各行业的基本单位数据。该数据库的优点是所有规模的企业和所有行业的企业全覆盖，缺点是价格高昂、可获得的难度大，而且适用于所有样本的指标太少，不便于系统分析。

考虑到新建企业绝大多数是规模较小的企业，而且服务业居多，基于数据的可获得性，我们只分析2008年的经济普查数据。

（1）按机构类型看，2008年法人单位总计7098765家，其中企业法人4959671家，占69.87%；事业法人708728家，占9.98%（见图5—1）。

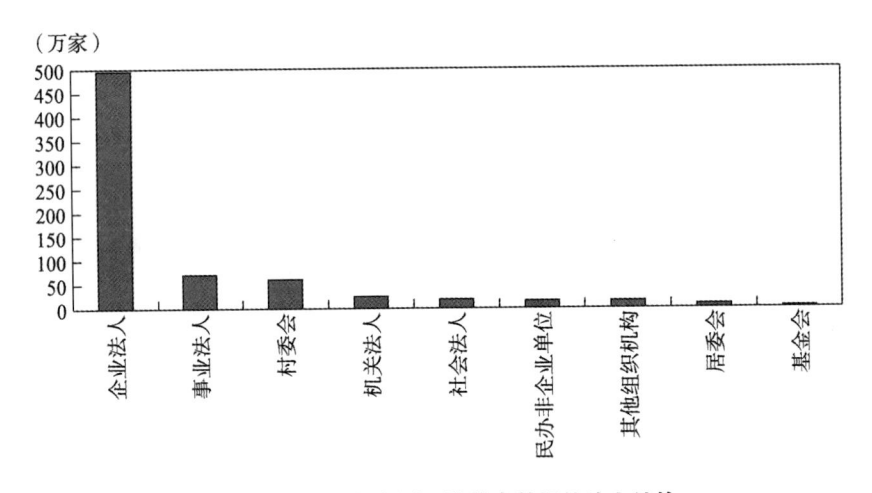

图5—1　2008年全国经济普查数据的法人结构

资料来源：中国经济普查数据库。

---

① 1998—2006年统计的是全部国有和年主营业务收入500万元及以上的非国有工业企业；2007—2010年统计的是年主营业务收入500万元及以上的工业企业；从2011年开始，统计的为年主营业务收入2000万元及以上的工业企业。

(2) 从法人数量看，就业人数少的法人数量多。8 人以下的法人数为 3137540 个，占 44.20%；8—19 人的法人数为 1918977 个，占 27.03%；20—49 人的法人数为 1152260 个，占 16.23%，这三类占法人总数的 87.46%（见表 5—1）。

(3) 从就业份额看，100—199 人的法人就业份额达 19.07%，1000—4999 人的法人就业份额达到 16.44%，20—49 人的法人就业份额达 12.74%，50—99 人的法人就业份额达 11.35%，而法人数最高的 8 人以下的法人就业份额只占 4.50%（见表 5—1）。

表 5—1　　2008 年全国经济普查法人数量和就业数量结构　　单位:%

	8 人以下	8—19 人	20—49 人	50—99 人	合计
法人比重	44.20	27.03	16.23	6.36	93.82
就业比重	4.50	8.38	12.74	11.35	36.97

资料来源：中国经济普查数据库。

(4) 从成立时间看，2008 年新成立的法人 515402 家，占 7.26%。从存活的结构特征看，总体上成立时间越长的法人数量越少。2006 年存活法人所占比例最高，达到 9.52%。其次为 2007 年存活法人所占比重为 9.44%（见图 5—2）。

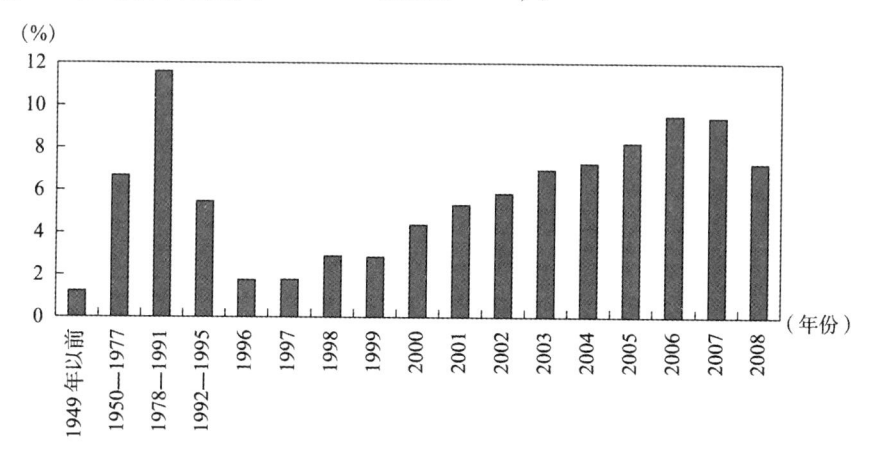

图 5—2　各年成立或存活法人所占比例

资料来源：中国经济普查数据库。

(5) 从法人的空间分布看，江苏法人数量最多，达到 630836 家；其次为广东 (617659 家)、山东 (603846 家)、浙江 (560177 家) 和上海 (360466 家)，四省市的份额达到 39.06%。西藏 (15324 家)、青海 (24394 家)、宁夏 (29312 家) 和海南 (29411 家) 的法人数量最少，四省区只占到 1.39%。

二 模型与变量

(一) 计量模型

基于理论模型和既有数据指标，构建计量模型。在该计量模型中，所有变量使用对数或者比例来表达。因变量选择新建企业数量和新建企业的就业人数两个指标，自变量则包括产业特征向量 X_i 和城市特征向量 Z_c。

$$\ln(y_{ic}) = \alpha + \beta \cdot X_i + \gamma \cdot Z_c + \eta_i + \delta_c + \varepsilon_{ic} \quad (5-1)$$

其中，i 代表产业，c 代表城市。η_i 和 δ_c 分别代表产业固定效应和城市固定效应。产业向量数据来自 2008 年中国经济普查数据库，城市向量数据来自中国经济与社会发展统计数据库 (http://tongji.cnki.net/kns55/index.aspx)。为了检验结果的稳健性，估计过程依次考虑产业固定效应、城市固定效应和产业城市双向固定效应。

需要说明的是，由于不同机构类型法人单位建立动机和条件不一样，本章只分析企业法人的建立机制，讨论产业集聚对于企业法人的创业精神产生的影响。

(二) 因变量：创业精神

从既有研究看，计量模型中创业精神的表达变量主要有两类。

1. 绝对数量方法：新建企业数量和新建企业雇佣人口数量

绝对数量方法是指用新建企业数量或者新建企业雇佣的人数来反映创业精神。Bosma and Sternberg (2014) 以 23 个欧盟国家的

47个城市化区域为例，使用新建企业的企业家数量表达创业精神，借助多层次logit模型探讨了影响创业精神的决定因素[①]。Ghani et al.（2014）将新建企业定义为成立少于3年的企业[②]，分别使用新建企业的就业和新建企业数量（计量模型中使用的是对数值）表达创业精神，分析了印度630个区域（District）制造业和服务业创业的影响因素。该测度指标的优点是与自由企业家理论模型的思路一致，而且数据容易获得。

2. 相对数量方法：自我就业率和新建企业率

相对数量方法是在绝对数量方法的基础上，对企业数量进行标准化。根据标准化方法的差异，它又分为劳动力市场方法（Labor Market Approach）和生态方法（Ecological Approach）（Audretsch and Fritsch，1994）。

自我就业率 = 企业数量/劳动力数量

新建企业率A = 每年的新建企业数/劳动力数量

新建企业率B = 每年的新建企业数/企业总数量

Fritsch and Wyrwich（2014）以1984—2005年联邦德国和2000—2005年民主德国的数据分析了创业精神的持续性。他们使用自我就业率和新建企业率表达创业精神。前者是存量的概念，而后者则是流量的概念。Westlund et al.（2014）以瑞典的自治市（Municipality）为例，使用2002—2008年每个自治市每万人的新建企业数表达创业精神[③]。类似的，Delfmann et al.（2014）使用每千名劳动力的新建企业数表达创业精神，分析了荷兰人口下降对创业精神的影响。

[①] 在该文中，作者还对创业精神进行了分类：机会驱动型创业精神（Opportunity - motivated Entrepreneurship）和必要驱动型创业精神（Necessity - motivated Entrepreneurship）。这些数据都是GEM（Global Entrepreneurship Monitor）通过问卷而得。

[②] 在印度，根据企业规模可将企业分为正规部门和非正规部门。对于正规部门，作者将新建企业定义为当年成立的企业，发现结果是相似的。

[③] 在瑞典，自治市（Municipality）的面积较小，近45万平方千米的国土上有290个自治市。因此，单个自治市的面积较小，每年的新建企业较少。

相较于绝对数量方法，相对数量方法的优点是控制了企业所在空间单元的差异性（Audretsch and Fritsch，1994）。这样既可以控制企业所在空间单元的规模，还可以反映新建企业的空间来源（van Stel and Suddle，2008）。不过，相对数量方法也有缺陷。首先，自我就业率是一个存量概念，所以各个年度具有很大的相关性。计量模型估计中会产生严重的序列相关问题。因此，Schumpeter（1934）认为这不是反映创业精神的好指标（Westlund et al.，2014）。其次，两种新建企业率假定企业家运营企业的市场范围要与分母上使用的劳动力市场和企业空间范围一致（Delfmann et al.，2014），所以这个指标也有其缺陷：（1）新建企业率受到对应产业和区域内就业和企业总量的影响；（2）在时间序列分析中，新建企业率的分母是就业数，包含就业的自变量会受到就业变化的影响。对这些自变量的估计会产生对新建企业率的正向伪相关（Fritsch and Flack，2007）。尽管各位学者对两种方法的优劣进行了比较分析，不过我们完全可以在计量模型的右侧引入反映区域规模的变量，或者采用一些计量手段控制区域特征，解决绝对数量方法的缺陷，并获得了相对数量方法的优点。

由于创业精神的模糊性，这两种方法还有缺陷。Glaeser et al.（2010）认为，从某种意义上说自我就业率能反映创业精神，但是这种方法给不同的企业家的规模、风险水平和创新水平相同的权重。使用新建企业数量确实反映了企业家的规模。然而，真正的企业家不仅仅体现为只开个热狗店，而是要做一些创新的产品。为了解决这个问题，我们对样本进行了分类，分别考虑了三次产业、制造业、高技术产业和非高技术产业的样本，还考虑了五类不同规模的企业样本，从而检验结果的稳健性。

综合既有研究的比较分析、理论模型和计量手段，在本章中我们使用新建企业个数和新建企业的就业人数两个指标分别表达创业精神。

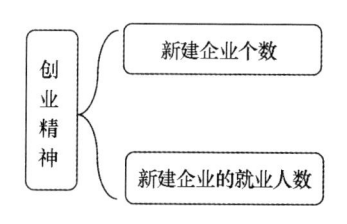

图 5—3 因变量的表达

资料来源：笔者自制。

（三）自变量：影响创业精神的因素

基于研究综述和目前可以获得的经济普查数据，我们将影响创业精神的因素分为三类：企业家个人行为因素、产业特征因素和城市特征因素[①]。

（1）企业家个人行为因素

由于企业家个体特征数据不可获得，本项研究不考虑企业家个体特征因素[②]，而是基于宏观的视角，从新建企业数量及其就业的角度讨论创业精神。

（2）产业特征因素

本章使用三个指标：专业化指数、竞争指数、多样化指数反映产业的集聚特征。其他的产业特征，通过固定效应等计量手段和样本分类进行控制。

——专业化指数（spe）。分享、匹配与学习是产业集聚带来收益的三大渠道（Duranton and Puga，2004），Henderson（2003）认为这些渠道主要是通过增加企业数量实现的。为此，我们借鉴Henderson（2003）和 Hu and Sun（2014）的做法，选择每个城市每个产业

[①] 从下面的各个指标看，我们使用的分类方法与 Verheul et al.（2002）的分类是相通的。

[②] Kibler et al.（2014）基于对奥地利和芬兰的两次调查问卷，对企业家的态度（Attitude）、主观规范（Subjective Norm）、认知行为控制（Perceived Behavioural Control，PBC）、动机（Intention）和行动（Behavior），以及社会制度和文化（Social Legitimacy）与它们的交互作用进行了理论与经验研究。

的企业数量度量该产业的专业化指数。

$$spe = the\ number\ of\ firms\ in\ city-industry \quad (5—2)$$

——竞争指数（comp）。Chinitz（1961）讨论了竞争效应对于新建企业的影响，认为小企业数量多的区域，知识溢出更为便捷，更有利于创业精神的发挥；Glaeser et al.（1992）则讨论了竞争效应对产业增长的影响。借鉴 Glaeser et al.（1992）的做法，将竞争指数定义为：

$$comp = \frac{firms\ in\ city-industry/workersincity-industry}{firms\ in\ industry/workersinindustry} \quad (5—3)$$

——多样化指数（div）。大量研究证实，多样化有利于企业的创新和创业（Henderson，2003；Hu and Sun，2014）。借鉴 Henderson（2003）的做法，将多样化指数定义为：

$$div = \sum_i \left(\frac{employmentincity-industry}{employmentincity} - \frac{employmentinindustry}{employmentincountry}\right)^2$$

$$(5—4)$$

该指标表明，多样化指数越小，多样化程度越高。同时，还需要注意的是，每个城市具有一个多样化指数。

（3）城市特征因素

城市特征是影响创业精神的第三个维度。基于数据的可获得性，选择以下四个指标反映城市特征，考察产业集聚影响创业精神的渠道。

——市场规模（人均收入水平）（scale）。市场规模影响产业利润，进而影响创业精神。我们选择城市人均 GDP 度量市场规模。该指标在一定程度上反映本地的融资条件，也可以用来控制区域的规模特征。

——人力资本（hum）。人力资本是企业创业的基本条件，选择城市每万人普通高校专任教师数来度量人力资本（胡安俊、孙久文，2014）。

——交通基础设施（transp）。交通基础设施不仅影响新建企业获取信息的能力，而且会影响企业进货和销售的成本。选择每万人客运量和每万元货运量的均值度量交通基础设施水平。

——工资水平（wage）。产业生命周期理论与雁阵模式认为生产成本，尤其是劳动力成本是创业或产业迁移的重要诱因（Vernon，1966；Kojima，2000；Ozawa，2003）。选择城市在岗职工平均工资与全国平均工资之比度量生产成本。

幼稚产业保护论之父李斯特（2012）认为面对发达国家的竞争优势地位，落后国家如果不采取政府干预政策，尤其是关税保护政策，就无法发展新工业[①]。发展经济学家张夏准（2009）认为，发达国家成功的秘密在于频繁使用"不好"的贸易和产业政策，如保护幼稚产业政策、出口补贴等[②]。显然，发展中国家的创新和创业离不开国家的政策支持，我们引入两个政策变量。

——对外开放度（open）。选择进出口总额占 GDP 的比重度量对外开放度。

——政府干预（gov）。选择地方政府支出占 GDP 的比重度量地方政府参与度，反映地方政府对经济的干预（胡安俊、孙久文，2014）。

其他的区域变量，比如区位和文化也是影响创业精神的重要变量，由于区位特征和文化因素具有很好的持续性，可以在计量模型中通过使用区域固定效应进行控制。各个变量的基本统计特征如表5—2 所示。

---

① 李斯特（2012）认为，自由贸易对于两个处于相似发展水平的国家是有利的（这是他极力主张在德国城邦之间成立关税同盟的原因），但是对于处于不同发展水平的国家，长远看自由贸易严重危害发展水平较低国家的发展。他说美国人很幸运，基于"常识"和"对国家需要的直觉判断"，坚决抵制斯密的理论，保护幼稚产业，终于在 1816 年以后获得了巨大成功。

② 当今 10 个发达国家（美国、奥地利、加拿大、丹麦、法国、德国、意大利、挪威、瑞典和英国）在自由贸易黄金时代（1875—1914）的统计资料表明，贸易保护程度与经济增长速度正相关（张夏准，2009）。

表 5—2　　　　　　　　　变量的统计特征

	variable	描述	N	mean	sd	p50	min	max
因变量	y1	因变量1	31783	0.77	1.05	0.00	0.00	6.88
	y2	因变量2	31783	2.03	1.15	1.79	0.00	8.26
产业特征	spe	专业化指数	31783	2.97	1.52	2.89	0.00	9.67
	comp	竞争指数	31783	4.67	83.04	1.44	0.02	10643.25
	div	多样化指数	31783	0.49	0.14	0.52	0.01	0.92
城市特征	scale	市场规模	31714	10.15	0.66	10.14	8.19	11.54
	hum	人力资本	10441	25.11	24.96	15.52	1.65	93.32
	wage	工资水平	24918	0.97	0.27	0.93	0.17	1.94
	transp	交通基础设施	29447	27.84	32.75	17.39	2.76	320.46
	open	对外开放度	26978	36.4	50.83	15.87	0.18	266.86
	gov	政府干预	22775	13.38	7.47	11.65	1.11	91.51

注：y1 是 2008 年新建企业数量的对数值；y2 是 2008 年新建企业就业数量的对数值。所有变量为对数值或者比例。

资料来源：2008 年经济普查数据库，中国经济与社会发展统计数据库。

第三节　产业集聚与创业精神

基于理论梳理和调查研究，产业集聚是企业创立的重要条件。本节基于 2008 年经济普查数据中所有产业的企业法人数据，探讨产业集聚影响创业精神的渠道。数据的基本单元是四位数代码—城市市域层面的企业数据，各个指标在此基础上进行加总和计算。

一　总体样本的计量结果

我们使用两个因变量：y1 是 2008 年新建企业数量的对数值；y2 是 2008 年新建企业就业数量的对数值。依次进行了 OLS 和产业固定效应估计，结果表明：(1) 专业化效应是非常稳定而且显著的。城市中同一产业企业数量的增多，有利于提供更多的信息，也有利于完善上下游产业链，从而便于新企业的产生；（2）竞争效应的估计结果并不显著；（3）多样化指数越小，多样化程度越高。多样化效应对于增加新企业的数量有正向作用，而对于新增就业作用并不显著。这说明多样化的环境更加有利于交流创业经验，增加创业的机会，这与谢莹等（2015）对深圳的调研结论吻合。

对于控制变量，总体而言，人力资本、对外开放度和政府干预有利于新企业的生成和（或）新增就业；市场规模的扩大有利于新企业的产生，不利于新增就业；工资水平、交通基础设施却起到负向作用，不利于新增就业，这在一定程度上反映了市场规模大、交通基础设施发达、工资水平高的城市，已经具有了较为显著的拥挤效应，不利于创业精神的发挥。相比于增加新企业，这种拥挤效应对就业的影响更大（见表5—3）。

表5—3　　　　产业集聚影响创业精神的渠道：总体样本

	因变量为 $y1$		因变量为 $y2$	
spe	0.680***	0.661***	0.709***	0.751***
	(153.65)	(132.77)	(100.44)	(95.99)
comp	-0.0000398	0.0000453	0.0000124	-0.000232
	(-0.40)	(0.46)	(0.10)	(-1.20)
div	-0.314***	-0.212***	0.170*	0.0487
	(-5.75)	(-3.99)	(1.77)	(0.53)
scale	0.0682***	0.0634***	-0.171***	-0.177***
	(3.20)	(3.17)	(-4.47)	(-4.94)
hum	-0.000179	-0.000250	0.00158***	0.00198***
	(-0.73)	(-1.12)	(3.71)	(4.93)
wage	-0.0871***	-0.0501	-0.612***	-0.647***
	(-2.58)	(-1.61)	(-10.65)	(-11.88)
transp	0.000918**	0.000489	-0.00392***	-0.00356***
	(2.57)	(1.48)	(-6.58)	(-6.31)
open	0.0000859	0.000252**	0.00250***	0.00240***
	(0.65)	(2.07)	(10.56)	(10.84)

续表

	因变量为 y1		因变量为 y2	
gov	0.00777***	0.00782***	0.00619**	0.00341
	(4.73)	(5.05)	(2.12)	(1.23)
_cons	-1.716***	-1.599***	3.410***	3.222***
	(-8.20)	(-7.78)	(9.02)	(8.74)
方法	OLS	OLS	OLS	OLS
产业固定	NO	YES	NO	YES
N	16909	16909	16906	16906
adj. R-sq	0.703	0.746	0.430	0.504

注：产业固定效应为三位数 SIC 代码固定，括号里面的是 t 值。* $p<0.1$，** $p<0.05$，*** $p<0.01$。

计量模型的难点在于处理内生性。为了得到稳健的、具有一般规律的结论，我们还需要进行一些稳健性检验。当考虑城市固定效应、产业城市双向固定效应时，专业化效应仍然是稳健的。竞争效应绝大多数不显著，只有在同时考虑产业和城市固定效应，并且因变量为新增就业时，有负向作用。需要注意的是，由于每个城市只有一个多样化指数，使用城市固定效应后，该指标就消除了（见表5—4）。

表5—4　　产业集聚影响创业精神的渠道再检验：总体样本

	因变量为 y1		因变量为 y2	
spe	0.689***	0.665***	0.712***	0.764***
	(183.49)	(143.80)	(106.58)	(91.74)
comp	-0.0000453	0.0000356	0.00000455	-0.000226*
	(-0.65)	(0.49)	(0.04)	(-1.72)
_cons	-1.163***	-1.205*	1.221***	0.425
	(-83.99)	(-1.93)	(49.62)	(0.38)
方法	FE	FE	FE	FE
产业固定	NO	YES	NO	YES

续表

	因变量为 y1		因变量为 y2	
城市固定	YES	YES	YES	YES
N	16909	16909	16906	16906
adj. R – sq	0.665	0.716	0.401	0.480

注：产业固定效应为三位数 SIC 代码固定，括号里面的是 t 值。* $p<0.1$，** $p<0.05$，*** $p<0.01$。

波普尔（2015）认为，如果我们不知道人类现状的整体，描述整个社会的全部历史是不可能的；历史是一个独一无二的事件。波普尔对历史决定论的批判，对计量经济模型估计具有重要的方法论指导意义。为了得到稳健的分析结果，在进行整体分析的基础上，我们还做了三个方面的拓展：（1）将整个样本拆分为第一产业、第二产业和第三产业，考虑各个产业中产业集聚影响创业精神的渠道；（2）按照新建企业的雇佣人数：小于 8 人、8—19 人、20—49 人、50—99 人和 99 人以上，将整个样本分为 5 组，依次考察各个组别中产业集聚影响创业精神的渠道；（3）按照国家统计局公布的高技术产业标准，将样本分为高技术产业和非高技术产业，考察高技术产业集聚影响创业精神的机制。

二　三次产业的计量结果

不同产业具有截然不同的特征，因此在产业集聚影响创业精神的渠道上也会呈现不同的关系。我们首先将整个样本按照三次产业分为三个样本：第一产业的两位数 SIC 代码为 1—5，第二产业的两位数 SIC 代码为 6—50，第三产业的两位数 SIC 代码为 51—96。其中，制造业的两位数 SIC 代码为 13—43，此外还考虑了制造业样本的情况。由于第一产业新增企业数量有限，计量模型不能运行，所以，这里不报告第一产业的情况。

(一) 第二产业集聚与创业精神

通过控制产业固定效应，结果表明：(1) 专业化效应、多样化效应和竞争效应。专业化指数有利于新建企业的增加，这表明同一产业内企业数量的增加，通过分享、匹配与学习三大渠道驱动新企业和新就业的产生。多样化指数为负数，表明多样化有利于新企业的创立。竞争效应的估计结果不显著。(2) 对外开放。中国是一个出口导向型国家，对外依赖度不断提高。2013年货物进出口总额达到4.16万亿美元，对外依赖度达到43.9%。对外开放度的增加，拓宽了市场渠道和市场信息，有利于提高企业数量和就业数量。(3) 工资成本。2000年以来中国65岁及以上人口超过总人口的7%，提前步入老龄化社会。劳动力市场也相应跨过"刘易斯拐点"，工资水平较快增长。2000—2013年在岗职工平均工资从9731元上涨到52379元，名义年均增长率达到14.15%（见图5—4）。TFP对经济增长的贡献在不断下降，由20世纪90年代35%的贡献率逐步回落到2008—2014年-1.2%的贡献率（中国人民大学宏观经济分析与预测课题组，2015）。因此，工资上涨的结果是提高了企业创业成本，不利于新建企业数量和就业的增加。(4) 市场规模较大、货运量客运量较大的区域已经出现了较大的拥挤效应，因此，市场规模和交通基础设施的增大并不利于创业精神，这种拥挤效应对就业的影响更为突出。(5) 人力资本对于新建企业数量的增加起到负向作用，这在一定程度上反映了中国教育体制与市场需求之间的脱节，就业的结构性矛盾比较突出。近年来，中国出现技术工人短缺、农民工工资高于大学生等现象就是最好的论据[①]。(6) 政府干预的作用不显著。这是因为政府干预的载体多是国有企业，它们对就业的吸纳能力是较弱的（见表5—5）。

---

① 2014年人力资源和社会保障部副部长信长星指出：一些高校毕业生就业难、部分企业招工难、技术工人短缺，我国就业结构性矛盾依然突出并长期存在（http://career.youth.cn/jyzc/201408/t20140808_5607092.htm）；2012年教育咨询机构麦可思发布了一项对2012年应届大学毕业生的调查，69%的大学毕业生起薪不到2000元，低于农民工月均收入水平（http://news.xinhuanet.com/politics/2012-07/27/c_123479699.htm）。

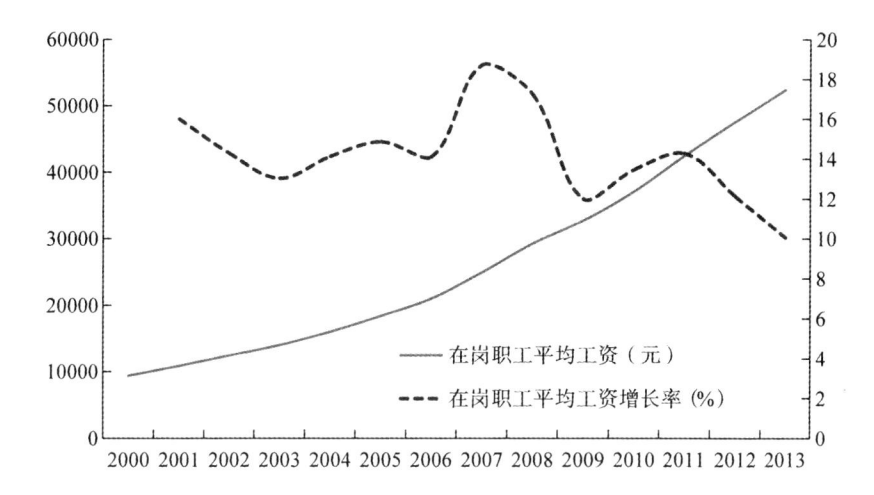

图 5—4　中国在岗职工平均工资及其名义增长率（2000—2013 年）

资料来源：中国经济与社会发展统计数据库。

表 5—5　　　　　　　第二产业集聚影响创业精神的渠道

	因变量为 y1		因变量为 y2	
spe	0.574***	0.559***	0.687***	0.678***
	(95.20)	(86.51)	(70.30)	(61.36)
comp	-0.00000371	0.0000174	-0.0000584	-0.000216
	(-0.05)	(0.21)	(-0.46)	(-1.21)
div	-0.398***	-0.400***	-0.132	-0.120
	(-4.97)	(-4.97)	(-0.78)	(-0.70)
scale	0.0389	0.0351	-0.177***	-0.173***
	(1.49)	(1.37)	(-3.35)	(-3.34)
hum	-0.00269***	-0.00263***	-0.000708	-0.000314
	(-9.04)	(-9.10)	(-1.20)	(-0.54)
wage	-0.130***	-0.116***	-1.023***	-1.006***
	(-3.24)	(-2.95)	(-12.97)	(-13.09)
transp	0.000156	-0.0000584	-0.00590***	-0.00591***
	(0.35)	(-0.14)	(-7.08)	(-7.25)
open	0.000699***	0.000732***	0.00338***	0.00342***
	(4.18)	(4.54)	(10.37)	(10.68)

续表

	因变量为 y1		因变量为 y2	
gov	0.00217	0.00191	0.00286	0.00112
	(1.07)	(0.96)	(0.74)	(0.29)
_cons	-1.012***	-1.457***	4.364***	4.536***
	(-3.94)	(-4.94)	(8.40)	(7.87)
方法	OLS	OLS	OLS	OLS
产业固定	NO	YES	NO	YES
N	9183	9183	9183	9183
adj. R-sq	0.643	0.667	0.379	0.408

注：产业固定效应为三位数 SIC 代码固定，括号里面的是 t 值。* $p<0.1$，** $p<0.05$，*** $p<0.01$。

（二）第三产业集聚与创业精神

通过控制产业固定效应，结果表明：（1）专业化指数，也就是同一产业内部企业数量的增加，有利于新建企业和就业的增加。（2）竞争效应，即单位工人的企业个数相对于全国的比例，对于新建企业数量有正向影响，表明小企业数量的增加，有利于第三产业新建企业数量的增加，这与 Chinitz（1961）的观点一致。而竞争效应不利于增加就业，这是因为中国容纳就业份额较多的是大企业。根据 2008 年经济普查数据，可知 100—199 人的法人就业份额达 19.07%，1000—4999 人的法人就业份额达到 16.44%，而法人数最多的 8 人以下的法人就业份额只占 4.50%。（3）多样化效应，多样化的增加对企业创立的影响不显著，对就业人口的增加起负向作用。（4）市场规模和货运量、客运量大的区域，有利于企业数量的增加，但是较强的拥挤效应不利于企业就业的增加。这与中国出现第二产业郊区化、第三产业在城区集中的事实一致。比如北京市，制造业在中心城区的集聚程度明显减弱，呈现显著的郊区化集聚。主要集聚区位于距离市中心半径 15—35 千米的空间范围集聚（张晓平、孙磊，2012）。而中心城区布局的是服务业，尤其是金融、总部经济等高端服务业，拥挤效应显著。（5）人力资本的增加和政府的扶持，有利于第三产业企业数量和就业的增加。(6) 工资上涨则不利于企业数量和就业的增加（见表5—6）。

表5—6　　　　　　第三产业集聚影响创业精神的渠道

	因变量为 y1		因变量为 y2	
spe	0.753***	0.772***	0.720***	0.788***
	(124.55)	(104.60)	(62.79)	(69.04)
comp	0.0419***	0.0480***	-0.0504***	-0.0718***
	(9.66)	(10.98)	(-5.19)	(-6.98)
div	0.0564	0.0520	0.379***	0.272***
	(0.84)	(0.81)	(3.30)	(2.68)
scale	0.161***	0.132***	-0.0842	-0.0805*
	(5.39)	(4.62)	(-1.58)	(-1.73)
hum	0.00130***	0.00123***	0.00369***	0.00306***
	(3.93)	(3.88)	(6.07)	(5.69)
wage	-0.00188	-0.0104	-0.164**	-0.234***
	(-0.04)	(-0.24)	(-2.03)	(-3.28)
transp	0.000611	0.000785*	-0.00234***	-0.00181**
	(1.25)	(1.73)	(-2.78)	(-2.39)
open	-0.000353*	-0.000316*	0.00108***	0.000933***
	(-1.87)	(-1.82)	(3.23)	(3.19)
gov	0.0155***	0.0148***	0.0149***	0.0107***
	(6.17)	(6.20)	(3.44)	(2.76)
_cons	-3.211***	-3.900***	1.691***	2.396***
	(-10.69)	(-7.08)	(3.18)	(3.39)
方法	OLS	OLS	OLS	OLS
产业固定	NO	YES	NO	YES
N	7719	7719	7719	7719
adj. R-sq	0.780	0.808	0.520	0.633

注：产业固定效应为三位数SIC代码固定，括号里面的是t值。* $p<0.1$，** $p<0.05$，*** $p<0.01$。

(三) 制造业集聚与创业精神

与第二产业的分析类似，专业化指数、多样化指数、对外开放度的增加，有利于企业数量和就业的增加。多样化效应大的区域，便于知识交流与知识溢出，有利于促进企业数量的增加。人力资本的增加和工资水平的上涨并不利于企业数量和就业的增加；竞争效应并不显著。市场规模大、客运量和货运量大的区域，对于新增就业的负向影响很大，显示出较大的拥挤效应（见表5—7）。

表5—7　　　　　　制造业集聚影响创业精神的渠道

	因变量为 $y1$		因变量为 $y2$	
spe	0.562 ***	0.554 ***	0.683 ***	0.676 ***
	(89.94)	(81.70)	(65.66)	(58.17)
$comp$	-0.00000731	0.0000116	-0.0000558	-0.000214
	(-0.10)	(0.14)	(-0.44)	(-1.21)
div	-0.389 ***	-0.407 ***	-0.110	-0.104
	(-4.61)	(-4.73)	(-0.61)	(-0.57)
$scale$	0.0178	0.0106	-0.230 ***	-0.221 ***
	(0.66)	(0.39)	(-4.20)	(-4.07)
hum	-0.00288 ***	-0.00284 ***	-0.00122 **	-0.000879
	(-9.56)	(-9.49)	(-2.01)	(-1.46)
$wage$	-0.129 ***	-0.128 ***	-1.042 ***	-1.038 ***
	(-3.15)	(-3.15)	(-12.80)	(-12.89)
$transp$	0.000243	0.0000589	-0.00594 ***	-0.00604 ***
	(0.54)	(0.13)	(-6.84)	(-7.02)
$open$	0.000872 ***	0.000885 ***	0.00386 ***	0.00384 ***
	(5.07)	(5.29)	(11.43)	(11.55)
gov	0.000470	0.000536	-0.000368	-0.000536
	(0.22)	(0.26)	(-0.09)	(-0.13)
$\_cons$	-0.750 ***	-0.809 ***	4.959 ***	4.706 ***
	(-2.83)	(-2.96)	(9.21)	(8.60)
方法	OLS	OLS	OLS	OLS

续表

	因变量为 y1		因变量为 y2	
产业固定	NO	YES	NO	YES
N	8275	8275	8275	8275
adj. R - sq	0.638	0.655	0.372	0.395

注：产业固定效应为三位数 SIC 代码固定，括号里面的是 t 值。* $p < 0.1$，** $p < 0.05$，*** $p < 0.01$。

（四）稳健性检验

通过控制城市效应和产业城市双向固定效应，检验结果的稳健性。通过比较分析发现，专业化指数和竞争指数与上面的结果无论方向还是显著性都是一致的。专业化指数的增加，即同一产业内部企业数量的增加，有利于企业的数量和就业的增加。而对于第二产业和制造业，竞争效应不显著；对于第三产业，竞争效应的增加有利于企业数量的增加，但不利于就业人数的增加。这种差异与第三产业企业的平均就业规模（893 人）远远小于第二产业平均就业规模（7290 人）有关，新增加企业对于第二产业的影响不显著，而对第三产业产生显著影响（见表5—8、表5—9、表5—10、表5—11）。

表5—8　　　第二产业集聚对创业精神影响的再检验

	因变量为 y1		因变量为 y2	
spe	0.578***	0.558***	0.697***	0.694***
	(119.49)	(96.86)	(73.50)	(60.68)
comp	-0.00000945	0.00000351	-0.0000627	-0.000204
	(-0.15)	(0.05)	(-0.51)	(-1.48)
_cons	-0.864	-1.393***	4.022**	1.538***
	(-1.15)	(-10.96)	(2.41)	(6.10)
方法	RE	FE	RE	FE
产业固定	NO	YES	NO	YES
城市固定	YES	YES	YES	YES

续表

	因变量为 $y1$		因变量为 $y2$	
N	9183	9183	9183	9183
adj. R-sq		0.635		0.398

注：产业固定效应为三位数 SIC 代码固定，括号里面的是 t 值。* p<0.1，** p<0.05，*** p<0.01。根据 Hausman 检验结果，判断固定效应与随机效应。

表 5—9   第三产业集聚对创业精神影响的再检验

	因变量为 $y1$		因变量为 $y2$	
spe	0.761***	0.793***	0.728***	0.812***
	(141.41)	(107.51)	(75.34)	(65.68)
comp	0.0428***	0.0484***	-0.0392***	-0.0596***
	(11.24)	(12.22)	(-5.77)	(-8.97)
_cons	-2.998***	-2.488***	1.086***	1.380*
	(-3.16)	(-5.75)	(26.51)	(1.90)
方法	RE	FE	FE	FE
产业固定	NO	YES	NO	YES
城市固定	YES	YES	YES	YES
N	7719	7719	7719	7719
adj. R-sq		0.764	0.447	0.581

注：产业固定效应为三位数 SIC 代码固定，括号里面的是 t 值。* p<0.1，** p<0.05，*** p<0.01。根据 Hausman 检验结果，判断固定效应与随机效应。

表 5—10   制造业集聚对创业精神影响的再检验

	因变量为 $y1$		因变量为 $y2$	
spe	0.565***	0.555***	0.699***	0.701***
	(110.54)	(91.99)	(68.60)	(58.29)
comp	-0.0000151	-0.00000658	-0.0000624	-0.000195
	(-0.25)	(-0.10)	(-0.51)	(-1.43)
_cons	-0.557	-1.059***	1.362***	1.087***
	(-0.73)	(-11.66)	(38.60)	(6.01)
方法	RE	FE	FE	FE

续表

	因变量为 y1		因变量为 y2	
产业固定	NO	YES	NO	YES
城市固定	YES	YES	YES	YES
N	8275	8275	8275	8275
adj. R - sq		0.613	0.360	0.384

注：产业固定效应为三位数 SIC 代码固定，括号里面的是 t 值。* $p<0.1$，** $p<0.05$，*** $p<0.01$。根据 Hausman 检验结果，判断固定效应与随机效应。

表 5—11　　　　　　　　第二产业和第三产业就业规模比较

	平均值（人）	标准差
第二产业	7289.50	1727137
第三产业	893.41	4283.76

资料来源：中国经济普查数据库。

（五）结果的比较与总结

通过第二产业、第三产业、制造业在各个指标上的比较分析，发现：(1) 专业化指数，即同一产业内企业数量的增加，有利于企业数量和就业的增加，这表明了产业内配套和知识溢出对于创业精神的重要性，突显了产业集聚对于创业精神的重要作用。(2) 自2000年以来中国步入老龄化社会，2013年中国65岁及以上人口达到1.32亿人，占总人口的9.7%，劳动力市场跨过"刘易斯拐点"，工人工资不断上涨。TFP 没有伴随着工人工资的提高而增加，所以工资提高了创业成本，不利于创业精神的发挥。(3) 近年来中国进出口贸易发展迅速、对外开放度增加，有利于信息的扩大，便于货物进出口和服务进出口，总体上有利于企业数量和就业的增加（见图5—5）。

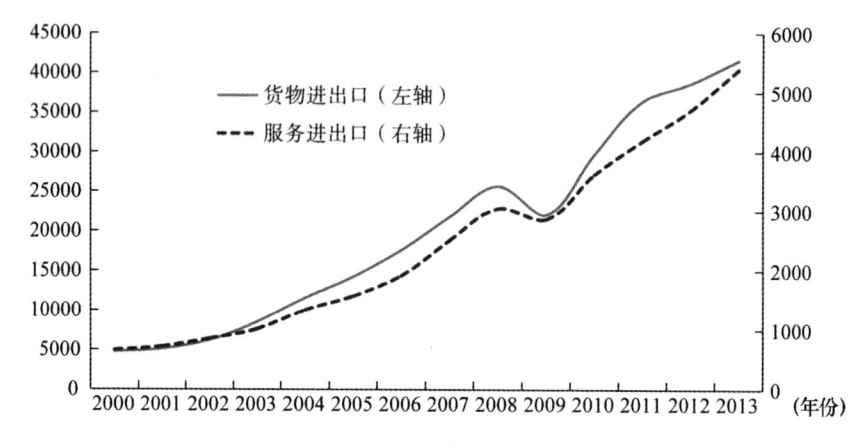

图 5—5 中国货物进出口和服务进出口演化（亿美元）

资料来源：中国统计年鉴 2014 年。

与第二产业和制造业相比，第三产业有其自身的特点：（1）竞争效应。在第二产业中，单位工人企业数量的增加，对企业数量和就业的效果不显著。而第三产业由于企业规模相对较小，单位工人拥有的企业数量的增加，有利于增加企业数量，不利于增加就业。这与产业集聚理论强调的意大利产业集群类型一致，小企业多的区域，往往有更多的小企业扎堆。这在一定程度上也反映了产业集聚对于创业精神的正向作用。（2）多样化指数对创业精神的影响，更多地体现在促进第二产业企业数量的增加，而不利于第三产业企业就业人员的增加，这与第三产业多布局于城市中心有关，中心城区的拥挤效应已经非常显著，多样性的增加不利于就业增长。（3）市场规模和交通设施。尽管市场规模、交通设施条件大的区域，已经出现了较为明显的拥挤效应，比如高昂的地租和房价、较差的自然环境和社会秩序，都不利于就业的增加；但是市场规模和交通设施条件大的区域，却有利于第三产业的企业数量的增加。这与中国城市第二产业出现郊区化、第三产业在城区集中的事实相符合。（4）人力资本的增加不利于制造业和第二产业企业数量和就业的增加，但有利于第三产业企业数量和就业的增加，这反映了中国教育体制与市场需求之间的脱节，也与中国出现的就业结构性矛盾、技术工人短缺的事实一致。（5）政府干预。政府干预的积极作用主要体现为第三产业上，对第二产业和制造业的影响不显著。

通过上面的比较分析，概括起来产业集聚对于创业精神的作用是两方面的。一方面，产业集聚通过专业化效应，或竞争效应，或多样化效应，有利于企业数量和就业的增加，从而促进创业精神；另一方面，产业集聚多的区域，往往是工资成本较高、市场规模较大、客运量和货运量较大的区域，这些区域市场拥挤效应较为显著，往往不利于企业数量和就业的增加。这种拥挤效应对于就业增加的影响，比对企业数量增加的影响更为显著。

三 不同规模企业的计量结果

根据国家统计局的标准，按照新建企业的雇佣人数：小于8人、8—19人、20—49人、50—99人和99人以上，将整个样本分为5组，考察不同规模的新建企业在产业集聚影响创业精神的渠道上是否具有差异性。

（一）计量结果

与三次产业分析的结果类似，同一产业内部企业数量的增加会通过分享、匹配和学习等效应，促进新企业的产生和就业的增加。

（1）对于规模最小的第一组（新建企业就业规模小于8人），多样化环境、市场规模的提高有利于增加企业数量和就业人数。交通条件有利于增加企业数量。人力资本仍然起到负向的作用，反映了人力资本与市场需求的脱节。工资水平、对外开放度起到负向作用，工资的提高不利于就业增长，对外开放的扩大不利于企业数量的增长，这可能与小企业具有较小的竞争力、对外贸易较少有关，开放程度扩大，不利于小企业的生存。竞争效应不显著（见表5—12）。

表5—12 产业集聚影响创业精神的渠道：新建企业就业规模小于8人

	因变量为y1		因变量为y2	
spe	0.663***	0.635***	0.686***	0.647***
	(91.98)	(80.13)	(87.07)	(71.35)
comp	-0.0000819	0.0000474	-0.000186	-0.0000395
	(-0.52)	(0.27)	(-1.07)	(-0.22)
div	-0.525***	-0.431***	-0.545***	-0.425***
	(-6.75)	(-5.63)	(-6.25)	(-4.96)
scale	0.0776**	0.110***	0.0181	0.0653*
	(2.23)	(3.44)	(0.46)	(1.76)
hum	-0.000244	-0.000641*	0.000354	0.0000469
	(-0.61)	(-1.81)	(0.79)	(0.11)
wage	-0.0835	0.0728	-0.310***	-0.136**
	(-1.64)	(1.60)	(-5.39)	(-2.54)
transp	0.00226***	0.00218***	0.000470	0.000411
	(4.51)	(4.81)	(0.80)	(0.75)
open	-0.000442**	-0.000524***	-0.000173	-0.000309
	(-2.03)	(-2.78)	(-0.69)	(-1.36)
gov	0.00503*	0.00470*	0.00254	0.00288
	(1.84)	(1.93)	(0.80)	(0.99)
_cons	-1.829***	-1.988***	0.253	0.670*
	(-5.28)	(-6.04)	(0.64)	(1.73)
方法	OLS	OLS	OLS	OLS
产业固定	NO	YES	NO	YES
N	7487	7487	7487	7487
adj. R-sq	0.665	0.742	0.607	0.677

注：产业固定效应为三位数SIC代码固定，括号里面的是t值。* $p<0.1$，** $p<0.05$，*** $p<0.01$。

（2）对于新建企业就业规模为8—19人的企业，竞争效应，即单位工人拥有的企业数量越多，越有利于新建企业和就业的增加。多样化的环境反而不利于新建企业的产生和就业的增加。对外开放有利于新建企业产生和就业人数增加（见表5—13）。

表5—13 产业集聚影响创业精神的渠道：新建企业就业规模8—19人

	因变量为 y1		因变量为 y2	
spe	0.417***	0.408***	0.417***	0.412***
	(54.12)	(45.04)	(51.80)	(43.06)
$comp$	0.0000734	0.000105*	0.000104***	0.000109***
	(1.15)	(1.70)	(3.07)	(2.58)
div	0.140*	0.193**	0.185**	0.228**
	(1.77)	(2.24)	(2.05)	(2.35)
$scale$	-0.0309	-0.0261	-0.0454	-0.0432
	(-0.94)	(-0.80)	(-1.28)	(-1.21)
hum	0.0000351	0.0000703	0.000374	0.000493
	(0.09)	(0.19)	(0.92)	(1.22)
$wage$	0.0217	0.0521	0.000873	0.0170
	(0.38)	(0.91)	(0.01)	(0.28)
$transp$	-0.00107*	-0.000980	-0.000748	-0.000696
	(-1.70)	(-1.56)	(-1.14)	(-1.05)
$open$	0.000291	0.000374*	0.000346	0.000412*
	(1.37)	(1.78)	(1.51)	(1.79)
gov	0.00324	0.00258	0.000949	0.000360
	(1.24)	(0.96)	(0.34)	(0.13)
$\_cons$	-0.616*	-1.015**	1.990***	1.548***
	(-1.93)	(-2.34)	(5.76)	(3.41)
方法	OLS	OLS	OLS	OLS
产业固定	NO	YES	NO	YES
N	4922	4922	4922	4922
adj. R-sq	0.546	0.574	0.506	0.526

注：产业固定效应为三位数SIC代码固定，括号里面的是t值。* $p<0.1$，** $p<0.05$，*** $p<0.01$。

（3）对于新建企业就业规模为20—49人、50—99人和99人以上的三组，第一，工资水平。工资水平的上升，提高了创业的成本，不利于新建企业数量增加和就业增加。第二，对外开放度。就业规模为20—49人的新建企业，对外开放有利于新建企业产生和就业人数增加；就业规模为50—99人的新建企业，对外开放对新建企业产生和就业人数影响不显著；就业规模为99人以上的新建企业，对外开放不利于新建企业产生和就业人数增加。第三，政府干预。政府的干预对于就业规模为20—49人和50—99人的新建企业影响不显著，但对于就业规模为99人以上的新建企业有积极作用（见表5—14、表5—15、表5—16）。

表5—14　　产业集聚影响创业精神的渠道：新建企业就业规模为20—49人

	因变量为 $y1$		因变量为 $y2$	
spe	0.293***	0.290***	0.294***	0.292***
	(30.53)	(27.51)	(28.95)	(25.72)
$comp$	0.0000152	-0.0000109	0.0000644	-0.0000524
	(0.19)	(-0.13)	(0.98)	(-0.60)
div	-0.0198	-0.136	-0.00882	-0.162
	(-0.15)	(-1.01)	(-0.06)	(-1.00)
$scale$	-0.0448	-0.0463	-0.0466	-0.0466
	(-1.22)	(-1.15)	(-1.13)	(-1.03)
hum	-0.00000463	0.000238	0.000309	0.000512
	(-0.01)	(0.55)	(0.65)	(1.03)
$wage$	-0.161**	-0.136**	-0.181**	-0.152**
	(-2.48)	(-2.00)	(-2.52)	(-2.04)
$transp$	0.000338	0.000493	0.000695	0.000799
	(0.43)	(0.59)	(0.80)	(0.88)
$open$	0.000798***	0.000679**	0.000861***	0.000740**
	(2.84)	(2.37)	(2.83)	(2.39)
gov	-0.000524	-0.00145	-0.000411	-0.00187
	(-0.17)	(-0.44)	(-0.12)	(-0.53)
$\_cons$	0.0411	0.668*	3.403***	3.908***
	(0.11)	(1.73)	(8.38)	(9.01)
方法	OLS	OLS	OLS	OLS

续表

	因变量为 y1		因变量为 y2	
产业固定	NO	YES	NO	YES
N	2932	2932	2932	2932
adj. R-sq	0.409	0.436	0.360	0.390

注：产业固定效应为三位数SIC代码固定，括号里面的是t值。* $p<0.1$，** $p<0.05$，*** $p<0.01$。

表5—15　　产业集聚影响创业精神的渠道：新建企业就业规模为50—99人

	因变量为 y1		因变量为 y2	
spe	0.172***	0.189***	0.174***	0.198***
	(12.02)	(10.25)	(11.81)	(10.30)
comp	0.0000764	0.0000700	0.000125	0.0000332
	(0.25)	(0.18)	(0.39)	(0.08)
div	-0.207	-0.218	-0.140	-0.206
	(-1.30)	(-0.96)	(-0.80)	(-0.88)
scale	-0.0563	-0.0436	-0.0305	-0.0129
	(-1.05)	(-0.64)	(-0.50)	(-0.17)
hum	0.000228	0.000433	0.000584	0.000444
	(0.30)	(0.53)	(0.71)	(0.49)
wage	-0.107	-0.162	-0.139	-0.212*
	(-1.12)	(-1.40)	(-1.36)	(-1.75)
transp	0.000263	0.000379	0.000532	0.000653
	(0.25)	(0.32)	(0.47)	(0.53)
open	0.000332	0.000423	0.000237	0.000280
	(0.97)	(1.02)	(0.64)	(0.63)
gov	0.00245	0.000476	0.00603	0.00211
	(0.57)	(0.09)	(1.31)	(0.35)
_cons	0.389	0.661	4.236***	4.522***
	(0.76)	(0.96)	(7.27)	(6.01)
方法	OLS	OLS	OLS	OLS

续表

	因变量为 y1		因变量为 y2	
产业固定	NO	YES	NO	YES
N	919	919	919	919
adj. R-sq	0.284	0.307	0.251	0.285

注：产业固定效应为三位数 SIC 代码固定，括号里面的是 t 值。* $p<0.1$，** $p<0.05$，*** $p<0.01$。

表 5—16　　　产业集聚影响创业精神的渠道：新建企业就业规模大于 99 人

	因变量为 y1		因变量为 y2	
spe	0.131***	0.178***	0.0443*	0.136***
	(8.88)	(6.01)	(1.81)	(3.31)
comp	-0.000181***	-0.000318	-0.0000780	0.000294
	(-4.27)	(-1.06)	(-0.55)	(0.91)
div	-0.309	-0.253	-0.267	0.236
	(-1.37)	(-0.98)	(-0.68)	(0.53)
scale	0.111*	0.136	0.0803	0.120
	(1.66)	(1.63)	(0.57)	(0.84)
hum	-0.000108	0.000447	0.00276	0.00375**
	(-0.15)	(0.48)	(1.60)	(2.08)
wage	-0.169	-0.275*	0.100	-0.263
	(-1.55)	(-1.96)	(0.39)	(-1.05)
transp	0.00245**	0.00150	0.00239	-0.000120
	(2.07)	(0.98)	(0.91)	(-0.04)
open	-0.00102**	-0.00118**	-0.000839	-0.000559
	(-2.26)	(-2.04)	(-0.95)	(-0.53)
gov	0.0141**	0.0214**	0.0189*	0.0256**
	(2.10)	(2.55)	(1.75)	(2.04)
_cons	-1.214*	-1.057	4.272***	4.158***
	(-1.79)	(-1.13)	(3.07)	(2.66)
方法	OLS	OLS	OLS	OLS

续表

	因变量为 y1		因变量为 y2	
产业固定	NO	YES	NO	YES
N	643	643	643	643
adj. R-sq	0.222	0.232	0.025	0.258

注：产业固定效应为三位数 SIC 代码固定，括号里面的是 t 值。* $p<0.1$，** $p<0.05$，*** $p<0.01$。

（二）稳健性检验

为了检验结果的稳健性，我们控制了城市效应和产业城市双向效应，发现专业化指数是非常稳健的。唯一与上面不同的是，8—19 人组的竞争效应由显著变为不显著（见表 5—17、表 5—18、表 5—19、表 5—20、表 5—21）。

表 5—17　　　　产业集聚影响创业精神的再检验：新建企业就业规模小于 8 人

	因变量为 y1		因变量为 y2	
spe	0.677***	0.643***	0.703***	0.663***
	(112.04)	(87.30)	(102.04)	(75.58)
comp	-0.0000781	0.0000451	-0.000169	-0.0000435
	(-0.53)	(0.30)	(-1.01)	(-0.24)
_cons	-1.321***	-1.016	-0.186***	0.762
	(-56.49)	(-1.58)	(-6.98)	(0.99)
方法	FE	FE	FE	FE
产业固定	NO	YES	NO	YES
城市固定	YES	YES	YES	YES
N	7487	7487	7487	7487
adj. R-sq	0.626	0.718	0.581	0.656

注：产业固定效应为三位数 SIC 代码固定，括号里面的是 t 值。* $p<0.1$，** $p<0.05$，*** $p<0.01$。根据 Hausman 检验结果，判断固定效应与随机效应。

表 5—18　　　　产业集聚影响创业精神的再检验：新建
企业就业规模为 8—19 人

	因变量为 y1		因变量为 y2	
spe	0.423***	0.412***	0.421***	0.417***
	(70.75)	(52.57)	(65.38)	(48.88)
comp	0.0000877	0.000122	0.000124	0.000134
	(1.02)	(1.31)	(1.34)	(1.32)
_cons	-0.832***	-1.122***	1.620***	1.235***
	(-38.49)	(-4.98)	(69.54)	(5.04)
方法	FE	FE	FE	FE
产业固定	NO	YES	NO	YES
城市固定	YES	YES	YES	YES
N	4922	4922	4922	4922
adj. R-sq	0.502	0.534	0.462	0.487

注：产业固定效应为三位数 SIC 代码固定，括号里面的是 t 值。* $p<0.1$，** $p<0.05$，*** $p<0.01$。根据 Hausman 检验结果，判断固定效应与随机效应。

表 5—19　　　　产业集聚影响创业精神的再检验：新建
企业就业规模为 20—49 人

	因变量为 y1		因变量为 y2	
spe	0.301***	0.298***	0.302***	0.300***
	(43.11)	(33.02)	(38.46)	(29.60)
comp	0.0000242	0.00000923	0.0000774	-0.0000337
	(0.22)	(0.07)	(0.62)	(-0.24)
_cons	-0.580***	0.0146	2.773***	3.209***
	(-23.86)	(0.03)	(101.51)	(5.81)
方法	FE	FE	FE	FE
产业固定	NO	YES	NO	YES
城市固定	YES	YES	YES	YES
N	2932	2932	2932	2932
adj. R-sq	0.381	0.410	0.327	0.360

注：产业固定效应为三位数 SIC 代码固定，括号里面的是 t 值。* $p<0.1$，** $p<0.05$，*** $p<0.01$。根据 Hausman 检验结果，判断固定效应与随机效应。

表5—20　　　　　　产业集聚影响创业精神的再检验：新建
企业就业规模为50—99人

	因变量为y1		因变量为y2	
spe	0.173***	0.189***	0.174***	0.194***
	(17.81)	(14.68)	(17.04)	(12.28)
comp	0.0000751	0.0000700	0.000125	−0.0000222
	(0.42)	(0.30)	(0.64)	(−0.09)
_cons	−0.340***	0.661	4.236***	3.993***
	(−10.26)	(0.90)	(7.47)	(9.28)
方法	FE	RE	RE	FE
产业固定	NO	YES	NO	YES
城市固定	YES	YES	YES	YES
N	919	919	919	919
adj.R-sq	0.224			0.244

注：产业固定效应为三位数SIC代码固定，括号里面的是t值。* p<0.1，** p<0.05，*** p<0.01。根据Hausman检验结果，判断固定效应与随机效应。

表5—21　　　　　　产业集聚影响创业精神的再检验：新建
企业就业规模大于99人

	因变量为y1		因变量为y2	
spe	0.133***	0.178***	0.0443**	0.136***
	(11.97)	(9.67)	(2.04)	(4.03)
comp	−0.000188	−0.000318	−0.0000780	0.000294
	(−0.42)	(−0.66)	(−0.09)	(0.33)
_cons	−0.196***	−1.057	4.272***	4.158***
	(−5.40)	(−1.36)	(3.27)	(2.92)
方法	FE	RE	RE	RE
产业固定	NO	YES	NO	YES
城市固定	YES	YES	YES	YES
N	643	643	643	643
adj.R-sq	0.122			

注：产业固定效应为三位数SIC代码固定，括号里面的是t值。* p<0.1，** p<0.05，*** p<0.01。根据Hausman检验结果，判断固定效应与随机效应。

（三）估计结果的启示

通过分析不同规模企业样本的估计结果，可以发现不同的变量对于不同规模的企业作用力是有很大差异的。因此，在制定政策时，需要考虑到不同规模企业的不同诉求，需要分类施策、精准发力。

四　高技术产业的计量结果

Glaeser et al. （2010）认为真正的企业家不仅仅体现为只开个热狗店，而是要做一些创新的产品。为此，选择高技术产业进行分析。按照国家统计局公布的高技术产业标准，将样本分为高技术产业和非高技术产业。高技术产业包括59个四位数制造业和60个四位数服务业。由于2008年普查数据使用的是2002年的标准，而2002年高技术产业标准中没有考虑服务业，所以在对高技术产业进行定义时，我们对2002年和2013年的标准进行了整合，高技术制造业的种类依然根据国家统计局2002年的标准，而高技术服务业则采用国家统计局2013年的标准[①]。

（一）计量结果

对于高技术产业，（1）与前面的分析结果一致，专业化指数促进新建企业数量和就业的增加。（2）企业数量的增多，会有利于信息沟通。竞争效应有利于新建企业数量的增加，而不利于就业的增加。（3）中国高技术产业主要集聚在经济较为发达的区域，具有相当高的集聚指数。2012年排名最高的广东和江苏两省高科技从业人员达到632.83万人，占到全国的49.87%；广东、江苏、山东、浙江和上海五省市高科技产业从业人员达到824.41万人，占全国的64.96%（见图5—6）。这些区域市场规模大、交通设施完善、工资水

---

① 国家统计局网站（http://www.stats.gov.cn/tjsj/tjbz/）。

平高,已经表现为较强的拥挤效应,对创业精神的发挥带来阻力。
(4)政府作用、多样化指数、人力资本变量都不显著(见表5—22)。

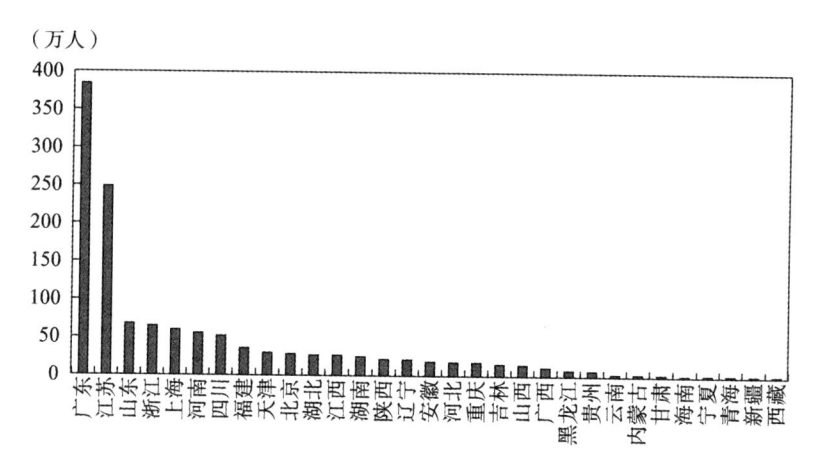

图5—6 2012年中国高科技产业从业人员地区分布

资料来源:中国经济与社会发展统计数据库。

表5—22 高技术产业集聚影响创业精神的渠道

	因变量为 $y1$		因变量为 $y2$	
spe	0.749***	0.672***	0.695***	0.735***
	(40.11)	(34.93)	(23.76)	(21.40)
$comp$	0.00335***	0.00309***	-0.00310**	-0.00373**
	(3.50)	(2.94)	(-2.31)	(-2.02)
div	-0.427*	-0.122	-0.0962	-0.126
	(-1.80)	(-0.57)	(-0.20)	(-0.31)
$scale$	0.000327	0.0704	-0.243	-0.228
	(0.00)	(0.86)	(-1.52)	(-1.46)
hum	-0.00165*	-0.00114	0.000709	0.000612
	(-1.88)	(-1.43)	(0.45)	(0.39)
$wage$	-0.283**	-0.198*	-0.996***	-1.084***
	(-2.34)	(-1.77)	(-4.56)	(-5.08)
$transp$	0.00160	0.000993	-0.00424*	-0.00377*
	(1.26)	(0.87)	(-1.95)	(-1.72)

续表

	因变量为 y1		因变量为 y2	
open	-0.000233	-0.0000130	0.00445***	0.00397***
	(-0.50)	(-0.03)	(5.01)	(4.74)
gov	-0.00496	-0.000329	0.00966	0.00991
	(-0.83)	(-0.06)	(0.83)	(0.91)
_cons	-0.726	-1.355	4.596***	6.383***
	(-0.87)	(-1.61)	(2.84)	(3.97)
方法	OLS	OLS	OLS	OLS
产业固定	NO	YES	NO	YES
N	1167	1167	1167	1167
adj. R-sq	0.717	0.763	0.396	0.450

注：产业固定效应为三位数 SIC 代码固定，括号里面的是 t 值。* $p<0.1$，** $p<0.05$，*** $p<0.01$。

对于非高技术产业，专业化指数和对外开放度促进新建企业数量和就业的增加。中国的教育结构与市场需求存在一定的鸿沟，人力资本的上升有利于非高技术产业就业的增加，这可能与非高技术产业对人力资本的要求较低有关。市场规模大、交通基础设施完善、工资水平高的区域，表现为较强的拥挤效应，不利于创业精神的发挥和就业的增加（见表5—23）。

表 5—23　　　　非高技术产业集聚影响创业精神的渠道

	因变量为 y1		因变量为 y2	
spe	0.676***	0.662***	0.709***	0.754***
	(148.82)	(128.82)	(97.28)	(94.50)
comp	-0.0000524	0.0000279	0.0000240	-0.000216
	(-0.51)	(0.27)	(0.20)	(-1.13)
div	-0.306***	-0.216***	0.195**	0.0645
	(-5.44)	(-3.97)	(1.99)	(0.69)
scale	0.0680***	0.0600***	-0.169***	-0.180***
	(3.09)	(2.91)	(-4.27)	(-4.89)

续表

	因变量为 y1		因变量为 y2	
hum	-0.0000924	-0.000205	0.00168***	0.00207***
	(-0.36)	(-0.89)	(3.79)	(5.02)
wage	-0.0658*	-0.0336	-0.575***	-0.609***
	(-1.88)	(-1.04)	(-9.67)	(-10.86)
transp	0.000835**	0.000422	-0.00392***	-0.00354***
	(2.25)	(1.23)	(-6.32)	(-6.07)
open	0.000125	0.000281**	0.00234***	0.00227***
	(0.90)	(2.22)	(9.54)	(9.91)
gov	0.00858***	0.00840***	0.00601**	0.00291
	(5.02)	(5.22)	(2.00)	(1.02)
_cons	-1.742***	-1.592***	3.347***	3.216***
	(-8.04)	(-7.51)	(8.59)	(8.49)
方法	OLS	OLS	OLS	OLS
产业固定	NO	YES	NO	YES
N	15739	15739	15739	15739
adj. R-sq	0.703	0.747	0.433	0.510

注：产业固定效应为三位数 SIC 代码固定，括号里面的是 t 值。* $p<0.1$，** $p<0.05$，*** $p<0.01$。

（二）稳健性检验

当控制了城市效应、城市产业双向效应之后，结果与上面分析的一样，表现出一定的稳健性（见表5—24、表5—25）。

表5—24　　　　　高技术产业集聚影响创业精神的再检验

	因变量为 y1		因变量为 y2	
spe	0.772***	0.673***	0.704***	0.761***
	(51.40)	(38.05)	(25.84)	(22.07)
comp	0.00378***	0.00319***	-0.00311	-0.00363*
	(3.56)	(3.17)	(-1.59)	(-1.88)

续表

	因变量为 $y1$		因变量为 $y2$	
_cons	-1.419***	-1.121	5.672**	7.333***
	(-26.19)	(-0.93)	(2.08)	(2.74)
方法	FE	RE	RE	RE
产业固定	NO	YES	NO	YES
城市固定	YES	YES	YES	YES
N	1167	1167	1167	1167
adj. R-sq	0.691			

注：产业固定效应为三位数 SIC 代码固定，括号里面的是 t 值。* $p<0.1$，** $p<0.05$，*** $p<0.01$。根据 Hausman 检验结果，判断固定效应与随机效应。

表5—25　　　　非高技术产业集聚影响创业精神的再检验

	因变量为 $y1$		因变量为 $y2$	
spe	0.685***	0.667***	0.712***	0.767***
	(176.29)	(139.14)	(103.16)	(89.43)
comp	-0.0000587	0.0000173	0.0000153	-0.000214
	(-0.85)	(0.24)	(0.12)	(-1.63)
_cons	-1.151***	-1.200*	1.227***	0.444
	(-80.22)	(-1.93)	(48.14)	(0.40)
方法	FE	FE	FE	FE
产业固定	NO	YES	NO	YES
城市固定	YES	YES	YES	YES
N	15739	15739	15739	15739
adj. R-sq	0.664	0.715	0.402	0.486

注：产业固定效应为三位数 SIC 代码固定，括号里面的是 t 值。* $p<0.1$，** $p<0.05$，*** $p<0.01$。根据 Hausman 检验结果，判断固定效应与随机效应。

五　估计结果的总结与启示

概括起来，通过上面的比较分析，得到以下结论（见图5—7）：

（1）专业化指数。专业化指数的增加，即同一产业内企业数量的增加，有利于为潜在的企业家提供榜样，从而增加企业家创业的积极性和自信心。同时，同一行业内企业数量的增加，也会增加企业的上下游产业关联，有利于激发创业精神。

（2）竞争效应。中国吸纳就业能力强的企业主要是大企业。竞争效应的增加，即单位工人企业数量的增加，一方面意味着单个企业的就业减少，另一方面则意味着交流网络的增加。因此，竞争效应对创业精神的作用主要体现在增加企业数量上，尤其对于规模小于8人的小企业和平均就业规模较小的第三产业，这种作用特别显著。这与产业集聚理论强调的意大利产业集群类型一致，小企业多的区域，往往有更多的小企业扎堆。

（3）多样化指数。多样化指数的增加，丰富了知识交流的范围，有利于新企业的产生。这种效应对规模较小的企业尤其重要。

（4）市场规模、交通基础设施和工资水平。近年来，中国东部地区陆续出现民工荒、电荒、水荒等现象，城市劳动力成本、地租和房价不断上升，拥挤效应不断显现。然而，TFP对经济增长的贡献却在不断下降，由20世纪90年代35%的贡献率逐步回落到2008—2014年－1.2%的贡献率（中国人民大学宏观经济分析与预测课题组，2015）。TFP并没有与工资上涨等保持同步，反而是下降。因此，市场规模大、交通基础设施完善、工资水平高的区域产生的拥挤效应提高了创业的成本，不利于创业精神的发挥，并且这种拥挤效应对于就业的影响更大。

（5）其他因素。第一，对外开放度的增加，有利于获取更多的信息，总体上有利于企业数量和就业的增加。第二，人力资本的增加不利于高技术产业和第二产业企业数量和就业的增加，有利于第三产业企业数量和就业的增加，这反映了中国教育体制与市场需求之间的脱节，是中国就业结构性矛盾、技术工人和高端人才短缺的反映。为了发挥人力资本的作用，需要调整教育模式，更多地培养与市场需求一致的人才，从而缩小二者的鸿沟。第三，政府干预。20世纪90年代中期以来，无论国家政府还是地方政府都试图通过一定的政策激发企业产生率（Storey，1994），但政府的作用是不确定的（Reynolds，1994）。在本书中，政府干预的积极作用主要体现在第三产业上，对第二产业和制造业的影响不显著。这是因为政府对第二产业和制造业的干预很大程度上是通过国有企业这一渠道实现的，而国有企业对就业的吸纳能力较弱。

总结起来，产业集聚对于创业精神的作用是两方面的。一方面，产业集聚通过专业化效应、竞争效应和多样化效应，有利于企业数量和（或）就业的增加，从而促进创业精神的发挥；另一方面，产业集聚多的区域，往往是工资成本较高、市场规模较大、客运量和货运量较大的区域，这些区域市场拥挤效应较为显著，不利于企业数量和就业的增加。这种拥挤效应对于就业增加的影响比对企业数量增加的影响更为显著。未来国家制定相关政策时，这是需要特别关注的。

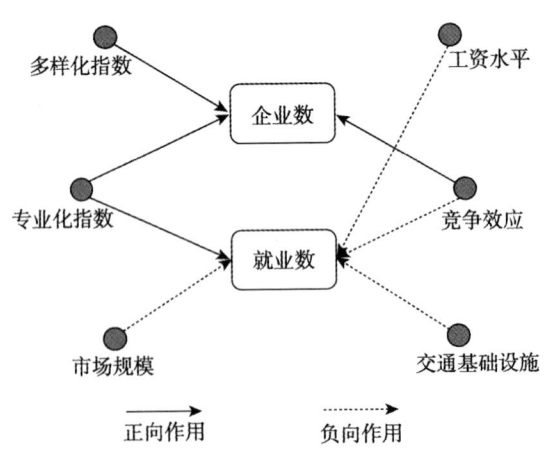

图5—7 产业集聚影响创业精神的渠道与方向

资料来源：笔者自制。

第四节 深圳的创业精神实践

创新是需要浓度的，创新中心只发生在少数地方，世界各国无不如此。在美国，硅谷、128公路和北卡"创新三角"构成三大创新中心。为此，在进行计量分析的基础上，非常有必要选择代表性的地点进行重点分析。目前，北京、上海和深圳是中国创新活力最强的高地。深圳基础研究机构缺乏、总面积只有1996.85平方千米且22.1%为平原，但商事主体数量快速增长，总量居全国城市首位，2014年专利合作条约（Patent Cooperation Treaty，PCT）国际专利申请量居然占全国48.9%。因此，非常有必要对深圳进行案例研究，探索创业精神繁荣的原因。

一 深圳创业精神的来源

尽管深圳的历史可以追溯到6700年前，但是它的快速发展却是最近几十年的事。1978年改革开放之初，中国面临百废待兴的局面。党和国家领导人决定将毗邻香港的深圳作为中国改革开放的试点窗口，积累可复制的经验，然后推向全国。1980年8月，深圳经济特区诞生。自此，中国众多的改革和创新都从这里开始，并推向全国[①]。在此过程中，华为、中兴、腾讯、比亚迪、华大基因、大疆、光启、柔宇等一大批高科技企业纷纷涌现。2018年企业为

---

① 1982年深圳率先实施结构工资制，1983年首家股份制企业在深圳诞生，1986年深圳探索国有企业股份制改造新路，1987年率先放开土地市场，1990年深圳证券交易所成立，1995年中国内地第一家城市合作银行——深圳城市商业银行成立，1998年开创中国内地审批制度改革先例，2000年成立中国内地首家由政府、金融机构和企业共同创办的企业孵化器——深圳数码港，2001年颁布土地交易的地方性法规，2006年将"走出去"作为城市重点发展战略，2008年深圳成为全国首个国家创新型城市试点单位，2010年深圳经济特区范围扩大到深圳全市，2012年深圳是全国首批科技和金融结合试点地区，2014年前海深港现代服务业合作区成为自贸试验园区，等等。

1974650家，比2017年净增204774家，创业氛围极为浓厚。在《福布斯》发布的2018年中国最具创新力的城市中，深圳居榜首，是名副其实的"创新之都"。

深圳表现出的创新和创业精神是与它的区位条件、历史使命、产业集群、宽容文化和政府服务联系在一起的。（1）区位优势。深圳靠近港澳台，便于与香港、澳门和台湾开展经济、贸易和人才合作；广东是我国著名的侨乡，在改革开放初期，华侨给予深圳大力的支持（吴晓波，2014）。优越的区位便于吸收海内外的信息，激励创新活力。（2）历史使命。改革开放初期，深圳是中国改革开放的窗口和首批试验区。改革开放以来，深圳一直担负着国家改革先锋的历史使命，一大批改革试验从这里起步，并推向全国，在此过程中形成了"敢闯敢试、敢为天下先"的精神。[①]（3）产业集群。经过改革开放以来的发展，深圳已经形成了信息技术产业、文化创意产业、金融服务业、物流产业等四大集群。这些集群为新企业的产生提供了便利的上下游产业配套、金融支撑和物流服务，降低了企业创业成本，激发创业精神。（4）宽容的文化。深圳是一个移民城市，2019年全市常住人口1343.88万人，其中非户籍人口849.10万人，占63.2%。自2002年就拥有55个少数民族，是继北京之后全国第二座聚齐56个民族成分的大城市。[②] 这样的人口构成决定了深圳是一座包容的城市，便于发挥创业精神。（5）服务型政府。服务型政府首先体现为高效的办事效率。2009年深圳率先推行了政府机构的大部制改革，大幅精简政府机构，大大减少部门职能交叉、政出多门等现象，大大提升办事效率。其次，服务型政府体现在对中小企业的扶持上。深圳设立了多层次的支持创新的政策体系。结合

[①] 2015年5月24日深圳第六届党代会将深圳定位为"四个全面"的排头兵，重新扛起改革开放的大旗，并提出"五破五立"的具体思路；提出放弃与香港、上海在金融领域的正面竞争，立足更接地气的"创投之都"。

[②] 深圳文化有多种说法：移民文化、窗口文化、咸淡水交汇的文化、新岭南文化、新都市文化。这些文化是制度性变革、开放、经济发展的结果（尹昌龙，2013）。

企业的发展阶段和产业类别，制定具有针对性的差异化的政策体系[1]。通过设立创投引导基金，引入专家评审和公开招标机制，由专业人士评判资助对象，根据业绩选择企业和企业家（李凌，2015）。

二 深圳创新地位与创客崛起

（一）创新地位

深圳这座居民平均年龄30岁的新兴之城，从创新、创造，到创意、创见，处处弥漫着"开放创新"的精神。创新已经真正成为深圳经济增长的内在动力。世界知名房地产咨询机构——仲量联行发布的2019城市动力指数（CMI）中，全球最具活力的20强城市，中国有9个城市上榜，深圳居第19位。《2017年广东省现代化进程》表明，广州不但在总分上输给了深圳，还在五大单项指标上低于深圳。深圳已连续多年位居《福布斯》中国创新城市排行榜首位。深圳申请科研专利位居全国第一，2019年深圳专利申请量、授权量、PCT国际专利申请量分别为26.15万件、16.66万件、1.75万件，依次占全国的5.97%、6.43%、28.69%。战略性新兴产业发展很快，是新兴产业集聚力最强、占GDP的比重最高的城市之一。

（二）创客崛起

创客（Maker）即利用开源软硬件、3D打印机和互联网，分享与交流创意，并自己动手将创意转变为硬件。创客空间的发展脱胎于硬件领域的DIY（Do It Yourself）运动，20世纪70年代美国出现了一些技术精英社区，他们以亲手制作硬件、突破技术挑战为乐趣。2009年全球的创客空间数目突然急剧增长到500多个，并持续高速增长。创客群体的发展与壮大得益于：（1）Arduino开源电子原型平

---

[1] 从2011年起，深圳将产业专项资金政策分为动力类、效益类、培基类和润滑类四类，分别对应于基础研究平台发展、战略性新兴产业发展、中小微企业发展以及流通和产业环境建设（李凌，2015）。

台的出现，降低了普通人进行硬件设计的技术门槛；（2）3D打印技术的推广，大大降低了小批量加工设计原型的成本。国内第一个创客空间是2010年上海成立的新车间（谢莹等，2015）。

深圳具有非常完善的信息技术产业集群、现代物流产业集群、现代金融产业集群和文化创意产业集群，为创客提供了非常好的环境。因此，近年来，深圳创客发展迅速，并形成了一定的生态系统。既有创业氛围浓厚的柴火创客空间，又有Haxlr8r硬件加速孵化器，还有为创客提供小批量生产的组织Seeed Studio。

（1）柴火创客空间。柴火创客空间成立于2011年，由SeeedStudio赞助场地租借与管理员服务费用。柴火创客空间为创客提供自由开放的创作环境，鼓励跨界的交流，促进创意的实现以至产品化。同时，提供基本的原型开发设备，如3D打印机、激光切割机等。

（2）Haxlr8r。Haxlr8r为全球范围内入选孵化器的创业团队提供2.5万美元、孵化周期为三个月的帮助。第一个月评估初创团队的产品、产品的潜在市场，指导团队找到正确的市场方向。第二个月帮助开发产品，指导设计和生产。第三个月帮助创业者了解推广以及品牌，最后两天在美国展示，获得融资。

（3）Seeed Studio。Seeed Studio是创客的"军火商"，为创客们提供便宜的硬件元件。Seeed Studio是全球第三大销售开源硬件产品的电商，能为创客提供高效的销售渠道。此外，Seeed Studio也扮演着创客赋能者的角色，当创客做出原型之后，它帮助完成从10件到1万件的小规模量产。

三 深圳主要产业集群及布局

经过改革开放以来的快速发展，深圳在从"山寨之都"向"创新之城"迈进过程中已经形成了信息技术产业、现代物流产业、文化创意产业和现代金融产业四大集群（见图5—8）。

（一）信息技术产业集群

2019年深圳22家企业入选中国电子信息百强企业，居全国城市之首。目前深圳已形成由科技总部、研发机构、孵化基地、生产中心、交易中心等组成的信息技术产业集群，产值约占全国的1/7。（1）南山区是高新园区、研发机构和研发人才的主要集中区。（2）福田科技广场是深圳中心区的高科技总部基地，除国内外知名科技企业总部和研发中心外，它还成为公共技术服务平台、现代金融服务平台和科技中介服务平台的集聚中心。（3）华强北电子市场是覆盖珠三角、辐射全国的大规模电子元器件集散地，已具备成为中国电子元器件交易"风向标"和"晴雨表"的基础条件。"华强北电子市场价格指数系统"的建成，实现一个综合指数及电子元器件价格指数、手机产品价格指数、数码产品价格指数和IT产品价格指数四个板块指数的当天发布，大大提高环CBD高新技术产业和高端服务业发展带的影响力和辐射力。[1]

（二）现代物流产业集群

深圳是一个出口导向型城市，2019年进出口总额达到29773.86亿元，对外贸易依存度达到了110.6%，[2] 远远高于全国的平均水平31.8%。其中，出口总额连续27年居中国城市首位。巨大的对外贸易依存度需要完善的现代物流产业作为支撑。

深圳现代物流体系发达，拥有世界第三大集装箱港口、亚洲最大的陆路口岸，是中国四大航空港口之一。全国八成供应链企业总部汇集深圳，是亚太地区重要的交通枢纽和物流中心。2019年物流业增加值达到2739.82亿元，增长7.5%。（1）盐田区有国际深水大港盐田港区、中国第一个保税区沙头角保税区以及享有国家特殊监管政策的盐田港保税区、盐田港保税物流园区。（2）南山区是深

---

[1] 资料来源：http://sz.zhaoshang800.com/n-7446.html。
[2] 1994年，深圳对外贸易依存度高达475%。

圳西部的物流中心，物流路网已发展成以西部海港为枢纽、以平南铁路为延伸、西部通道为动脉、以"四横三纵"公路网为支撑的四通八达的海陆空路网。南山区成为珠江三角洲地区进出口货物的重要中转地，深圳西部对外、过境的交通枢纽。

(三) 文化创意产业集群

深圳文化是制度变革、对外开放、经济发展和外来移民共同铸造的（尹昌龙，2013）。深圳是国内文化创意产业的领跑者之一。2019年深圳规模以上的文化创意产业实现增加值1849.05亿元，比上年增长18.5%。深圳是中国现代平面设计的发源地，是中国第一个被联合国教科文组织认定的"设计之都"；深圳动漫游戏业起步早，涌现出腾讯、A8音乐等一批知名领军企业；深圳还是中国最大的高端印刷及黄金珠宝生产基地，占据了国内60%以上的市场份额。新闻出版、广播影视、文化会展等行业在全国具有重要的影响力。

从空间分布看，深圳文化创意产业主要集中在罗湖区和龙岗区。(1) 深圳早期商业文化的根在罗湖区，目前罗湖区集聚了多个具有影响力的文化创意产业集聚区，代表性的集聚区是珠宝集聚区、工艺美术集聚区、国家动漫产业基地、深圳古玩城和梧桐山艺术小镇。其中，珠宝是罗湖文化产业的龙头，罗湖水贝是全国黄金珠宝首饰的生产制造中心、信息交流中心和展示交易中心（马晓峰、王雨渤，2014）。(2) 龙岗区文化创意产业已从一个大芬油画村发展为涵盖创意设计、动漫、珠宝等的18个文化产业圈。其中，以大芬油画村、宝福珠宝为代表的高端工艺美术产业集群已占据深圳的半壁江山。

(四) 现代金融产业集群

金融业是经济发展的血液，信息技术产业、物流产业和文化创意产业的发展离不开金融的支撑。深圳是中国重要的金融中心，2019年金融业实现增加值3667.63亿元。深圳已经形成了包括金融中介、金融市场和其他服务机构组成的现代金融产业集群：(1) 拥有各类金融机构 315 家，打造了包含深交所、平安保险、招商银行、国信证券、南方基金管理公司、博时基金管理公司、中国国际期货经纪公司、深圳创新投资集团公司等在内的一大批国内外知名金融机构；（2）围绕深圳证券交易所，建成了由主板、中小企业板、创业板市场和地方产权交易所构成的多层次资本市场体系（张鸿义，2015）。

从空间布局上看，深圳的金融业主要分布在福田区、罗湖区和前海合作区。（1）福田区是深圳的金融中心。根据 2018 年的数据，福田区集聚了深圳 67% 的持牌金融总部机构、50% 以上的创投机构。平安国际金融中心、南方博时基金、招商证券、华安保险总部等都布局在这里。（2）罗湖区的金融机构主要集中在深圳世界金融中心和深圳京基金融中心广场。许多银行、保险机构、证券机构总部和地区总部集中在罗湖。此外，中国人民银行、银保监局和深交所、外汇交易中心等重要监管机构也设于罗湖。（3）2011 年前海合作区成为国家战略，前海合作区享有计划单列市的行政定位（副省级）。前海合作区率先实施跨境人民币贷款发展，首家民营互联网银行——前海微众银行成立，以及汇丰银行、渣打银行、恒生银行、东亚银行等超过万家金融及类金融机构在前海的集聚，正在成为深圳金融中心建设新的突破口和增长点（张鸿义，2015）。

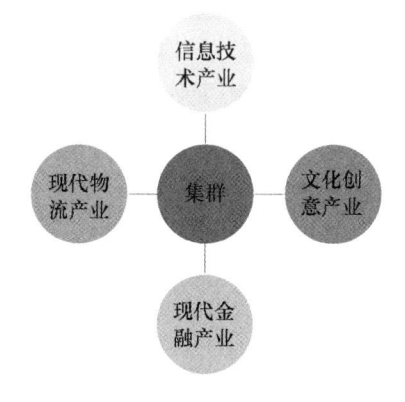

图 5—8　深圳的四大产业集群

资料来源：笔者自制。

除了上述四大产业集群之外，深圳在生物产业、新材料产业、新能源产业、生命健康产业、海洋产业、航空航天产业等方面增长快速，也已经粗具规模。

四 深圳产业集聚与创业精神

尽管深圳创业精神的繁荣是区位条件、制度创新、产业集群、宽容文化、政府服务共同作用的结果，但是产业集群支撑下的集成能力是最为关键的因素。基于深圳的四大产业集群、创新地位和创客崛起的背景，探讨深圳产业集聚影响创业精神的渠道，使定量分析更加直观化和丰富化。

（一）产业集聚能够为企业家提供创意来源、风险资金和上下游产业关联，从而降低成本，提高创业成功的概率

一项新产品的产生是一个从创意到原型、从原型到成品、从成品到融资和市场预测，最后到小批量生产的过程（谢莹等，2015）。产品从创意到原型的过程中，需要厂商与学术机构、其他厂商进行信息交流，完善创意；从原型到成品、从成品到融资的过程中，企业规模较小，缺乏资金，需要风险投资进行支持；从成品到小批量生产过程中，需要完善的上下游产业进行支撑，从而缩短时间、降低成本（见图5—9）。改革开放以来，深圳形成了完善的信息技术产业集群、现代物流产业集群、现代金融产业集群和文化产业集群，产业集群的发展为新产品的产生提供创意来源、资金支持和上下游产业支撑。在深圳，5分钟就能买到一颗传感器，3个月就能将一个项目从采购元器件、生产到品牌设计的全部流程完成。不管是垂直分工还是精密分工，深圳拥有国内任何一个城市都无法比拟的产业链优势（李晓芳，2015）。

需要说明的是，当前的中国，包括深圳，在产品创新过程中从创意到原型的环节，做得非常不足。一方面存在大量的授权专利，

另一方面缺少创新产品，"一多一少"恰恰说明了从创意到原型"跨越"过程中还存在很多障碍。根据笔者2019年对新加坡国立大学的调研，它们的经验很值得我们借鉴。新加坡国立大学有一个专门的机构，负责创意到原型产品的孵化。教授们获得专利后，该机构组织召开会议，先由专利持有人进行宣讲，之后相关专家、企业家、风险投资家等对专利的未来进行评判。获得较好预期的专利，在企业家和风险投资家的辅助下进行孵化。如果产品获得成功，专利持有人、学校、企业家和风险投资家都将获得分红。当前，中国缺少的恰恰是专门的机构。此外，根据黄奇帆的研究（2020），德国的弗劳恩霍夫研究所也属于此类机构。

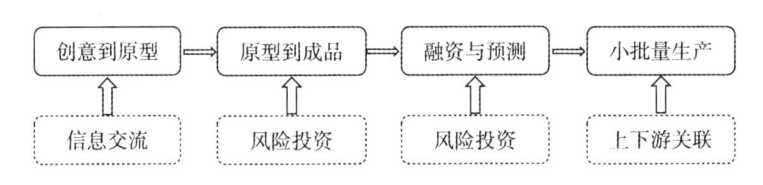

图5—9 产品创新过程与集聚支撑

资料来源：笔者自制。

（二）产业集聚有利于构建知识传播的渠道

创业精神的产生是在先头企业家的示范和带动作用下不断积累的（Fritsch and Wyrwich，2014），在此基础上不断向区域内的企业传播（见图5—10）。深圳每年举办许多场以创客为主题的研讨会、工作坊和沙龙活动。这些活动使得企业创新的示范作用很快在区域内传播开来，能够增强企业创业的信心，从而激发一波又一波的创业高潮。

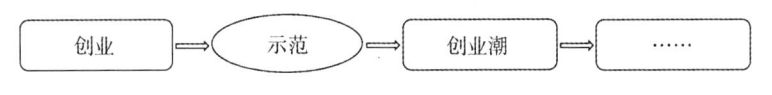

图5—10 示范效应与创业潮的形成

资料来源：笔者自制。

正如鲁迅先生所说:"第一个吃螃蟹的人是很令人佩服的,不是勇士谁敢去吃它呢?"当大家看到第一个吃螃蟹的人怎么吃之后,会产生一批吃螃蟹的人。创业浪潮也是这样一个过程。产业集聚提供了一个围观第一个吃螃蟹的人的机会。

(三)产业集聚有利于吸引社会关注与获得政策支持

大量创业企业的集聚,有利于针对共性问题,共同发声,吸引社会关注,风险投资和政府的支持(见表5—26)。中国创业高潮的掀起,固然与国际金融危机之后寻找新的发展动力有关,但也与国家领导人的重视有关。2015年1月4日,李克强总理视察深圳柴火创客空间,大大提高了创客的媒体传播度和公众认知度,提高了风投激情和创业热情。风投的引入和政策的实施降低了创业者的预期成本,提高了冒险精神,促进了创业潮的形成。

表5—26 深圳市支持创业的主要政策

企业类型	政策
初创期企业	深圳出资30亿元吸引社会资金,解决种子期融资问题。以参股方式扩大企业投资规模,以让渡受益权引导子基金有效投向种子期和初创期企业
成长性企业	成立企业自主创新信用再担保平台,对符合条件的3000万元以下、一年期以内贷款给予再担保,信用贷款超过50%
成熟期大型骨干企业	建立企业互保政府增信平台,对民营领军骨干企业采取企业有限互保、政府有限补偿、银行自担风险模式解决中长期融资

资料来源:IUD中国政务舆情监测中心,2014年。

(四)拥挤效应的处理

深圳是寸土寸金的地方,1996.85平方千米的土地上集聚了1343.88万人(2019年),人均水资源拥有量约为全国的1/3,城市拥挤效应突出。为了促进创业,深圳市政府实施了一些补贴政策。

比如，2009年的《深圳自主创业补贴办法》规定：为自主创业人员给予连续三年的场租补贴，每户每月场租补贴最高限额分别为：第一年1000元，第二年800元，第三年600元。此外，还为自主创业人员提供社会保险补贴、税费补贴、首次创业补贴、创造就业岗位奖励等。

第 六 章

战略政策与产业布局

国家发展战略是产业空间演变的指南针,对产业空间流动、配置、再配置等产生重大影响。中华人民共和国成立以来,我国的产业空间布局经历了相对均衡、东部集聚、区域协调、对外布局等发展阶段。本章以国家发展战略的演变为轴线,分析中华人民共和国成立以来产业布局的演变逻辑与主要驱动因素。需要说明的是,本章主要考虑国家战略对产业布局的影响,并不对地方层面的具体政策进行详细分析。

第一节 国家战略的总体演变历程

中华人民共和国成立以来,中国的国家战略一直贯彻着"把握先后次序、调整优化方向"的思路和经验(见图6—1)。中华人民共和国成立之初,面对经济发展水平很低和美国等国家经济与技术封锁的国内外严峻形势,中国政府提出了优先发展重工业的战略,通过积极向苏联寻求援助,实施"156项工程",建立独立自主的工业基础。20世纪60年代,中国政府立足于战争,从准备大打、早打出发,把国防建设放在第一位,按照"山、散、洞"的原则,积极备战,加快三线建设(陈东林,2014)。"156项工程"和三线建设,加强了产业在内地的布局,促进了沿海内地产业空间的均衡化。

改革开放之后,党的工作重心由阶级斗争转向经济建设,实施改革开放战略。启动增量改革，通过发展民营经济、设立经济特区、引进外资等，驱动所有制结构和经济运行机制双线改革，激发了经济发展的活力。东部地区具有地理区位、市场规模、率先改革等优势，借助改革红利和人口红利，吸引各类产业向该区域大规模集聚。产业集聚促进了东部地区经济的快速崛起，也拉大了区域差距，1995年中国省域间人均GDP相对差距已经突破10倍之多。为此，从20世纪末开始，中国政府开始启动区域协调发展战略，陆续实施了西部大开发、东北振兴、中部崛起等战略。与此同时，随着"刘易斯拐点"的到来，东部地区的生产成本也在快速上涨。在政府和市场的双重驱动下，中国的东部产业加快向中西部和东北地区跨区域转移，促进了经济重心的向西漂移（胡安俊、刘元春，2013；胡安俊、孙久文，2014）。

2008年国际金融危机之后，国内外发展环境发生了很大变化，当今世界正处于百年未有之大变局。新自由主义的长期实施，导致发达国家收入分配差距达到了一个顶点，民粹主义不断兴起，国际上反全球化的浪潮与贸易保护主义不断抬头。中国国内大规模借债投资，产能大量扩张，资本边际报酬大幅下滑，生产成本大幅快速上涨。同时，经过改革开放三十多年的积累，外资企业对中国企业的溢出效应不断增强，中国企业的所有权优势不断提高。在此背景下，2013年习近平总书记提出了"一带一路"倡议。在此驱动下，中国企业"走出去"的步伐不断加快，中国的产业布局也从吸引外资向对外投资转型。

2020年新冠肺炎疫情席卷全球，全球产业链、供应链出现停摆，世界经济大幅下滑，保护主义、单边主义上升。为此，习近平总书记指出，大国经济的优势就是内部可循环。我国有14亿人口，人均国内生产总值已经突破1万美元，是全球最大、最有潜力的消费市场。居民消费优化升级，同现代科技和生产方式相结合，蕴含着巨大增长空间。我们要牢牢把握扩大内需这一战略基点，使生产、分配、流通、消费各环节更多依托国内市场实现良性循环，明确供给侧结构性改革的战略方向，促进总供给和总需求在更高水平上实现动态平衡。扩大内需和扩大开放并不矛盾。国内循环越顺畅，越能形成对全球资源要素的引力场，越有利于构建以国内大循环为主体、国内国际双循环相互促进的新发展格局，越有利于形成参与国际竞争和合作新优势（习近平，2020）。双循环发展战略的提出，将对中国的产业布局产生重要而深刻的影响。

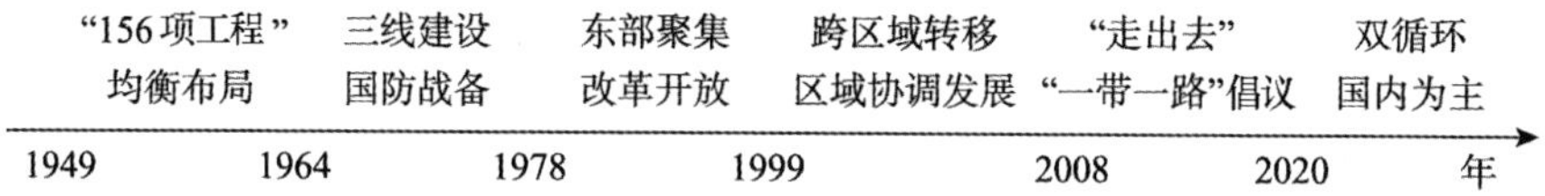

"156项工程"	三线建设	东部聚集	跨区域转移	"走出去"	双循环
均衡布局	国防战备	改革开放	区域协调发展	"一带一路"倡议	国内为主
1949	1964	1978	1999	2008	2020 年

图6—1　中华人民共和国成立以来的发展战略与产业布局特征
资料来源：笔者自制。

第二节　改革开放之前国家战略与产业布局

产业发展总要落实在一定空间，产业布局与产业发展是同一个过程，都受到政府和市场的双重作用。改革开放之前与改革开放之后，中国政府采取了截然不同的发展战略，具有不同的动力机制。以1978年改革开放为大的时间节点，分析产业布局的演变逻辑。

旧中国是一种半殖民地半封建的经济，工业设施的70%集中在沿海一带。有限的内地工业也主要集中在武汉、太原、重庆等少数大城市。占全国土地面积三分之一的大西北，1949年工业产值不足全国的2%（董志凯，2015）。中华人民共和国成立之后，产业加快向中国内陆更多区域（城市）布局，推动了产业空间的均衡化。从四大板块的整体变动看，1952年中国东部、中部、西部和东北地区的GDP份额分别为37.80%、25.46%、22.14%和14.60%，到1977年分别变为39.60%、23.26%、21.97%和15.18%，区域整体表现平稳（见图6—2）。

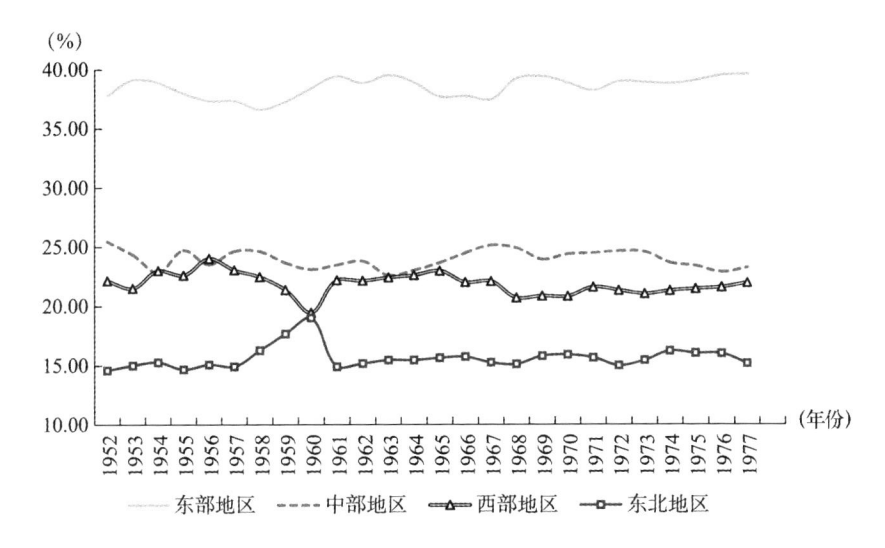

图6—2 中国四大板块GDP比重演变（1952—1977年）

资料来源：Wind数据库。

产业空间呈现的均衡化格局与国家发展战略密切相关。从国内发展看，在中华人民共和国成立初期，中国经济发展水平很低，1952年人均GDP仅相当于世界平均水平的23.80%（麦迪森，2016）。从国际环境看，美国等国对中国实行经济与技术封锁，国际地缘关系紧张。在此背景下，中国政府提出优先发展重工业的战略。重工业优先发展的战略与中国当时资本要素禀赋不足的状况相冲突，使得重工业优先增长无法借助市场机制来实现。为此，国家建立了以压低资本、外汇、能源、原材料、农产品和劳动价格为内容的宏观政策环境，形成了对经济资源实行集中计划配置和管理的方法，实行了工商业国有化和农业集体化直至人民公社化，以及一系列剥夺企业自主权的微观经营体制（林毅夫等，2014）。在宏观上扭曲价格信号、行政上计划配置资源、微观上剥夺企业自主权的体系下，重工业优先发展战略是将整个国家作为一个超级公司、以计划和命令替代价格和市场、以"156项工程"与三线建设为骨干、通过向内地进行布局实现的。在形成国家战备后方的同时，促进了产业空间的均衡化。

一 "156项工程"与均衡布局

中华人民共和国成立之初，美国对中国实行经济与技术封锁，并引发朝鲜战争，国际地缘关系紧张。中国积极向苏联寻求援助，实施了"156项工程"，优先发展重工业，保障国家国防安全，平衡产业在沿海与内地的关系。从产业类型看，实际实施的150项工程分布于六大行业：军事工业44个、冶金工业20个、化学工业7个、机械加工24个、能源工业52个、轻工业和医药工业3个（薄一波，2008）。除了3个轻工业和医药项目之外，几乎全部都是重工业。从区域分布看，"156项工程"分布于17个省（自治区、直辖市），其中东部、中部、西部和东北地区分布有2个、6个、6个和3个省域，投资份额分别占到整体的2.73%、24.84%、28.10%和44.33%，东北地区是投资的重点区域（见表6—1）。

表6—1　　　　"156项工程"的区域分布与投资份额

	投资额（万元）	投资比重（%）	分布省域（个）
东部地区	53458	2.73	2
中部地区	487262	24.84	6
西部地区	551101	28.10	6
东北地区	869514	44.33	3

资料来源：董志凯：《中国共产党与156项工程》，中共党史出版社2015年版。

以"156项工程"为中心，加上与之进行配套的限额以上694项工程，使得内陆投资占全国的比重从1952年的39.30%上升到1957年的49.70%，沿海地区则从43.40%下降到41.60%。"156项工程"建设期间，计划任务努力遵守实事求是，产业布局总体合理，改变了中华人民共和国成立之初产业在沿海和内陆分布不均衡的格局，促进了产业空间的均衡化。需要说明的是，德意志民主共和国、捷克斯洛伐克、波兰、匈牙利、罗马尼亚、保加利亚等六国共向中国援建工业项目68项，也为中国工业发展做出了贡献。

二 三线建设与战备布局

20世纪60年代，中国政府立足于战争，从准备大打、早打出发，把国防建设放在第一位，从1964年到1980年在十几个省（自治区）开展了一场以备战为中心、以工业交通和国防科技为基础的大规模基本建设，即三线建设。三线建设规模之大、时间之长、动员之广、行动之快，在中国建设史上都是空前的，对产业空间布局产生了深远影响（陈东林，2014）。

三线建设时期，三线地区总共新增固定资产1145亿元，占全国的33.58%，新增固定资产年均增长率比1953—1965年提高92.66%。其中，西部地区是三线建设的主要区域，新增固定资产占三线地区的54.35%，重点项目占三线地区的80.56%。三线建设几乎涵盖了所有的工业部门和行业，从主要投资的产业看，包括冶金、机械、铁路公路交通、电子、电力、航空、航天、核、兵器、煤炭、石油、化工、船舶、纺织、建材等15个产业（陈东林，2003）。三线建设在中国内地建立了国防战略后方，建成了一大批工业交通基础设施，新增了一大批科技力量，建成了一批新兴工业城市，促进了内陆省区的经济繁荣和科技文化进步，初步改变了沿海内陆产业布局不均衡的状况（陈东林，2003）。但由于一些项目选址不够合理、经济效益低下、环境污染与生态破坏严重（汪海波、刘立峰，2009）。因此，尽管大量人力、物力和财力向中国内陆集中，但是四大板块的产业份额表现平稳。

第三节 改革开放之后国家战略与产业布局

1978年国家发展战略发生了根本转变。改革开放战略的实施，重新界定了产权，激活了市场合约，确立了市场价格为基础的协调机制，激发了经济活力，让市场在资源配置中逐步发挥决定性作用（周其仁，2013）。同时，政府职能也在不断调整，从全盘计划逐步回归到解决市场失灵（包括产权确立和保护、公共物品、外部性、不完全竞争、不完全信息等五大方面）、稳定经济与平衡发展（再分配）等三大方面（坦茨，2014；韦兰，2014；贝纳西—奎里等，2015），并在政府干预中充分引入市场作用，不断创新调控方式，逐步形成市场在资源配置中起决定性作用、政府发挥更好作用的新阶段。

改革开放以来，政府与市场关系的调整，大幅改变了经济运行的机制，成为产业布局调整的根本驱动力。从产业份额的空间变化看，改革开放以来中国的产业空间先表现为东部集聚、后表现为区域协调。1978—2018年中国东部、中部、西部和东北地区的GDP份额分别由43.56%、21.58%、20.88%和13.98%变化为52.58%、21.06%、20.15%和6.20%（见图6—3）。21世纪初以来，对外直接投资流量较快增长，从2002年的27亿美元增长到2018年1430.40亿美元，位居全球第二位。特别是，从2014年开始中国成为净对外直接投资国。2020年突如其来的新冠肺炎疫情席卷全球，世界经济一度停摆。为了实现经济高质量发展，中国提出构建以国内大循环为主体、国内国际双循环相互促进的新发展格局。这一战略将深刻影响中国的产业布局。概括起来，改革开放之后中国的产业布局经历了东部率先、区域协调、"走出去"等三个阶段，现正进入构建双循环新发展格局的第四个阶段。

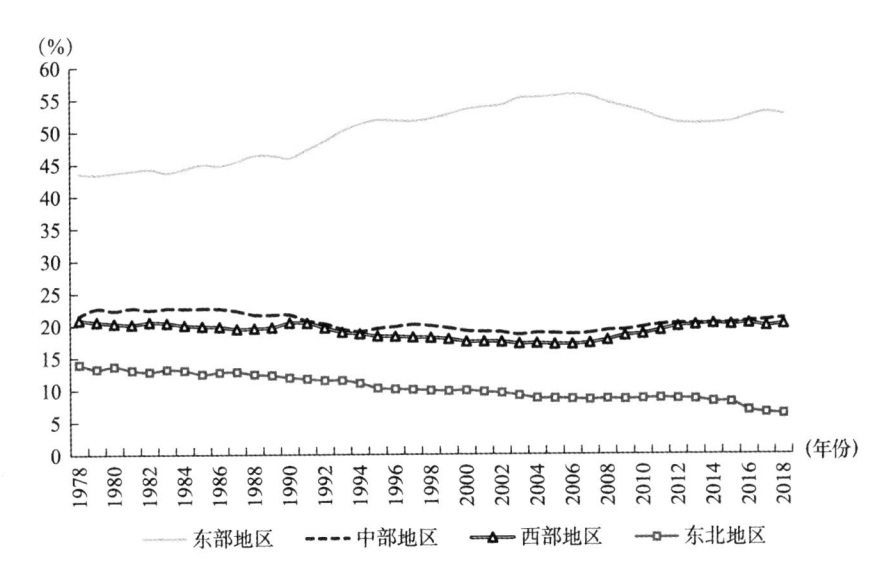

图6—3 中国四大板块GDP比重演变（1978—2018年）

资料来源：中国统计局，Wind数据库。

一 改革红利与人口红利驱动产业加速向东部集聚

中国的改革开放从"两个大局"出发，首先实施东部率先发展战略，并沿着所有制结构调整与经济运行机制改革（即价格机制改革）两条主线不断深化（吴敬琏，2016；张卓元，2018）。在此过程中，政府市场关系发生根本转变，政府的作用主要体现在确立和保护产权、激活市场合约、完善基础设施、制定法律法规、提供优惠政策、优化政府服务等方面，消除了生产要素流动的体制障碍，带来了改革红利，释放了中国长期积累的人口红利。在改革红利和人口红利的双重驱动下，市场价格逐步成为决定性的协调机制，东部地区凭借接近国外市场的区位优势和较好的产业发展基础，吸引产业向沿海大幅度集聚（蔡昉等，2018）。产业集聚过程中，形成了共享、匹配、学习的集聚效应，完善了区域的产业配套能力，进一步推动了产业布局的沿海化。1978—1999年东部地区GDP占全国份额从43.56%提高到52.67%，提高了9.11个百分点；从省域看，

GDP份额提高的省份有广东、浙江、山东、福建、江苏等10个,第二产业产值份额提高的省份有广东、浙江、江苏、山东、福建、河南、安徽、云南等13个,第三产业产值份额提高的省市有广东、山东、浙江、福建、北京、江苏等9个,份额提高较大的省份都集中在东部地区。

二 区域协调发展战略与东部地区生产成本上涨推动产业跨区域转移

在产业加速向东部沿海集聚的过程中,区域差距不断扩大。在全国尺度上,人均GDP最高省份与最低省份的绝对差距逐年扩大,2018年扩大到108664元。人均GDP最高省份与最低省份的相对差距在1995—2005年的11年间都在10倍之上,尽管近年来相对差距有所收敛,但2018年也达到4.47倍,区域差距依然很大(见图6—4)。

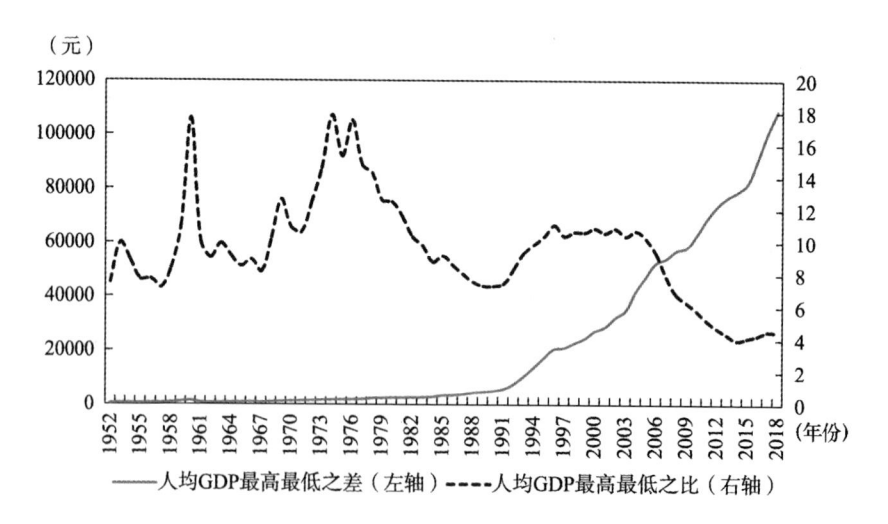

图6—4 中国省域间人均GDP绝对和相对差距演变(1952—2018年)

资料来源:中国经济与社会发展统计数据库,Wind数据库。

缩小区域差距，既有利于促进区域平衡发展，实现空间公平，也有利于启动内需，稳定全国经济波动，因此是中央政府的重要职责。面对日益扩大的区域差距，中国政府自20世纪末开始推动区域协调发展战略，先后实施了西部大开发、东北振兴、中部崛起等战略，通过加快基础设施建设、加强生态环境保护、发展科技教育和文化卫生事业、改善投资环境、促进对内和对外开放等措施，优化营商环境，引导产业向中西部和东北地区转移。与此同时，2004年前后东部地区"用工荒""用电荒"以及土地紧张等问题不断出现，特别是2008年国际金融危机之后，在政策引导与市场机制的双重驱动下，中国进入了产业跨区域转移的加速时期（胡安俊、孙久文，2014）。

中国产业的跨区域转移突出表现为三个特征：一是转移产业数量众多，80%以上的三位数制造业出现了转移；二是转移规模明显，接近1/2的三位数制造业转移规模超过10%；三是转移产业类型多样，既有如纺织面料、软饮料、家具制造等的劳动密集型产业，也有如通信设备制造、医疗仪器设备及器械制造等的技术密集型与资本密集型产业。前者主要表现为扩展扩散模式，后者主要表现为等级扩散模式（胡安俊、孙久文，2014）。从产业转移的结果看，1999—2018年东部地区GDP占全国的份额从52.67%下降到52.58%，下降了0.09个百分点；从省域看，GDP份额提高的省份有江苏、陕西、湖北、贵州等21个，第二产业产值份额提高的省份有陕西、湖北、江苏、江西、福建、河南、湖南、贵州、内蒙古等20个，第三产业产值份额提高的省份有江苏、浙江、四川、贵州等16个，份额提高较大的省份多集中在中西部地区。

需要重视的是，产业跨区域转移过程中也出现了污染避难所问题。近年来，笔者在内蒙古、甘肃、宁夏、陕西、贵州、重庆、四川、云南、青海、西藏等地调研时发现，东部地区很多化工企业、建材企业等迁移到西部地区的一些环境脆弱区域，环境污染问题比较严重，引起了中央政府的高度关注。2017年党的十九大报告指出，建设生态文明是中华民族永续发展的千年大计，必须树立和践行绿水青山就是金山银山的理念，尊重自然、顺应自然、保护自然。推进主体功能区规划是优化产业布局、促进区域绿色协调发展的重要手段。推进主体功能区规划，需要重新定义投入与产出，针对四类主体功能区制定不同的财政政策、投资政策、产业政策、土地政策、人口政策、考核政策等，在此基础上进行产业布局及调整，实现区域绿色协调可持续发展（杨伟民，2008）。

三 "一带一路"倡议与生产成本快速上涨驱动产业对外投资布局

（一）"一带一路"倡议的提出

2000多年前，亚欧大陆上勤劳勇敢的人民，探索出多条连接亚欧非几大文明的贸易和人文交流通路，后人将其统称为"丝绸之路"。千百年来，"和平合作、开放包容、互学互鉴、互利共赢"的丝绸之路精神薪火相传，推进了人类文明进步，是促进沿线各国繁荣发展的重要纽带，是东西方交流合作的象征，是世界各国共有的历史文化遗产。进入21世纪，在以和平、发展、合作、共赢为主题的新时代，面对复苏乏力的全球经济形势，纷繁复杂的国际和地区局面，传承和弘扬丝绸之路精神更显重要和珍贵（国家发展改革委、外交部、商务部，2015年。）。在此背景下，2013年习近平总书记先后提出建设"丝绸之路经济带"和"21世纪海上丝绸之路"的倡议。2015年7月21日，"一带一路"建设推进工作会议正式划定新亚欧大陆桥，中蒙俄，中国—中亚—西亚，中国—中南半岛，中巴、孟中印缅六大国际经济走廊作为今后"一带一路"倡议的重点推进方向。

(二) 生产成本快速上涨

随着国内"刘易斯拐点"的到来、在长期外汇管制导致货币超发与大规模借债投资等因素综合作用下,工资、租金、税收等大幅上涨,企业运行成本快速提高。2008—2018 年,财政收入从 61330 亿元增长到 183352 亿元,职工平均工资从 28898 元增长到 84794 元。从增长率看,无论是财政收入的增长率,还是职工平均工资的增长率,总体都高于 GDP 的增长率(见图 6—5)。在此背景下,中国企业海外投资意愿不断增强。

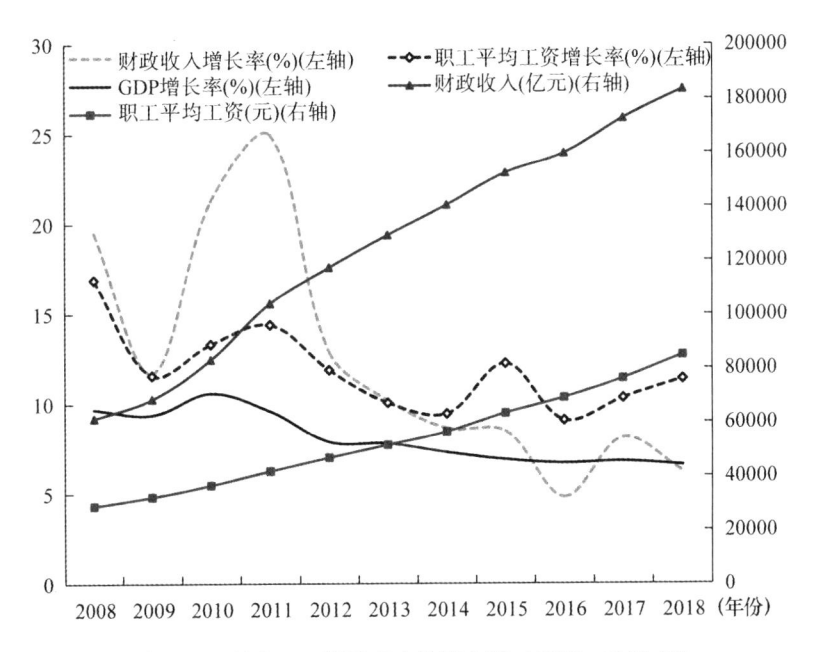

图 6—5 税收、工资等成本快速上涨(2008—2018 年)

资料来源:中国经济与社会发展统计数据库。

(三) 中国企业海外投资布局

2013 年"一带一路"倡议提出之后,得到了沿线国家的积极响应。通过与国外政府签订合约,中国政府在保护海外资产、提供相关信息、投资便利化等方面发挥了积极作用,推动了企业海外投资步伐。同时，企业海外布局也是企业竞争力提升的结果。随着中国"引进来"的外资规模增多、质量升级，中国企业获得了许多国际投资经验、先进技术、国际市场信息和具有国际视野的员工（李磊等，2018）。中国企业，特别是国有企业，积极发挥技术与资金等优势，对国外的资源、市场和战略资产等进行投资，提升经济效益。

从2017年对外投资的国别流向看，中国香港、东盟、欧盟、美国、澳大利亚和俄罗斯联邦位列前六位，占到总流量的80.7%，其中中国香港占57.6%（见表6—2）。从对外投资的产业流向看，涉及18个行业大类，主要流向第三产业（占比为79.8%），其中租赁和商务服务业、制造业、批发和零售业、金融业等4个行业流量超过百亿美元，占总流量的81.42%（中华人民共和国商务部等，2018）。

表6—2　　2017年中国对主要经济体投资流量分布

	投资额（亿美元）	比重（%）		投资额（亿美元）	比重（%）
中国香港	911.5	57.6	美国	64.3	4.0
东盟	141.2	8.9	澳大利亚	42.4	2.7
欧盟	102.7	6.5	俄罗斯	15.5	1.0

资料来源：中华人民共和国商务部等。

（四）实施"走出去"战略的建议

近年来，笔者对一些对外投资企业与相关研究单位进行了调研，比如中国葛洲坝集团国际工程有限公司、国家电网有限公司、国家电力投资集团、中国电建集团国际工程有限公司、中国银行、中国铁路工程集团有限公司、马来西亚大学中国研究所等，企业家们和研究者们提出了许多当前存在的问题。其中，企业的市场机制是最为关键的问题。针对这些问题，未来中国对外投资要学习借鉴发达国家的海外投资经验，认真总结中国海外投资企业的经验与教训，特别是要发挥市场在资源配置中的决定性作用,遵守国际投资规范。同时,加强对投资国的政策、文化等的理解,加强语言表达、沟通与突发事件公关能力,切实提高海外投资效益。

四 "双循环"战略与未来产业空间布局

(一)全球化及其发展阶段

纵观人类历史,全球化大致经历了四个阶段。第一阶段(第一次世界大战之前)在大英帝国的大力推动下,在工业革命的直接影响下,货物、金融、人口等流动不断加快,呈现了较高程度的全球化。第二阶段(两次世界大战之间)世界大战引发各国的保护主义浪潮,全球化出现退潮。其中,1929—1933年的经济大萧条是引起贸易保护主义风潮最直接的原因。第三阶段(第二次世界大战后至2008年)在布雷顿森林体系的影响下,特别是在20世纪70年代新自由主义等思潮和跨国公司等推动下,全球化再次发展,贸易全球化和金融全球化不断提高。第四阶段(2008年国际金融危机至今)国际金融危机加剧了全球贫富分化与失业,全球化再次退潮。

第四阶段的全球化退潮主要是长期实施新自由主义和华盛顿共识的结果。自20世纪70年代新自由主义和华盛顿共识在全球广泛推广以来,资本管制大幅减少,资本税率大幅降低,资本寻租日益兴起,资本收益份额大幅提高。相反,政府公共支出不断减少,工会力量出现衰退,劳动收入份额不断下降,全球经济出现了国家内部和国家之间的巨大贫富分化和大规模的失业(见表6—3)。同时,民粹主义不断抬头,美国、土耳其、匈牙利等国家民粹主义政党执政,保护主义不断加深,全球化逆潮来临(米勒,2020)。

表6—3　　　　　　　华盛顿共识的十大要点

序号	要点
1	确保财政纪律，控制预算赤字
2	削减公共支出，特别是在军事和公共管理方面
3	税制改革，旨在创建一个基础广泛、执行有效的体制
4	金融自由化，由市场来决定利率
5	实行竞争汇率，支持由出口带动的经济增长
6	贸易自由化，外加取消进口许可制度及降低关税
7	促进国外直接投资
8	将国有企业私有化，达到高效管理和提高效益
9	撤销对经济的管制
10	保护产权

资料来源：[美]曼弗雷德·B. 斯蒂格：《全球化面面观》，丁兆国译，译林出版社2013年版。

与此同时，随着经济实力的不断提高，中国成为世界第二大经济体。美国认为中国是影响其建立的国际政治、经济、金融秩序的主要对手，因而不断加强对中国的战略遏制，这也加强了全球化逆流的强度。

（二）双循环战略的实施重点与未来产业布局走向

1. 多渠道加快疏通国内大循环

构建完整的内需体系需要尽快疏通影响国内大循环的堵点，推动国内大循环。（1）抢抓第四次工业革命——人工智能带来的新机遇，以新基建推动数字技术产业化、传统产业数字化，促进国内生产性和非生产性的投资，以数字经济赋能内循环；（2）深化供给侧结构性改革，建立公平竞争机制，促进诸多领域向民营企业有序开放，打通循环堵点，引导国内投资由虚向实转变；（3）深入实施区域协调发展，通过促进中西部地区的发展，特别是中西部地区都市圈的发展，扩大中国内需潜力；（4）调整收入分配结构，实施6亿中低收入群体的收入倍增计划，提高居民收入。扩大政府在教育、医疗、交通、通信、住房等"住行学"方面的开支，释放居民消费潜力，促进国内生活性消费。

2. 高水平开放助推国际大循环

从2019年中国进出口贸易结构看，欧盟、东盟、美国、日本、中国香港、韩国列前六位，分别占进出口总额的15.0%、13.6%、11.5%、6.7%、6.1%、6.1%，前三位占进出口总额的40.1%，前六位占进出口总额的59.0%。从进出口总额的增长速度看，马来西亚、澳大利亚、越南、菲律宾、东盟、新加坡、新西兰、英国的同比增速较快，分别为14.2%、10.8%、9.6%、9.5%、9.2%、8.7%、8.5%和7.3%。而美国、韩国、中国香港、日本、印度、南非的同比增速为负数，分别为-14.6%、-9.2%、-7.2%、-3.9%、-2.8%、-2.5%（见图6—6）。

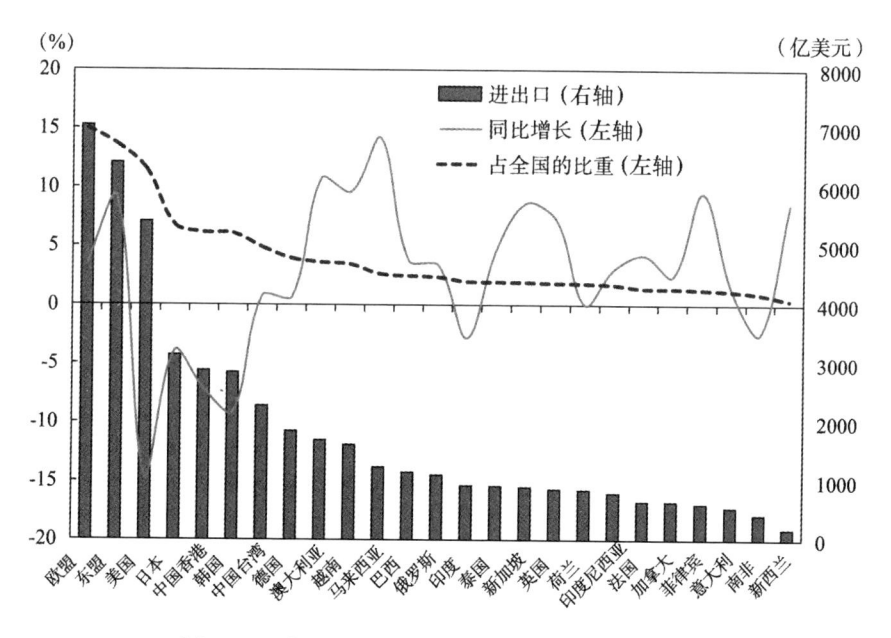

图6—6 中国进出口贸易结构、同比增长与占全国的比重（2019年）

资料来源：Wind数据库。

从出口结构看，欧盟、美国、东盟、中国香港、日本、韩国、越南、德国、印度、荷兰居前十位，占出口总额的比重分别为16.0%、15.6%、13.4%、10.4%、5.3%、4.1%、3.7%、3.0%、2.8%、2.8%。从增长速度看，越南、菲律宾、马来西亚、中国台湾、东盟、新加坡、英国、法国、泰国、印度尼西亚居前十位，分别增长16.7%、16.3%、14.9%、13.2%、12.7%、11.6%、10.3%、7.4%、6.3%、5.7%（见图6—7）。

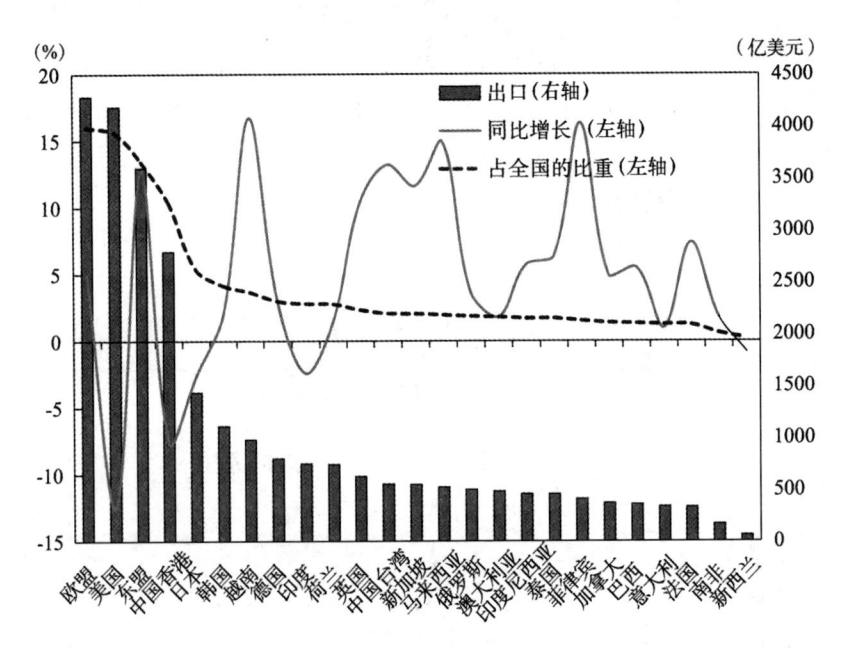

图6—7 中国出口贸易结构、同比增长与占全国的比重（2019年）

资料来源：Wind数据库。

从进口结构看，东盟、欧盟、韩国、中国台湾、日本、美国、澳大利亚、德国、巴西、马来西亚居前十位，占进口总额的比重分别为14.0%、13.7%、8.6%、8.6%、8.5%、6.1%、6.0%、5.2%、3.9%、3.6%。从增长速度看，澳大利亚、马来西亚、新西兰、中国香港、东盟、新加坡、泰国、俄罗斯、巴西、意大利居前十位,分别增长 14.8%、13.6%、13.3%、6.9%、5.0%、4.4%、3.4%、3.2%、2.9%、1.7%(见图 6—8)。

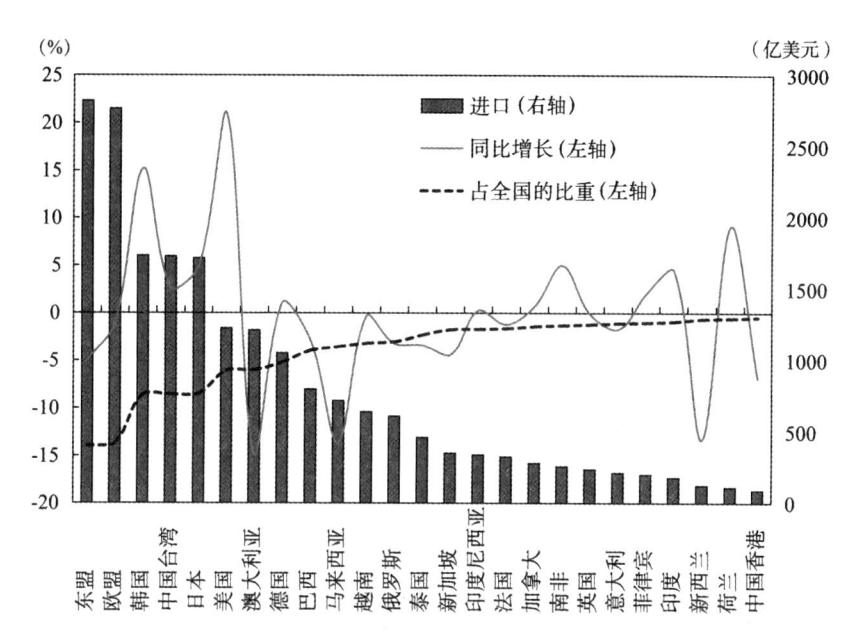

图 6—8 中国进口贸易结构、同比增长与占全国的比重(2019 年)

资料来源:Wind 数据库。

当前,**全球化逆流以来,结合进出口总额、出口总额、进口总额及其增长速度来看,亚洲、欧洲是中国未来对外贸易中需要重点开发的区域**。与此同时,为了推动国际大循环,中国要稳步降低关税水平,适度扩大进口,提升中国在世界经济舞台上的话语权;以打造国家服务业扩大开放综合示范区为契机,进一步开放投资领域,持续放宽服务业市场准入;按照国际化、法制化、便利化的要求,加快打造国际一流营商环境;以中国服务贸易交易会、自贸区和中国特色自由贸易港为依托,建设开放新高地;抓住机遇,加快 FTA 谈判,积极参与国际经贸规则谈判和制定(黄奇帆,2020)。

3. 双循环格局与未来产业布局

双循环发展格局将在未来很长一段时间内主导中国经济社会发展格局，势必对产业布局产生重要而深刻的影响。

从国内产业布局趋势看，一是随着中国进入高质量发展阶段，对高科技产品的需求不断增多。高科技产业将加强在京津冀城市群、长三角城市群、粤港澳大湾区等核心增长极的布局，从而满足居民的需求；同时，高水平人力资本要素在这些区域较为集中，为高科技产业的发展提供了人才支撑；二是中国将以人工智能的发展为契机，加快产业的转型升级，提升产业发展质量；三是积极发展中西部地区的特色产业，促进经济发展，进而带动中国内需市场的扩大。

从海外投资布局趋势看，新冠肺炎疫情极大地改变了国际投资环境。中国企业海外投资将势必改变过去的发展模式，加强对国际政治与政策的分析与研判，遵守国际投资和服务规范，增强市场化程度，更加注重对营商环境友好国家进行"深耕"，提高对外产业布局的经济效益。

概括起来，回顾中华人民共和国成立七十多年的历史，尽管影响产业布局的因素很多，布局模式也在动态变化，但在中国特色社会主义市场经济体制下，国家发展战略是产业布局的指南针。国家发展战略与产业布局之间存在着一条不变的逻辑关系，即国家发展战略的变化，引起经济发展机制与动力变化；经济发展机制与动力变化，驱动产业布局变化；产业布局变化，导致区域空间结构变化。这是中华人民共和国成立以来产业布局演变的基本逻辑（见图6—9）。

国家发展战略变化 → 经济发展机制与动力变化 → 产业布局变化 → 区域空间结构变化

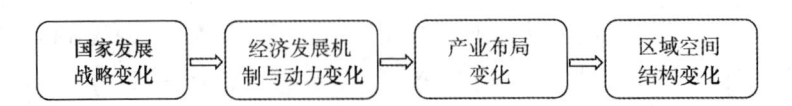

图6—9 国家战略政策与产业布局演变的基本逻辑

资料来源：笔者自制。

第 七 章

生命周期与产业布局

产业布局的组合形态和调整过程都涉及时间和空间两个维度，受到产业生命周期和空间层级的约束。本章首先分析了产业生命周期理论，然后从产业生命周期各个阶段的视角来分析影响产业布局的主导因素。下一章从空间层级的角度，分析不同层级上产业布局的主要影响因素与布局模式。

第一节 产业生命周期理论

作为生物学概念，生命周期是指具有生命现象的有机体从出生、成长到成熟衰老直到死亡的整个过程。这一概念引入到经济学和管理学之后首先应用于产品，然后扩展到企业和产业（张会恒，2004）。

产品生命周期理论由美国学者弗农（Vernon）于1966年提出，之后经过包括弗农（Vernon）在内的诸多学者的完善，现在已经发展到第四代模型（Ozawa，2003）。产品生命周期理论从发达国家的角度，阐述了产品"创新—成熟—标准化"的三个过程，指出了发达国家的发展过程：发达国家凭借技术的优势，首先开发某一特定产品，并出口这一产品；其次，随着技术的成熟，发达国家向那些模仿创新的国家出口份额逐渐降低；最后，随着技术的标准化，这种产品开始在发展中国家大规模、批量化生产，而发达国家则成为该产品的净进口国（Vernon，1966；Vernon，1979）。与产品生命周期着眼于发达国家的视角不同，雁阵模式从后发国家的视角分析生命周期过程。雁阵模式由日本学者赤松要（Akamatsu）于1935年提出，之后在小岛清（Kojima）和小泽辉智（Ozawa）等学者的努力下，形成了一整套完整的理论体系。它描述的是在开放经济条件下，后发地区如何借助动态比较优势实现经济赶超的过程。概括起来，这个过程包括四个阶段（Kojima，2000）。第一阶段，比较优势的低梯度决定了后发地区首先需要大量进口高等级产品，同时引进、消化吸收先进技术，为国内大规模生产做准备；第二阶段，随着国内市场的扩大，该产品开始在国内规模化生产；第三阶段，建成世界性的生产基地，并且大规模出口该产品；第四阶段，随着比较优势的丧失，把这种产品转移到更低梯度的区域。后发地区通过重复上述四个过程，实现产品生产的合理化与产业的多样化，最终达到产业、产业结构与空间布局的三重优化（孙久文、胡安俊，2011）（见图7—1）。

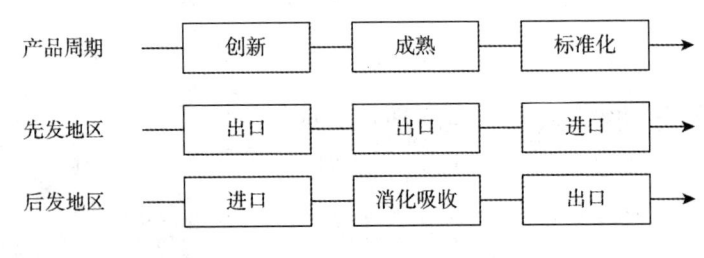

图7—1 产品生命周期与雁阵模式

资料来源：笔者自制。

生产同类产品的企业组合构成产业，产业生命周期研究始于20世纪80年代。Gort and Klepper（1982）按照产业中的厂商数目（净进入数）对产业生命周期进行划分，得到引入、大量进入、稳定、大量退出（淘汰）和成熟五个阶段，从而建立了产业经济学意义上第一个产业生命周期模型。之后，基于这个模型出现了两条衍生道路：（1）技术内生化、重在解释淘汰与高需求增长并存的竞争理论。

Klepper and Graddy（1990）对 Gort and Klepper（1982）进行技术内生化发展。起源于重大但尚不完善的技术创新的产业会吸引一系列潜在进入者，进入者会携带产品创新或过程创新。产品创新会快速扩散，过程创新会大幅度降低成本，从而吸引大量进入者。随着时间的推移，进入者已经达到了较高的存量，进入者会越来越少，成本竞争导致的退出会越来越多，从而在整个生命周期中表现为成长、淘汰和稳定三个阶段；（2）弱化技术因素、引进厂商分布分析的危险率模型。Agarwal and Gort（1996）通过引入危险率，分析了产业生命周期阶段和厂商年龄对厂商存活的影响。该模型认为，危险率与厂商的年龄成反比。近年来，这两条路径呈现融合发展的趋势（李靖华、郭耀煌，2001）。

产业生命周期是指从产业出现到完全退出经济活动的过程。在这个过程中，产业经历了创新、增长与集聚、转移等阶段，包括产业创新（消化吸收创新）、产业集聚、产业转移等元件（Vernon，1966；Vernon，1979；Kojima，2000；Ozawa，2003；胡安俊，2016）。经济体通过反复上述过程，实现产品生产的合理化与产业的多样化[①]（见图7—2）。产业生命周期理论是经济发展的理论依据。1950—2008年，在全世界200多个发展中经济体中，只有中国台湾和韩国从低收入变为高收入。如果去掉西欧周边原本和发达国家差距不大的欧洲国家，只有日本、新加坡、中国香港等5个经济体从中等收入变为高收入（林毅夫，2014）。中国经济在过去几十年获得了飞速发展，创造了经济发展史上的奇迹。这些国家和地区快速发展的一个理论依据便是产业生命周期理论。

[①] 这里的合理化与多样化不同于产业经济学中的概念。产品生产的合理化是指由简单产品到复杂精细产品的过程；产业的多样化是指产业由劳动密集型到资本密集型、技术密集型、智力密集型的过程（Kojima，2000）。

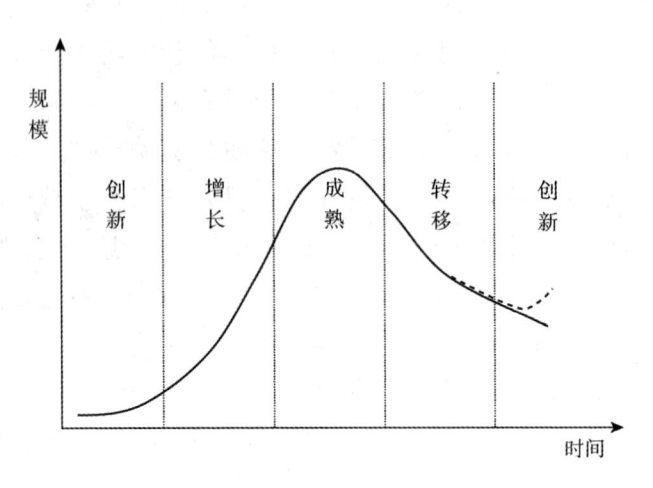

图 7—2　产业生命周期图示

资料来源：笔者自制。

第二节　生命周期与产业布局

生命周期理论与雁阵模式分别从先发国家与后发国家的角度，归纳了产品的创新—成熟—转移（年轻—成熟—老年）的过程。不同的发展阶段，要求的布局因素不同。

一　创新阶段的产业布局

（一）康德拉季耶夫长波与工业革命

人类历史上总共发生了六次康德拉季耶夫长波。每次长波的出现，都是由革命性的通用技术启动，带动蜂聚式的创新集群。新集群的出现与扩散，最终主宰社会长达几十年，之后经过数十年的大动荡，最终被下一个集群代替。工业革命以来的技术变迁史，就是康德拉季耶夫长波不断更替的历史（见表 7—1）。

第一次康德拉季耶夫长波是棉花、铁和水力时代。在这个时代，铁为核心投入，水轮机提供动力，运河为重型材料提供廉价运输，收费公路则是人和轻便商品运送的选择。棉纺织业是主导产业，一系列机械创新的新工厂组织模式产生。

第二次康德拉季耶夫长波是铁路、蒸汽力和机械化时代。在这个时代，核心投入是铁和煤，支柱部门是铁路、蒸汽机、机床和机器制造业，出现了一些较大的企业，带来了工业革命。英国资产阶级革命产生的三权分立的政治环境、巨大的国内外市场需求、强大的军事实力与浓厚的文化交流氛围，促使工业革命首先发生在英国（霍布斯鲍姆，2017；杜根，2018）。

第三次康德拉季耶夫长波是钢铁、重工业和电气化时代。在这个时代，核心投入是钢，支柱部门是电力，附加的基本投入是铜，出现了大公司和卡特尔，职业经理阶层兴起，官僚制和泰勒主义崛起。该阶段技术进步更多依靠科学研究和试验，英国满足于既有的殖民地市场和金融收益，技术进展缓慢，而美国和德国则加大技术创新，开始超越英国。

第四次康德拉季耶夫长波是石油、汽车、动力化和大规模生产时代。在这个时代，核心投入是石油，支柱产业是汽车、飞机、船舶等，福特主义引致的大规模消费和大规模生产兴起。

第五次康德拉季耶夫长波是信息通信技术时代。在这个时代，核心投入是芯片，主导产业是计算机、电信，出现了人与人之间的网络社会。

第六次康德拉季耶夫长波是人工智能时代。在这个时代，核心投入是智能芯片、数据、算法，主导产业是智能设备。人与人之间、人与物之间、物与物之间将形成一个万物互联的智能社会。美国、欧盟、中国将形成三足鼎立的空间格局。

表7-1 人类历史上的康德拉季耶夫长波

技术和组织创新集群	极其显著、技术上成功、盈利颇丰的创新	经济支柱部门和其他主导部门	核心投入和其他关键投入	交通运输和通信基础设施	管理和组织变革	近似的上升(繁荣)时期下降(调整危机)时期
1. 工业机械化(水力)	阿克赖特设在克罗福德的工厂(1771) 亨利·科特的"搅拌"工艺(1784)	棉纺织 铁制品 水车 漂白剂	铁 棉花 煤	运河 收费公路 轮船	工厂系统 企业家合伙制	1780—1815年 1815—1848年
2. 工业和运输机械化(蒸汽)	利物浦—曼彻斯特铁路(1831) 布鲁奈尔的"伟大的西部"大西洋蒸汽船(1838)	铁路 铁路设备 蒸汽机 机床 机器制造业 碱业	铁 煤	铁路 电报 蒸汽船	合股公司与有贵任心的手工工人签订再承包合同	1848—1873年 1873—1895年
3. 工业、运输和家庭电气化	卡耐基贝西默钢轨厂(1875) 爱迪生	电气设备 重型机械 重化工 钢制品	钢 铜 合金	钢轨 钢制船舰 电话	专门人才管理系统"泰勒主义" 巨型企业	1895—1918年 1918—1940年

续表

技术和组织创新集群	极其显著、技术上成功、盈利颇丰的创新	经济支柱部门和其他主导部门	核心投入和其他关键投入	交通运输和通信基础设施	管理和组织变革	近似的上升(繁荣)时期下降(调整危机)时期
4. 运输、民用经济和战争动力化机动化	福特海兰德公园装配线(1913) 伯顿重油裂化工艺(1913)	汽车 卡车 拖拉机 坦克 柴油机 飞机 炼油厂	石油 天然气 合成材料	无线电 高速公路 机场 航线	大规模生产消费 福特主义 层级制	1940—1973年 1973年至今
5. 国民经济计算机化	IBM1410和360系列(60年代) Intel处理器(1972)	计算机 软件 电信设备 生物技术	芯片(集成电路)	信息高速公路(互联网)	内部网、局域网和全球网	1980年至今
6. 人工智能	电脑"深蓝"战胜国际象棋冠军(1997) 谷歌公司研发的AlphaGo战胜围棋世界冠军(2016)	智能设备	智能芯片 数据 算法	5G 互联网 物联网	万物互联 智能社会	2017年至今

资料来源：[英]克里斯·弗里曼·弗朗西斯科·卢桑：《光阴似箭：从工业革命到信息革命》，沈宏亮译，中国人民大学出版社2007年版，作者延续整理。

根据佩雷斯（1983）的研究，每次康德拉季耶夫长波的演进都具有以下特征（见图7—3）。

第一，在每一次康德拉季耶夫长波的演进中，核心投入要素（铁、煤、钢、石油、芯片、智能芯片等）变得十分廉价并普遍可得，进而诱发一系列潜在的新要素组合。生产关键要素的部门是动力部门，它们是每次长波的主要产业部门。

第二，以核心投入和某些补充投入为基础的新产品能够刺激新产业的产生，这些新产业就是支柱部门。支柱部门（棉纺、蒸汽机、铁路、电力器材、汽车、计算机等）的迅猛增长和巨大的市场潜能，带动了关联产业的发展，推动了经济增长。基于市场需求，新的基础设施出现，服务于新产业，并刺激和推动支柱部门和动力部门的迅速增长。

第三，新技术和新产业带来的结构性变革，必然引起组织创新。管理和组织的新规则逐渐出现，它们也被称为新技术类型或新技术经济范式。

第四，尽管新技术经济范式用途广泛，但是它不会被轻易接受，它会受到昔日既得利益集团以及与旧范式相关联的文化规范的阻碍。在康德拉季耶夫长波的下降阶段是一个极其动荡的时期：一些新兴企业和产业成长迅速，其他企业和产业增长缓慢、下降甚至停滞；围绕调节机制的适当性会出现政治冲突。金融失业、高失业率和关税争端成为结构调整的典型现象。

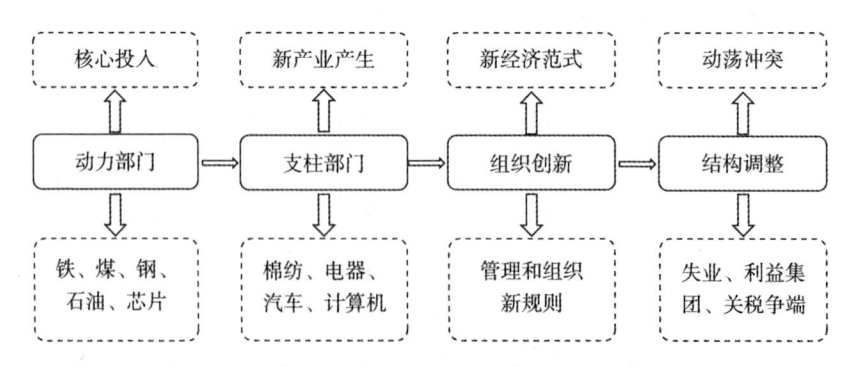

图7—3 康德拉季耶夫长波的演进特征

资料来源：笔者自制。

(二) 历次技术革命与产业空间转换

纵观工业革命以来的发展史，每一次技术变迁都带来新的结构调整与空间重塑，产业的变迁与城市的崛起是同一个过程。18世纪末期，棉花产业是当时最为先进的产业，爱丁堡、伯明翰、曼彻斯特是全球重要的经济中心；19世纪中后期，钢铁产业是当时最为先进的产业，格拉斯哥、伦敦和巴黎是全球重要的经济中心；20世纪初期，汽车产业成为当时最为先进的产业，底特律、匹兹堡是全球重要的经济中心；20世纪中叶，飞机与家庭消费产品产业是当时最为先进的产业，纽约、洛杉矶、西雅图是全球重要的经济中心；20世纪70年代，计算机、软件、移动通信产业是当时最为先进的产业，南加州是重要的经济中心（Montgomery，2007）（见表7—2）。细观整个过程，随着某种产品的标准化，人们的需求下降，企业利润下降，如果城市不进行新的创新，势必被其他创新的城市所替代。因此，技术升级是产业空间布局优化的根本动力。

表7—2　　　　　　　　　产业升级与产业空间优化

时期	代表性产业	城市
18世纪末期	棉花	爱丁堡、伯明翰、曼彻斯特
19世纪中后期	钢铁	格拉斯哥、伦敦、巴黎
20世纪初期	汽车	底特律、匹兹堡
20世纪中叶	飞机、家庭消费品	纽约、洛杉矶、西雅图
20世纪70年代	计算机、软件、移动通信	南加州

资料来源：Montgomery John, *The New Wealth of Cities: City Dynamics and the Fifth Wave*, London: Ashgate Publishing Press, 2007.

(三) 影响创新的因素

与经济学的商品一样，影响创新的因素也满足供需原理。从需求的角度看，市场规模的扩大会对各类产品有更多的需求，从而激发产品创新。从供给的角度看，企业家个体特征、企业的利润、产业集聚、组织结构、体制、制度与文化等都会影响创新。由于需求对创新的影响非常清晰，且已经进行了许多研究，比如英国工业革命的崛起，巨大的市场需求是其主要原因（霍布斯鲍姆，2017）。因此，本节主要从供给侧分析影响创新的因素。具体而言，按照微观—中观—宏观的顺序，依次分析影响创新的供给因素。

1. 企业家个体因素

许多研究分析了企业家的个体教育、年龄、经验、社会地位和心理等特征与创新的关系。研究发现：（1）更高教育水平的个体更有可能变为企业家（Shane，2003）；Robinson and Sexton（1994）发现受教育年数与创业创新具有强相关关系；Bates（1995）也发现具有研究生学历的个体更可能创业和创新；（2）年龄与创新之间具有倒"U"形关系。随着年龄的增长，经验增多，创业和创新的可能性增大。但随着年龄的进一步增大，机会成本和不确定增大，创新下降（Bates，1995；Shane，2003）；（3）一般的经商经验、即将进入产业的经验、创业经验会提高个体创新的可能性，因为这些经验会改善企业的绩效和企业成活率（Gimeno et al.，1997）；（4）社会地位会增加个体建立新企业和开发新产品的可能性（Stuart et al.，1999），个人社会关系的种类和多样性也会增加这种可能性（Aldrich et al.，1987），并提高成功的概率（Hansen，1995）；（5）企业家的性格也会影响创新。外向、成功诉求、风险倾向、自信、创造性都会提高创新的可能性。阿克洛夫和席勒（2012）讨论了动物精神（信念）对于创新的影响。

2. 企业利润

为什么不同区位具有不同的创新活跃度？一个原因是创新的收益不同。鲍莫尔（2010）认为企业家是一项可配置的资源，与其他投入一样，其配置也是由价格机制——对企业家所从事的不同行为给予的经济报酬结构——决定的。报酬结构会影响企业家在不同生产性行为的时间配置，即在创新行为和扩散技术行为之间的配置。

3. 产业集聚

产业集聚通过分享效应、匹配效应和知识效应影响创新（Glaeser et al. ，2010）。市场规模和增长会提高创新（Pennings，1982；Dean and Meyer，1992）；企业的密度与创新有倒"U"形关系（Carroll and Wade，1991）。一个产业中过少的企业数量意味着这个产业没有多少机会。随着企业数量的增加，产业中的企业密度增大，从而鼓励创新。但是企业密度的进一步增加，会提高企业竞争的压力，从而抑制创新。大量小的独立企业组成的竞争经济，会使得企业家更容易找到独立的供应商。其中，最为重要的投入就是金融，风险资本的可获得性是影响企业家创业和创新的重要因素（McMillan and Woodruff，2002）。Chen et al. （2010）分析了风险资本的地理分布，发现风险资本高度集聚在三个城市：纽约、旧金山、波士顿，这对于企业家在这些地方创新创造了巨大的优势。此外，还有许多文献分析了集聚与创新的关系（Agrawal et al. ，2008；Gerlach et al. ，2009；Simonen and McCann，2008）。

4. 市场和组织结构

Agrawal et al. （2010）分析了竞争和垄断对创新的作用。大的垂直整合的企业不会将新产品卖给新建企业，所以，大企业不会对小企业产生溢出。Haltiwanger et al. （2010）分析了大企业和小企业的相互作用，大企业的出现会使得小企业退出，从而阻碍了小企业的产生。尤其是当大企业和小企业是同一产业时，大企业对小企业的竞争效应特别突出。

5. 体制、制度与文化

经济体制是宏观层面影响创新的重要条件。在全球化和跨国公司巨头统治的时代，构建国家公平秩序和维护世界公平秩序都需要把握好管理控制与市场自由的关系（哈维，2009）。奥尔森（2007，2014）认为协调好政府权力和个人权利之间关系的国家会走向繁荣，反之则衰败。走向繁荣的国家需要建立"强化市场型政府"（Market-augmenting Government）（如果一个政府有足够的权力创造和保护个人的财产权利，强制执行各种契约；同时又受到约束，从而无法剥夺或侵犯私人权利，这样的政府就是"强化市场型政府"），而"强化市场型政府"则需要创造使得政府具有共荣利益（Encompassing Interests）[①]的条件。国家主义流派的美国学者科利（2007）通过比较分析韩国、巴西、印度和尼日利亚的经济发展效果，认为无论欧洲、日本，还是后开发地区，都是通过政府动员资本、培育劳工力量和支持技术转移来实现工业起飞[②]。不过随着全球化浪潮的来临和时代变革的加速，僵化的工资体制和实心异面的官僚政治无法适应时代需求，是日本失去20年的核心原因（池田信夫，2012）。通过不同国家内部和国家之间的比较，不难发现建立"强化市场型政府"的体制、维护公平秩序是开展创新的基本保障。

　　Baumol（2002）将企业家分为生产性企业家和非生产性企业家。非生产性企业家包括寻租型企业家和破坏型企业家（比如私人军队和犯罪团伙）。当制度发生变化，改变了不同活动的相对收益时，企业家会从一种类型转变为另一种类型[③]。因此，制度激励对于企业家的活动决策非常重要。

　　既有研究还从税率、产权、大学角色、文化等方面分析了制度文化对创新的影响。（1）更高的联邦税率抑制企业的建立和创新活动（Gentry and Hubbard，2000）。罗德里克（Dani Rodrik）（2004）分析了20世纪50—60年代中国台湾、韩国、新加坡实施的税收优惠等政策对创新创业的促进作用；（2）好的产权保护能使企业家获得努力的成果，从而激发创新（McMillan and Woodruff，2002）；（3）大学通过技术转让有利于新企业的建立和开展创新活动（Markman et al.，2005；欧雪银，2009）；（4）如何看待失败风险的社会文化会影响创新（Butler and Herring，1991）；（5）Fritsch and Wyrwich（2014）以1984—2005年联邦德国和2000—2005年民主德

　　[①] 某位理性地追求自身利益的个人或某个拥有相当凝聚力和纪律的组织，如果能够获得特定社会总产出增长额中相当大的部分，同时会因该社会产出的减少而遭受极大的损失，则他们在该社会中便拥有共荣利益（奥尔森，2014）。

　　[②] 无论是奥尔森还是科利都没有直接研究创新创业，但是他们的研究成果都是创新创业产生的关键。

　　[③] 奥尔森（2014）认为，当存在激励因素促使人们去攫取而不是创造时，社会就会陷入低谷。

国的历史数据分析了创新的持续性，认为本地的企业家文化是创新持久存在的重要原因。布雷丁（2014）认为瑞士成功的动力源于本国资源稀缺、区位条件不便等而产生的创新文化[①]，中国温州的崛起也源于这种稀缺文化。戈登（2011）认为荷兰商业文化的引入是华尔街成为世界金融中心的关键起因。

二 成熟阶段的产业布局

产业成熟阶段的最大特征是产业集聚，集聚经济是这个阶段影响产业布局的主导因素。产业集聚的本质、源泉以及中国制造业的集聚特征都已经在相关章节进行了论述。本部分着力阐述影响集聚经济（地方化经济和城市化经济）的一些测度因素，包括产业分类、地理单元、观测时间等，可作为对上面相关章节的补充。

（一）产业特征与地方化经济、城市化经济

地方化经济、城市化经济与产业分类密切相关。显然，在较宽的产业分类中，地方化经济更加显著；而在较细的产业分类中，城市化经济更加显著。因此，常把三位数产业作为二者分界的门槛（Catherine and Schiffauerova，2009）。这一点对于经验研究十分关键。

1. 产业的性质与地方化经济、城市化经济

尽管地方化经济和城市化经济不能截然分开，但一般而言，低技术产业更多地受惠于地方化经济，高技术产业更多受惠于城市化经济，中间技术产业受到地方化经济和城市化经济的双重影响（Henderson，1995；Henderson，2001；Greunz，2004）；轻工业更多地享受城市化经济，重工业更多地享受地方化经济（Nakamura，1985）；基于中国省份的四位数制造业数据，测度结果表明成熟产业以地方化经济

[①] 瑞士国土面积4.2万平方千米，矿产匮乏，土地贫瘠，多山的地形不利于交通与贸易，多元的文化和宗教不利于维护和平和发展。这种环境激发了创新精神，使之成为全球最富裕、经济最发达的国家之一（布雷丁，2014）。

为主，而高技术产业以城市化经济为主（范剑勇、石灵云，2006）。贺灿飞（2011）运用中国的两位数制造业，得出中国制造业同类产业的集聚有利于提高企业生产率，但不同类型产业的集聚只有利于提高高效率企业的生产率，降低中低效率企业的生产率，从而导致城市化效应整体表现为负数。由于服务业具有生产和消费空间的不可分性、非物化、不可存储等特点，其比工业更加依赖本地市场的容量，因此更多地享受城市化经济（Catherine and Schiffauerova，2009）。

2. 产业规模与地方化经济、城市化经济

产业的相对和绝对规模都会影响地方化经济，而城市化经济则主要受到产业绝对规模（产业种类）的影响（Catherine and Schiffauerova，2009）。陈良文、杨开忠（2006）测度了中国省份制造业的绝对规模对产出有正向作用。

（二）空间尺度与地方化经济、城市化经济

空间尺度是影响地方化经济和城市化经济的另一重要因素。尽管在不同的空间尺度地方化经济和城市化经济并没有截然不同的分异，但一般而言，随着地理单元的缩小，地方化经济和城市化经济日益显现（Catherine and Schiffauerova，2009）。并且在更宽的产业分类和更大的地理单元中，地方化经济比城市化经济显著；相反，在更细的产业分类和更小的地理单元中，城市化经济更加显著。因此，一般把第二级地理单元（英国的郡、意大利的省、日本的县）和第三级地理单元（劳动力区；NUTS3）作为二者的分界线（见图7—4）。此外，因各国经济环境和人口分布的巨大差异性，地方化经济和城市化经济在不同国家、不同区域表现各异（贺灿飞，2011）。

1. 产业部门与空间布局

由于制造业更多的是对"物"的运输，因此，其运输成本相对较低；而服务业较为侧重对"人"的运输，运输成本相对较高。制造业与服务业运输成本性质的巨大差异导致了不同的集聚特征。一般而言，制造业更多在大的空间尺度（省）上集聚，而服务业则在相对小的空间（县）上集聚（Kolko，2010）。当然，随着网络经济的崛起，许多可编码、标准化的服务业可以在很大的空间尺度上集聚，但是对于需要面对面交流的许多服务业仍然在很小的空间尺度上集聚。

2. 从城市规模来看，大城市经济规模比较大，可以满足高等级、多层次的产业发展的门槛需求

因此，大城市往往是多样化的，城市化经济比较显著。而中小城市由于经济规模较小，无法满足高等级产业发展的门槛需求。因此，中小城市往往是专业化的，地方化经济更加显著。美国的经验表明50万人口城市是二者的分界线（Henderson，1997b）。

3. 在不同区域，集聚经济表现各异

贺灿飞（2011）运用2007年制造业企业数据，分析了中国两位数制造业在东中西三大地带的差异性。结果表明：沿海地区的多数制造业受惠于集聚经济，中部地区制造业的集聚经济效应较弱，而西部地区的集聚经济效应则不显著。

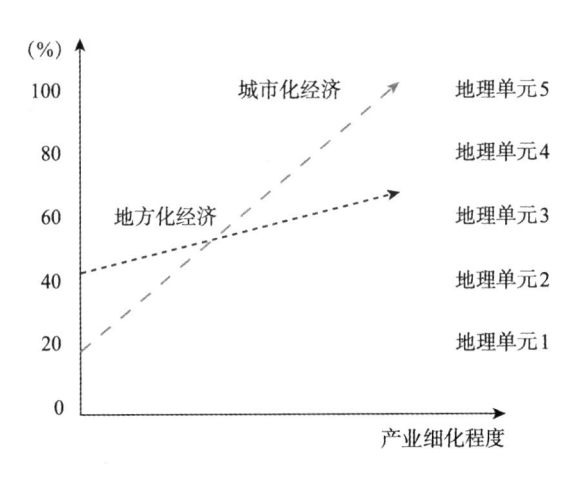

图7—4 产业分类、地理单元与地方化经济、城市化经济的关系

说明：地理单元1如美国的州、中国的省，欧盟的NUTS2等；地理单元2如英国的郡、意大利的省；地理单元3是劳动力区，如欧盟的NUTS3；地理单元4如欧盟的NUTS4；地理单元5如城市区域。

资料来源：Catherine Beaudry and Andrea Schiffauerova, "Who's Right, Marshall or Jacobs? The Localization versus Urbanization Debate", *Research Policy*, Vol. 38, No. 2, 2009.

(三) 时间跨度与地方化经济、城市化经济

在生命周期的初始阶段，创新部门需要弹性的投入与广泛的反馈交流。因此，创新部门往往布局于多样化环境中，注重城市化经济。随着技术的成熟与产品的标准化，产业部门更加关注成本要素。因此，选择专业化环境，关注地方化经济（Vernon, 1966; Durandon and Puga, 2001）。最后，当产业部门进入生命周期的衰老期，产业间的过度依赖可能导致区域锁定，地方化经济会阻碍产业发展（Catherine and Schiffauerova, 2009）。当地方化经济阻碍产业发展时，就需要进行集聚经济的转换。

(四) 地方化经济与城市化经济的适用条件

地方化经济、城市化经济与产业尺度、空间尺度、时间尺度之间具有多种类型的关系，有的甚至相互冲突。总体而言，地方化经济和城市化经济具有各自适用的条件。

1. 作用尺度不同

地方化经济在更宽的产业分类与更大的地理单元中显示出来，而城市化经济则在更细的产业分类和更小的地理单元中显示出来。地方化经济更多地源于企业层面的绝对规模，而城市化经济更多地源于区域层面的规模（Catherine and Schiffauerova, 2009）。从企业规模看，地方化经济主要作用于小企业（Beardsell, Henderson, 1999; Mukkala, 2004; van der Panne, 2004），城市化经济主要作用于大企业（Capello, 2002; Henderson, 2003）。

2. 作用对象与作用阶段各异

第一，从产业的技术层次看，地方化经济主要作用于低技术产业（Greunz, 2004），而城市化经济主要作用于高技术产业（Shefer, Frenkel, 1998）；第二，从生命周期看，在产业生命周期的初始阶段城市化经济地位重要。之后，地方化经济地位凸显，最后，地方化经济成为阻碍发展的因素，需要进行集聚经济的转换。这种锁定效

应是很多区域是资源型区域衰落的重要原因。

正是由于这些差异,在进行集聚经济分析时需要说明在什么产业、什么空间和什么时间尺度上开展的研究,从而便于讨论和比较分析。

三 转移阶段的产业布局

产业进入老年阶段,产品生产所需要的土地、劳动力等成本大幅上升,产业加速向外转移。中国制造业已经出现了由东部地区向中西部和东北地区的大规模产业转移,这种大规模空间转移突出体现为产业数量多、规模大和产业类型多等三个方面的特点。近年来,中国产业也在加快向东南亚、非洲等发展中国家转移。影响产业转移的机制已经在上面相关章节中进行了论述,本部分结合中国的跨区域产业转移,从产业承接方的角度分析产业转移的问题、原则与策略。

(一) 中西部地区承接产业转移存在的问题

1. 内生发展机制不完善

为配合区域协调发展战略的实施,国家实施了"万商西进工程""中西部承接产业转移的指导意见",陆续批复多批加工贸易梯度转移重点承接地和皖江城市带、广西桂东、重庆沿江、湖南湘南等多个承接产业转移示范区。在此作用下,产业开始大规模地向中西部地区转移。但由于中西部地区市场规模小、基础设施相对较差,对企业的吸引力相对较小,于是在国家政策驱动下,国有经济成为产业转移的重要投资主体,房地产成为重要的投资领域。这反映出中西部地区内生发展的机制尚未完善。

2. 投资环境较差

软环境是区域经济发展的重要因素,也是吸引产业转移的重要砝码。而中西部地区由于在产权保护体系、契约执行体系以及市场交易安全制度等方面不完善，许多大型企业借此机会，采取各种不公平竞争手段，打击中小企业，导致大量中小商业企业倒闭，市场秩序比较混乱。在投资环境较差的条件下，中西部地区拥有的土地资源、劳动力成本等方面的比较优势不再显著，投资环境的短板效应成为中西部承接产业转移的最大障碍。改善投资环境是中西部地区在承接产业转移过程中的首要任务。

3. 承担污染转移的代价

随着东部地区生态环境压力日益增大，以及居民对高质量环境需求的增加，东部地区对企业的环境规制不断提高，污染性产业的生存空间不断压缩。这种背景下大量污染性产业通过废物资源化利用、拯救后发地区濒危企业、设备转移、资源开发等途径，转移到中西部地区（魏玮、毕超，2011）。这些行业主要包括皮革、陶瓷、水泥、化工等高污染产业（魏后凯、白玫，2009）。这样，东部地区将生态足迹（Ecological Footprint）转移到中西部地区去的同时，中西部地区却承担着污染转移的代价，成为转移产业的"污染避难所"，这给原本已经非常脆弱的生态环境带来了更大的压力。

4. 区域间利益协调机制尚未建立

产业转移对于转入地意味着增加 GDP 和税源，而对于转出地却意味着 GDP 的减少和税源的损失。因此，在财政分权和 GDP 考核的绩效机制作用下，地方政府之间势必针对产业转移展开激烈的"税源博弈""资源效益博弈""环境效益博弈"和"声誉政绩博弈"（林平凡、刘城，2009）。当前，东中西部地区之间利益协调机制尚未建立，东部发达地区从自身利益最大的角度出发，通过省内不同区域间共建产业园区等方式，引导产业向省内欠发达地区转移，而这势必阻滞产业向中西部地区转移的步伐（孙君、姚建凤，2011；陈林、朱卫平，2010）。同时，由于中西部地区内部各省份之间的利益协调机制尚未建立，地方政府之间为了争夺产业转移资源，竞相压价、放宽环境准入标准，形成囚徒困境，结果不利于产业在空间的有效配置。

(二) 承接产业转移的基本原则

基于国家调整经济结构与促进区域协调发展的总体方略，以提升中西部地区的内生发展能力为核心，提出中西部地区承接产业转移过程中应遵循的基本原则。

1. 广义比较优势原则

产业承接必须建立在广义比较优势的基础上。广义比较优势不仅包括有形资源的比较优势，而且包括无形的知识、管理、风俗文化等比较优势；不仅包括外生比较优势，而且包括内生比较优势。对于中西部地区而言，发挥广义比较优势就是要重点承接劳动密集型、能源矿产开发和加工业、农产品加工业、装备制造和高技术产业等优势特色产业。

2. 技术选择适度原则

中西部地区实现经济赶超的关键在于选择最佳距离的技术（Hidalgo et al.，2007）。中西部地区在承接产业转移过程中，"战略产业"技术层次的选择并不是越高越好，而是有一个最佳距离，在这个最佳距离上，企业技术转换的边际成本等于边际收益。

3. 产业承接与吸收能力并进原则

日本、韩国等东亚国家和地区实现经济赶超的关键在于花费2—3倍引进的外国设备投入，用于吸收和本土化这些设备中的技术（Ozawa，2003；Gilboy，2004）。而近十年中，中国大型和中型企业在技术本土化上的花费，少于进口装备全部成本的10%（郑京海、胡鞍钢、Arne，2008）。由于技术赶超是建立在自身吸收能力的基础上的，中西部地区在产业承接中必须秉承"只有提高吸收能力，才能提高创新能力"的理念，加强R&D，实现产业承接与吸收能力并进（Rosalinde，Maureen and Victor，2005）。

4. 环境保护原则

尽管中西部地区承接产业转移的规模和速度都在加速，但是正如FDI对中国环境造成"污染避难所"一样，中西部地区也正在成为东部发达区域污染企业的环境避难所（涂正革、肖耿，2009）。随着工业化的推进，环境成为具有更高价值的"资源"和发展经济的优势，中西部地区必须吸取 FDI 的教训，坚持绿水青山就是金山银山的理念，在承接产业转移过程中坚守环保原则，变环境优势为经济优势。

（三）承接产业转移的主要策略

基于中西部地区承接产业转移的问题与原则，中西部地区在承接产业转移中，紧紧围绕"提升内生发展能力"这个核心，着力从发展特色产业、完善配套能力、建立公平竞争的市场秩序与环境保护秩序等方面，促进产业在区域间有序转移（见图7—5）。

1. 发展特色产业，着力促进产业的本地化

提高中西部地区的内生发展能力，加速产业向中西部地区转移的关键在于根据本地的比较优势与竞争优势，发展特色产业，并促进特色产业的本地化。中西部地区着力发展的特色产业主要包括旅游产业、能源矿产开发和加工业、农产品加工业、装备制造业、高技术产业、加工贸易业等。促进特色产业本地化的关键在于人力资本的积累。为此，一方面加快职业教育步伐，健全职业教育培训网络，推进公共实训基地建设；另一方面完善创新高层次人才引进、使用、激励和服务保障机制，吸引东部沿海地区和海外高层次人才为中西部地区提供必要的人力资源和智力支持。另外，企业通过获取发达地区的技术许可等，加强 R&D，提高企业的技术吸收能力，在某些领域实现技术领先或并跑的地位。

2. 完善配套能力，构建互补性资产优势

中国制造的秘密在于厂商通过产业组织创新和运营模式创新，将单个组织或个人广泛分布性知识、能力以及资源有机地组合起来，把关键资源从技术创新转变为互补性资产，实现"杠杆增长战略"（罗珉、赵红梅，2009）。中西部地区承接产业转移的关键在于完善产业配套能力，构建互补性资产优势。配套能力包括产业配套、社

会服务配套、环境设施配套等方面的内涵。中西部地区一方面需要根据自身的发展实际，努力完善产业、社会服务与环境保护等配套的质量与种类；另一方面，在招商引资中着力选择与本地产业配套能力相适应的产业，充分利用现有的配套能力。最终通过完善各种配套，建立互补性资产优势。

3. 实施多层次增长极与区域一体化战略，整合市场规模

规模报酬递增的条件下，市场是决定企业迁移的重要因素（Head and Mayer，2004）。在中西部地区经济规模较小、短时期很难大幅度提高单个区域经济规模的前提下，实施多层次的增长极战略与区域一体化战略是快速扩大区域市场容量的捷径。

第一，由于不同的经济活动具有不同的市场门槛，因此需要构建多层次增长极。在中西部地区构建多层次增长极，就是在中西部地区构建起区域增长极、省域增长极、地区增长极组成的多级增长极。具体而言，就是在西部地区构建起中三角（武汉、长沙、南昌）、中原、关中—天水、成渝四大区域增长极，在各个省会城市、地级市构建省域和地级市域的增长极。

第二，提高区域一体化水平也是增加区域市场份额的关键举措。具体而言，通过中西部地区各级行政区间加强协调与合作，减小区域贸易壁垒，逐步推动区域间一体化水平由要素一体化、市场一体化，向制度一体化方向转化。在实施次序上，重点加快武汉都市圈、长株潭城市群、中原经济区、成渝经济区、关中—天水经济区、广西北部湾地区、乌昌地区的一体化，发挥"筷子效应"。远期加快整合中三角（武汉、长沙、南昌）、西三角（成都、重庆、西安）的一体化。

4. 建立公平竞争的市场秩序与环境保护秩序，优化投资环境

面对较差的投资环境与将要承担的污染转移，构建全面有序、公平开放的市场与环境保护秩序是中西部地区提升承接产业质量的长远战略。

第一，建立公平竞争秩序。许多大型企业通过实施亏损战略，

降低销售价格，抢占市场份额，导致大量中小商业企业倒闭。政府需要制定长远的发展规划，加强对大型企业经营情况的统计监测，对恶性竞争行为进行治理，建立起公平竞争的市场秩序；第二，促进市场主体发育。改变现有政府以"市场失灵"的名义，以"后市场化"的要求维护"前市场化"的地位和权力，努力进行包括产权保护体系、契约执行体系以及保障市场交易安全制度在内的改革，促进市场主体发育；第三，保护自然环境。在承接产业转移过程中，实施环境污染一票否决制，制止污染企业入驻。对于区内尚存的污染型企业，通过实施污染权交易等办法，责令限期整顿。

5. 重构绩效评价标杆，化解 Bertrand 悖论

化解区域利益冲突，首先需要通过重构绩效评价标杆，优化不同发展水平区域间的利益关系。对于产业转出区域，实行转变经济发展方式优先的绩效评价，强化经济结构、资源消耗、环境保护、自主创新等指标的评价，弱化经济增长速度、招商引资、出口等指标的评价；对于中西部地区承接产业区域，实行工业化城镇化水平优先的绩效评价，综合评价经济增长、吸纳人口、质量效益、产业结构、资源消耗、环境保护等内容，弱化对投资增长速度等指标的评价。其次，针对不同发展水平区域，制定不同的绩效评价体系，促进区际关系和谐。

化解区域利益冲突，还需要规范地方政府间竞争秩序，促进相同发展水平区域之间的利益和谐。地方政府间的竞争类似于寡头企业间的 Bertrand 竞争。化解 Bertrand 悖论，通常需要公共品、服务和地方生产要素或市场环境的差异性（罗云辉，2009）。在承接产业转移过程中，地方政府的着力点在于形成差异性与特质性的公共服务能力。通过实施有条件的、差别化的竞争策略，对投资项目在促进当地就业、与当地企业经济联系方面提出规制要求，促使承接产业在当地"扎根"、促进区域经济内生发展。

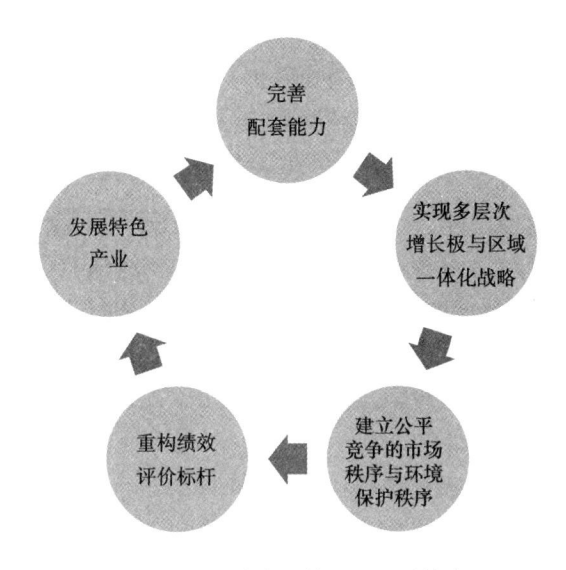

图7—5 承接产业转移的主要策略

资料来源：笔者自制。

四 一些新特点与新趋势

伴随着全球化的不断深入，产业布局也出现了一些新的特征，这些是生命周期各个阶段都需要特别关注的。

（一）全球化与产业布局的新发展

20世纪90年代以来，跨国公司在全球化中的作用突显。全球化下，跨国公司的区位选择丰富了产业布局的内涵。一方面，跨国公司的经营形式由单一的贸易全球化，向生产、投资、R&D全球化转变。公司总部、R&D基地、生产基地等都在全球范围内布局。另一方面，无论地区总部、R&D，还是生产，都呈现区域集中的特征。第一，公司总部主要布局在主要的大都市区，如纽约、东京、伦敦；第二，R&D的基地主要集中在科教资源比较丰富的地方，比如跨国公司R&D机构在中国的布局主要集中在北京、上海、广州、天津等地；第三，生产也趋于集中。

透过全球尺度的分散布局与区域尺度的集中布局，跨国公司根据各区域的要素禀赋特征，在全球范围内综合布局自身的原料、技术、管理、营销的产业环节，并运用各种网络传输到各个地方。换句话说，全球化下跨国公司布局的突出变化在于由整个企业的布局，转向生产环节和功能特性的全球化布局。

2020年的新冠肺炎疫情，使得世界经济一度停摆，暴露了全球产业链分工布局的风险所在。新冠肺炎疫情将极大地改变全球产业的布局形态，跨国公司将由目前的全球范围内进行资源配置和产业布局，向区域范围内的产业布局转变。

（二）城市功能分工与产业布局

在全球化与跨国公司的推动下，城市由部门的专业化向功能的专业化转变。不同规模的城市在功能方面开始出现分异。大城市更加专业化于管理功能，而中小城市更加专业化于生产功能（Duranton and Puga，2005）。原因在于大城市能提供更多的商业服务，从而降低了总部的成本（见图7—6）。

城市的功能分工，对产业布局将产生重要影响。产业链条中的管理功能和总部功能向大城市集聚，而生产功能向中小城市集聚。不同城市在招商引资中，要根据自身特点与可能承接的产业链位置，选择不同的生产环节。

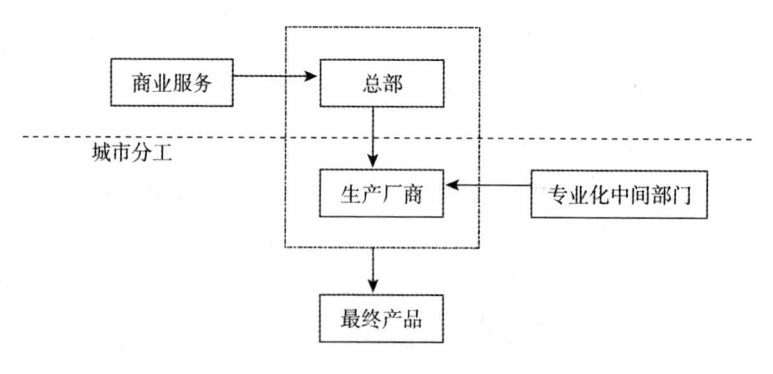

图7—6 城市的功能分工

资料来源：Duranton Gilles and Diego Puga，"From Sectoral to Functional Urban Specialization"，*Journal of Urban Economics*，Vol. 57，No. 2，2005.

第 八 章

空间层级与产业布局

除了受到时间维度的制约,产业布局也受到空间维度的制约[①]。本章从产业布局的规划需求出发,将产业布局分为国家、区域和城市三个层级,归纳产业布局的基本原理、主导要素与主要模式,为各个层级的布局实践提供理论参考。

第一节 空间层级研究的提出

产业布局研究产业在空间的分布规律。中华人民共和国成立以来,国家通过自然资源综合考察、国土开发战略及规划、主体功能区划等,对产业布局进行了大量实践(陆大道等,2003;樊杰,2007)。从"沿海内陆"到"三线建设"、从"两个大局"到"四大板块"、从"经济特区"到"沿海沿江沿线沿边全面开发开放"、从"国家国民经济社会发展规划"到"各级政府的各个专项规划"……产业布局一直是国民经济各项工作的重点。合理的产业布局关系到国家经济、社会、环境与安全大局。合理的产业布局,有利于促进人力、物力、财力和时间的节约,提高经济效益;有利于

---

① 在空间形态上,中心地理论是产业布局的重要规律。根据新经济地理学原理,中心地理论的形成主要源于市场规模的变化(Fujita et al., 1999)。因此,本章没有专门讨论中心地理论,而是将这一原理融入第二自然(市场)的讨论中去。此外,作为区位论的重要组成部分,中心地理论也在第一章中有介绍。

促进人才流动、技术示范与技术竞争，促进创新与创业（Glaeser et al.，2010；王缉慈，2016）；有利于发挥各地比较优势，构建国际与国内双重"雁阵模式"，调整产业结构，优化空间结构（Vernon，1966；Kojima，2000；Ozawa，2003；蔡昉，2009，2013）；有利于缩小区域差距，促进社会公平公正；有利于根据资源环境承载力、现有开发密度与开发潜力，进行产业布局及调整，保护生态环境，实现人与自然和谐发展（吴传钧，1998；樊杰，2015）。此外，合理的产业布局还在协调区际关系和外部性、探索改革转型、保障国家国防安全等方面发挥重要作用。

空间层级是产业布局规划过程中需要考虑的首要问题之一，空间维度决定了需要考虑的布局因素。与产业布局在国民经济社会发展中的战略地位及广阔的实践需求相比，学术界对产业布局的空间维度缺少系统的理论总结。相反，囿于产业布局计划经济色彩的偏见，学术界对其研究有减弱的趋势[①]。本章从产业布局的规划需求出发，将产业布局分为国家、区域和城市三个层级，系统归纳产业布局的主导因素与主要模式。从空间范围看，国家层级对应国家的行政区范围；区域层级对应区域规划的范围，包括省域、市域、县域三种行政区单元及其不同的组合；城市层级对应城市（城乡）规划的范围，主要包括建成区，也考虑与建成区具有紧密联系的乡村空间。国家层级的产业布局是从整个国家的大局出发，统筹考虑自然条件、技术水平、发展阶段和国家战略，谋划产业布局的总体框架；区域层级的产业布局是在区域发展定位的基础上，研究第一自然、第二自然、第三自然和区域政策作用下，产业布局的要素指向、市场指向、枢纽网络和政策指向等模式。区域层级的产业布局，一方面要充分发挥区域比较优势与集聚经济，重视人力资本与信息网络的作用，积极建设枢纽—网络空间；另一方面，也要积极发挥区域

[①] 国内系统研究产业布局的著作集中在20世纪80年代，之后不断减少。代表性著作有：刘再兴、祝诚、周起业等：《生产布局学原理》，中国人民大学出版社1984年版；陈栋生：《中国产业布局研究》，经济科学出版社1988年版；孙久文、肖春梅等：《21世纪中国生产力总体布局研究》，中国人民大学出版社2014年版。

政策优势，协调区际关系，优化产业空间布局；城市层级的产业布局则从创造有序的城市生产生活空间出发，研究集聚经济与功能分区、集聚不经济与功能疏解、多维转向与产城融合等规律（见图8—1）。本章在两个方面对既有研究进行拓展：一是从国家、区域和城市三个层级，系统总结产业布局的原理与范式，搭建产业布局学的学科体系；二是基于产业布局的实践需求，分层级归纳影响产业布局的主导要素和原理模式，为各层级的布局实践提供理论参考。

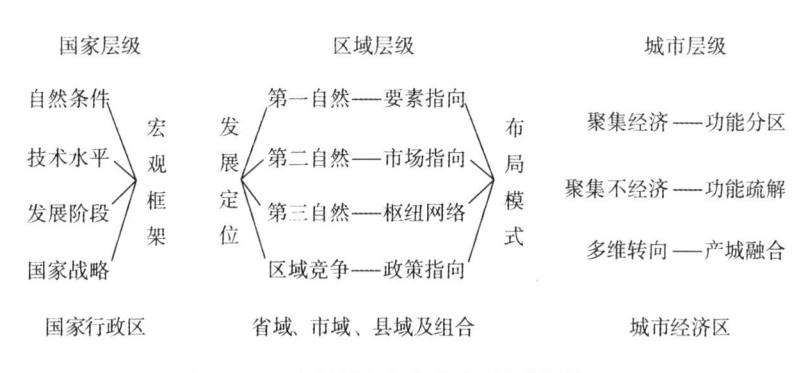

图8—1 空间层级与产业布局的逻辑体系

资料来源：笔者自制。

需要说明的是，尽管在不同的空间层级上产业布局的各个影响因素存在交叉且相互作用，但本章的重点不是在各个空间层级上将各个影响因素面面俱到，而是分析各个空间层级上产业布局的主导因素，研究产业布局的一般规律，从而搭建产业布局学的体系。另外，由于自然条件仍然是当前及未来一段时间内农业布局的主导因素，本章并未对农业的布局进行探讨，本章讨论的产业包括第二产业和第三产业。

第二节 国家层级与产业布局原理

国家层级的产业布局是从整个国家经济、社会、环境等大局出发，统筹考虑自然条件、技术水平、发展阶段和国家战略，谋划产业布局的总体框架。该总体框架决定着整个国家产业布局的空间形态、产业的技术层次、总体效率与社会公平的统筹关系。

一 自然条件与产业布局

历史上自然条件与产业布局的关系存在"地理环境决定论""或然论""调整论""文化景观论"等的演变（吴传钧，1998）。胡兆量（1991）认为地理环境对产业布局的影响可以概括为"四律三类"：四律是必然律、主从律、反馈律、递进律，三类是直接影响、间接影响和影响的阶段性。陆大道和刘卫东（2000）分析了区域发展的地学基础，认为地学因素对产业布局的影响是相对稳定和长久的。Gallup et al.（1999）认为地理的作用集中在两个方面：一是通过影响运输成本和生产效率影响产业布局；二是通过气候、区位等影响人口增长，进而影响产业布局。

尽管随着技术水平的不断提高，人类改造自然的能力不断增强，对自然的依赖不断降低，但是自然条件仍然通过纬度地带性与非纬度地带性规律在宏观上划定了产业分布的基本框架。从全球看，世界上大部分产业集中分布在北半球中低纬度沿海平原地带。从中国看，胡焕庸线（瑷珲—腾冲一线）东南半壁36%的土地供养了96%的人口，西北半壁64%的土地供养了4%的人口，这种格局自宋代以来十分稳定。胡焕庸线是我国地形地貌的过渡带，是中国降水等气候条件的过渡带（胡焕庸线基本上与中国400毫米等降水量线重合），是中国生态环境的过渡带，该线以东以南是适宜人类生存的地区（陈明星等，2016）。因此，胡焕庸线的稳定格局是由自然环境这一基本因素决定的，划定了中国产业分布的基本框架。从国外看，美国、日本的自然条件同样规定着产业活动的基本格局。Ellison et al.（2010）认为自然条件解释了美国产业集聚的40%；"第二次世界大战"后日本90%的制造业被毁，之后短短15年间产业在原地而不是其他地方重新布局，其根本原因也是受到自然条件的限制（Davis and Weinstein，2002，2008）。

新时期，中国经济的快速发展造成了巨大的资源消耗与环境污染。[1] 国家从优化产业布局的角度，主动适应自然环境，并在2011年颁布了《全国主体功能区规划》。根据不同区域的资源环境承载能力、现有开发密度和发展潜力，将全国国土划分为"优化开发、重点开发、限制开发、禁止开发"的四类功能区，构筑人口、经济、资源环境相协调的空间开发格局（樊杰，2007，2015）。主体功能区规划是战略性、基础性和约束性规划，划定了未来中国产业布局的空间范围。

二 技术水平与产业布局

从原子经济到信息网络时代，人类经历了蒸汽技术、电力技术、信息技术等三次科技革命，目前正在步入人工智能时代。技术进步改善了交通、通信等条件，降低了交易成本，压缩了时空距离，扩大了商品交易和人们交流的范围，成为长时间尺度上影响产业布局的决定性力量。

1. 运河时代，水路是最便捷的交通方式，人口和产业在运河沿线的布局，形成了产业与城镇布局的运河轴线。汪德华（2014）归纳了中国古代城镇体系从隋唐运河沿线的"Y"字形格局，到京杭运河和长江中下游构成的"丁"字形格局的演化过程，分析了运河改道对产业布局的影响。

2. 公路、铁路和高铁时代，快速的交通带来了巨大的时空压缩，改善了交通网络节点的可达性与区位吸引力，扩大了经济要素聚散的空间范围。与此同时，由于公路、铁路与高铁网络建设的非

---

[1] 2016年全国地表水1940个断面中Ⅴ类和劣Ⅴ类水质分别占6.9%和8.6%，地下水6124个监测点中较差和极差的分别占45.4%和14.7%；京津冀、长三角、珠三角、山东半岛等地区复合型大气污染严重；近岸海域污染加重；生态功能不断退化，地质灾害频发。

均衡性，导致各个区域的"相对区位"发生改变，对时间、信息、技术、面对面交流等要求较高的产业进一步向核心区域和网点城市集聚，而对物质成本要求更高、对时间成本要求较低的产业则向边缘城市和外围区域布局，从而产生不同产业围绕网络节点在不同区域布局的"圈层"关系，重塑了产业分布的宏观格局（姜博等，2016）。

3. 互联网与数字化时代，伴随着信息技术的大量使用，出现了一种新的空间形式——流动空间。一方面，流动空间能对全球资源进行快速动态的优化配置，推动了跨国公司的发展。跨国公司通过构建公司内部上下游产业网络、转包等外部关系网络、战略联盟与共享网络，成为控制地方产业布局的重要力量。从此，控制地方产业结构与产业布局形成与演化的主导力量不再主要取决于地方资源，而是取决于跨国公司的产业升级与创新以及由此形成的全球范围内的产业转移（陈修颖，2009），并引起产业在全球尺度上按照在产业链条中承担的功能进行布局（Duranton and Puga，2005）。另一方面，产业布局也是地方化的。对隐性知识的需求、对特定文化的依赖，推动了创新中心、知识密集型服务中心和高层管理中心向中心城市集聚（迪肯，2007）。此外，对于落后区域而言，信息网络技术缩小了落后区域的区位劣势，扩大了特色产业的销售渠道，促进了落后区域电子商务的发展和布局。

三 发展阶段与产业布局

从全球角度看，国家发展阶段决定了承接和发展的产业水平。"第二次世界大战"以来，产业陆续从美国转移到日本，从日本转移到韩国、新加坡、中国香港和中国台湾组成的"亚洲四小龙"，从"亚洲四小龙"转移到中国大陆，再转移到东南亚、非洲等国家和地区，产业布局变化背后的逻辑是不同的发展阶段，经济体具有不同的要素禀赋结构，为了实现企业的自生能力，需要承接与要素禀赋结构相适应的产业。也就是说,产业发展水平要与国家发展阶段相匹配。从产业的角度看,产业发展水平与国家发展阶段相匹配背后的理论支撑是产业生命周期和雁阵模式。

从一个国家看,不同区域具有不同的发展水平,因此具有不同的产业布局特征。在经济发达区域,技术密集型和资本密集型产业布局较多;而在欠发达区域,劳动密集型和资源密集型产业布局较多。同时,在不同的经济发展阶段,国家的战略目标不同,因此产业布局的重点和方向也不同。经济发展水平较低时,产业布局以效率为先,将国家有限的财力、物力优先安排在对解决全局发展的关键资源、关键产业和关键因素见效最快、效益最高的地区;当经济发展水平较高时,产业布局以公平为先。在市场和政府的双重作用下,引导产业向落后区域布局。所以,一个国家产业布局的均衡度与该国经济的发展水平正相关,大致呈现"U"形结构(陈栋生,2013)。这是20世纪80年代中期邓小平提出"两个大局"、转变"平衡发展论"、促进沿海开发,1999年以来国家大力推出"西部大开发"、促进区域协调发展的基本依据。中国经济步入新常态后,中国企业"走出去"步伐不断加快,中国正由"制造出口"为主向"制造出口、建造出口、服务出口"并重时代转变。在此背景下,中国提出"一带一路"倡议,引导产业向海外布局。

从空间结构看,经济发展的过程是产业从点轴开发到网络布局的往复过程。陆大道(2001)提出"点—轴系统"理论,认为产业发展的过程就是在空间中以"点—轴"型式进行渐进式扩散的过程。在工业化中后期,经济带是产业布局的主要形式,产业、城镇与基础设施的相互作用,共同促进经济带的形成与演化(张文尝等,2002)。随着"点—轴"极化效应产生的集聚不经济逐步超过集聚经济,同时区域差距缩小、资金供给约束减弱,发达区域出现网络开发的模式(魏后凯,2016)。面对全球化时代的激烈竞争,产业布局的空间模式也在发生变化,世界级城市群(都市圈)成为发挥规模优势、提高区域魅力和国际竞争力的新的空间组织形式。《珠江三角洲地区改革发展规划纲要》《长江三角洲地区区域规划》《国家新型城镇化规划（2014—2020年）》《京津冀协同发展规划纲要》《粤港澳大湾区发展规划纲要》《日本2050国土构想》《美国2050空间战略规划》等都在积极谋划世界级城市群（都市圈）建设，引导高端产业向这些区域集聚，产业布局又出现从网络开发到点（增长极）的开发转变的趋向。

四 国家战略与产业布局

不同时期，国家根据经济社会全局面临的突出问题，制定不同的国家战略，这些战略直接影响着产业布局的宏观架构。从国外发达国家看：（1）为了拓展疆域并改善西部落后的状况，美国实施了西进运动（1848—1900），通过土地国有化（土地拥有法）等措施，将千千万万移民和大量商业资本吸引到西部。西进运动不仅促进了西部的粮食生产与矿藏开采，而且改善了交通基础设施，促使了工业向西扩张，形成了新的产业分工格局（何顺果，1984）。20世纪30年代以来，面对不断扩大的区域差距，美国政府先后制定了《麻梭浅滩与田纳西河流域开发法》（1933）、《地区再开发法》（1961）、《公共工程和经济开发法》（1965）、《阿巴拉契亚区域开发法》（1965）、《联邦受援区和受援社区法案》（1993）等，通过财税金融支持、基础设施建设、科技投入与军工布点、职业培训等，引导产业向落后区域发展与布局。（2）针对区域差距不断扩大的现象，1937年英国成立了巴罗委员会，对产业布局进行系统调查，先后制定了《工业分布法》（1945）、《新城法》（1946）、《城镇开发法》（1952）等法规，在胡萝卜和大棒的双重作用下，引导产业从过密地区向落后区域发展，从而改善了英国产业分布的地理格局（霍尔、图德—琼斯，2014）。（3）第二次世界大战后，日本围绕区域差距扩大的问题，选择了15个新产业城市和6个工业建设特别地区，实施据点开发；通过推动基础设施等大规模项目，带动轴线开发，使国土开发的效果波及整个国土，以实现国土开发和利用的均衡化。20世纪70年代石油危机后，随着环境问题的加剧与经济高速增长的结束，日本先后实施了科技立国战略和观光立国战略，启动交流网络开发模式，从重视经济开发向重视国民生活转变（张季风，2013）。21世纪以来，面对全球化时代和东亚经济的崛起、人口减少和老龄化、国民价值观的改变和国民生活方式的多样化，国土开发从点轴和网络开发到广域地区转变（日本国土交通省，2008）。2014年《日本2050国土构想》提出通过中央新干线建设世界最大的超大型区域联合，打造世界领先的国际经济战略型城市，吸引产业向世界级都市圈布局（日本国土交通省，2014）。

对于中国这样一个从计划经济向市场经济转型的国家，发展战略对于产业布局的作用更加明显。中华人民共和国成立之初，基于严峻的国际环境与国内沿海内地发展严重不平衡的现实，按照"工业布局逐步平衡、利于备战"的原则，通过156项工程、三线建设等，向中西部地区加大固定资产投资力度，大大改善了内地工业落后的局面（陆大道等，2003）。1949—1978年中西部地区固定资产投资份额从14.11%上升到45.31%（1970年高达65.68%），不过，中西部地区GDP份额从48.68%下降到42.39%；改革开放之后，为了恢复经济，按照"两个大局"的战略构想，加快沿海地区开发开放，东部地区固定资产投资份额从1978年的42.23%上升到1999年的55.03%，GDP份额从1978年43.62%提高到1999年的52.79%。与此同时，中西部地区的份额则在不断下降，区域差距（用人均GDP最高的省与最低的省之比表达）拉大到10.8倍。为此，国家陆续提出了"西部大开发"和"中部崛起"等战略，通过产业向中西地区部转移，促进区域协调发展，到2015年中西部地区的GDP份额提高到40.45%，区域差距（用人均GDP最高的省与最低的省之比表达）缩小到4.1倍。2013年习近平总书记提出"一带一路"倡议，一方面拓展了中国产业发展和布局的国际空间，中国的一些劳动密集型产业或产业链环节，将逐步转移到较低发展阶段的发展中国家；另一方面，

"一带一路"倡议的推进改善了中国边陲地区的区位条件和市场开放度，有利于经济活动向东北、西北、西南等边疆地区集聚，从而改善中国边疆地区产业相对薄弱的局面（卢峰等，2015）（见图8—2）。

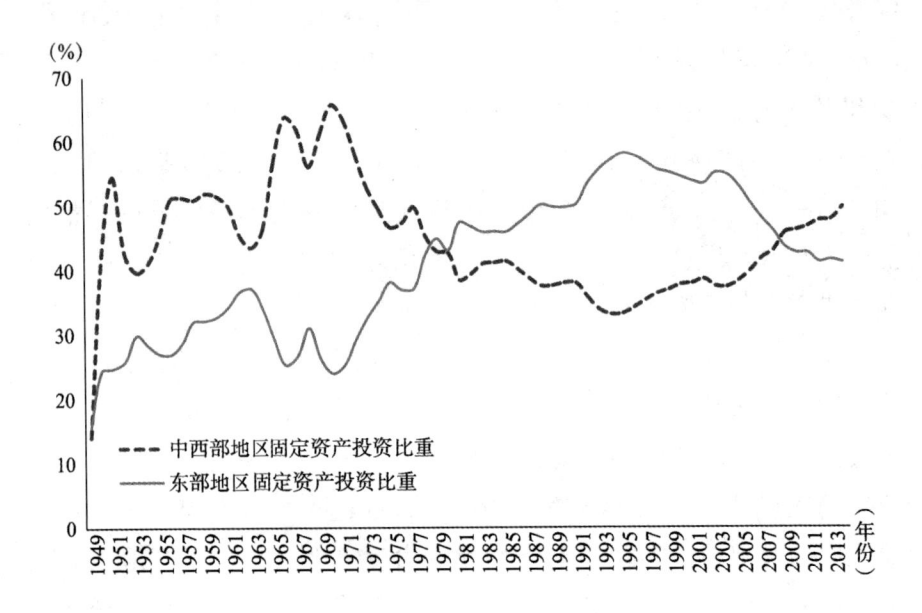

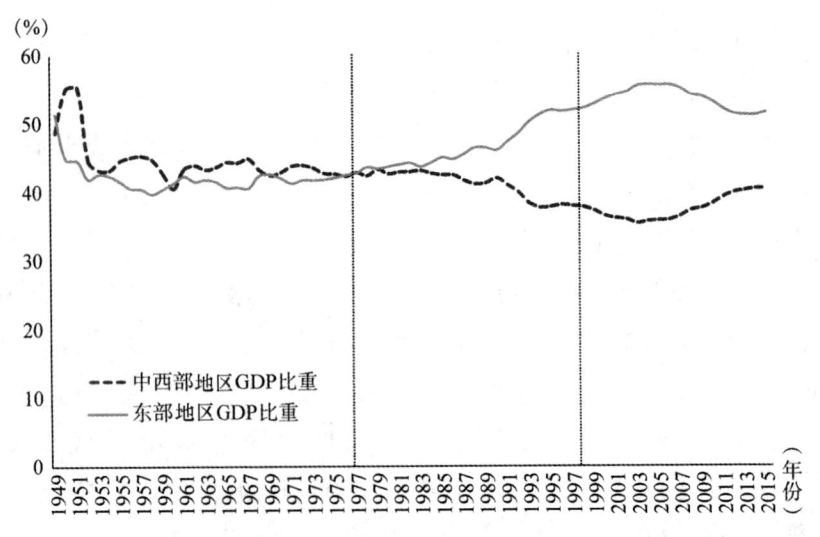

图8—2 中国东部地区与中西部区域经济空间格局演变比较

资料来源：中国经济与社会发展统计数据库。

第三节 区域层级与产业布局范式

从空间范围看，区域层级是区域规划相对应的范围，包括省域、市域和县域三种行政区单元及其不同的组合。该层级的产业布局以区域的发展定位为指导，依次探讨了第一自然、第二自然、第三自然、区域竞争等四类要素与要素指向、市场指向、枢纽网络、政策指向等四类布局模式之间的理论关系，形成区域层级的产业布局范式。区域层级的产业布局，一方面要充分发挥区域比较优势与集聚经济，更加重视人力资本与信息网络的作用，积极建设枢纽—网络空间，提高产业布局效益；另一方面，也要积极发挥区域政策作用，协调区际关系，优化产业空间布局。

一 发展定位与产业选择

区域的发展定位是区域未来发展的总方向，不仅决定着产业发展的主要类型与经济效益，还是缓解产业趋同和产能过剩、化解区域冲突的重要途径。因此，发展定位分析是区域产业布局之前首先要进行的工作。

（一）区域的发展定位

确定区域的发展定位，首先要分析区域外部环境带来的机遇和挑战。全球化时代，量子通信、石墨烯、癌症基因与导线药物、转基因技术、新能源、物联网与大数据等新兴产业的快速发展，国际产业转移的大趋势，"一带一路"倡议、长江经济带与京津冀协同发展等国家战略的持续推进等，都为区域发展提供了难得的机遇。同时，随着科学技术水平的快速发展和生活水平的持续提高，人们对产品的需求将快速升级，对自然环境的要求将更加苛刻，这将为区域发展带来创造性破坏的挑战。确定区域的发展定位，还要分析区域内部的优势与劣势。每个区域都有自身独特的区位条件、资源基础、经济基础、产业结构、人力资源、科技实力与历史文化等条件，通过横向与纵向比较，研判自身的劣势，明确自身的优势。在综合分析机遇和挑战、优势和劣势的基础上，发挥"优势—机遇"，避开"劣势—挑战"，确定区域的发展定位，为区域产业选择与产业布局指明方向。

(二) 产业选择与产业布局

在明确区域"优势—机遇"与"劣势—挑战"的基础上，综合考虑反映产业关联度的"罗斯托基准"和"赫希曼基准"、需求收入弹性和生产率上升率构成的"筱原基准"、区域要素供给组成的"持续发展基准"、区域社会文化组成的"地方化基准"等准则以及未来发展的趋势与方向，选择支柱产业、主导产业与潜在产业（关爱萍、王瑜，2002；吕明元，2005）。并在区域资源、产业基础、交通设施等分布条件的基础上，明确产业布局的主要方位。

二 第一自然与要素指向的布局模式

第一自然是区域的先天条件与自然禀赋。基于区域的第一自然，各个产业根据自身的特征，形成原料指向、能源指向、劳动力指向等多种产业布局模式，从而在区域空间上表现为不同区域按照比较优势进行分工的格局。按照比较优势进行产业布局以及区际贸易，若对所有区域都有利是有条件的：贸易伙伴之间是平等的、贸易产品的相对价格是稳定的、市场保证公平分配（迪肯，2007）。然而，这样的条件根本不存在。首先，随着收入水平提高，对制成品的需求大于对初级产品的需求；其次，制成品价格往往比初级产品价格增长更快；最后，由于边缘区域具有比较优势的产业往往是有限学习机会的产业，按照比较优势进行的产业分工提高了核心区的增长率,降低了边缘区的增长率(Young,1991;Stokey,1991)。因此,按照比较优势进行产业布局,往往不利于落后区域的发展。

对于资源型区域,比较优势导向下的资源开发模式从要素转移和制度弱化两大方面,形成不利于长期增长的机制,容易带来"资源诅咒":(1)资源部门较高的边际生产率使得资本和劳动大规模流向资源部门,转走了制造业和科技教育部门的要素投入,不利于区域的长期增长;(2)由于资源产权安排不合理和相关法律不健全,私人通过行贿等途径获取开采权,容易诱发腐败,破坏经济增长的制度基础。

尽管比较优势理论存在诸多争议,但由于比较优势是竞争优势的基础,按照比较优势进行产业布局仍然是产业布局的重要方式。避开比较优势的上述弊端,关键在于:一要选择合适技术的产业,技术选择指数 TCI(产业的实际资本劳动比率与整个国民经济的资本劳动比率之间的比值)一般要在 1.5 之内。过于超前的技术,使得企业无法实现自生能力,不利于资本积累与要素禀赋结构的提升(林毅夫,2002);二要深入挖掘区域特有的优势,发展特色产业,形成特色经济;三要加强科研投入与职工培训,提升学习能力与技术水平,实现比较优势动态化;四要加强资源保护与制度管理,核算资源开发总成本,形成内逼机制,并引导资源区域多样化产业布局,降低区域发展的波动性。这些是发展中区域按照比较优势进行产业布局获得成功的决定性因素。

三 第二自然与市场指向的布局模式

随着技术水平的不断提高,产业单位产值对自然资源的依赖度不断降低,出现了越来越多的无定指向的产业布局现象。在这些产业的布局中,市场规模、产业关联、累积因果、历史机遇等发挥了重要的作用,第二自然成为影响产业布局的关键因素。

从第二自然的视角对产业布局进行的最系统的研究当属新经济地理学。新经济地理学自1991年诞生以来，经历了三次革命、形成了三代模型，构建了较为完整的理论体系（见表8—1）。第一代模型以 Krugman（1991）的核心外围（CP）模型为代表，研究两区域、两部门、均质空间中，在 Dixit–Stiglitz 框架下，产业由均匀分布到核心边缘分布的机理与过程。本地市场效应与价格指数效应之间形成的循环因果关系放大了集聚力，市场拥挤效应随着贸易自由度的快速下降减少了分散力。当贸易自由度增大到一定程度，在偶然要素或预期因素等外部冲击下，集聚力超过分散力，从而促使产业分布由均匀分布突变为核心边缘分布。

第二代模型从多区域、多部门、异质性三个方面对新经济地理模型进行了大量拓展，得到了与核心边缘模型类似的结论。其中，多区域模型包括连续空间和离散空间两种空间形式，多部门模型根据产业的要素密集度、替代弹性、运输成本、竞争程度等的差异形成了许多模型，而异质性模型则包括空间异质、运输异质、劳动异质、偏好异质和企业异质等多种模型类型。其中，企业异质从国际贸易领域引入新经济地理学领域后，促进了新经济地理学的快速发展，形成了新新经济地理学派。在企业异质模型中，企业生产率异质成为一种分散力。当贸易成本越大、企业产品的替代性越强时，企业效率的异质性产生的分散力就越大（Ottaviano，2011）。

第三代模型针对新经济地理模型没有考虑企业之间存在竞争效应的缺陷，将不变替代弹性（CES）效用函数改为可变替代弹性（VES）函数，从而研究企业之间的竞争效应（Behrens and Murata，2007；Zhelobodko et al.，2012）。

新经济地理通过探讨企业的微观区位决策，突出强调了市场对于产业布局的作用，阐述了第二自然作用下产业布局的机制与规律。

表 8—1　　　　　　　　　　新经济地理模型体系

	类型		代表性模型
第一代	核心外围		Krugman, 1991
	自由资本		Martin and Rogers, 1995
	自由企业家		Forslid and Ottaviano, 2003
	资本创造		Baldwin, 1999
	全局溢出		Martin and Ottaviano, 1999
	局部溢出		Baldwin, Martin and Ottaviano, 2001
	垂直联系		Fujita et al., 1999
	知识创新与扩散		Fujita, 2007
第二代	多区域	离散空间	Krugman and Elizondo, 1996; Puga, 1999; Monfort and Nicolini, 2000; Behrens et al., 2007
		连续空间	Krugman, 1993; Fujita et al., 1999
	多部门	要素密集度	Amiti, 2005
		替代弹性	Fujita et al., 1999
		运输成本	Amiti, 1998; Tabuchi and Thisse, 2006
		竞争程度	Alsleben, 2007; Combes and Duranton, 2006
	异质性	空间异质	Ricci, 1999; Forslid and Wooton, 2003; Amiti, 2005
		运输异质	Krugman and Elizondo, 1996; Behrens et al., 2007
		劳动异质	Mori and Turrini, 2005
		偏好异质	Tabuchi and Thisse, 2002
		企业异质	Melitz, 2003; Ottaviano, 2011; Behrens, Duranton and Robert-Nicoud, 2014
第三代	CARA 模型		Behrens and Murata, 2007; Zhelobodko et al., 2012

注：代表性模型的内容介绍可参阅胡安俊《产业生命周期：企业家精神、集聚、匹配、转移、空间结构的综合研究》，中国人民大学出版社 2016 年版。

资料来源：笔者根据代表性文献整理。

（1）本地市场放大效应与循环累积因果链。当贸易自由度达到一定值时，如果某种外部冲击改变原有需求的空间分布，扩大了某一区域的需求，则大量的企业将改变原来的区位，向该区域集中。并且本地市场效应与价格指数效应之间形成互为因果关系，进一步放大初始震动对经济系统的影响。

(2) 突发性集聚。突发性集聚是新经济地理模型最突出的特征之一。当处于对称均衡且贸易自由度很小时，贸易自由度的提高不会影响产业的区位。当贸易自由度达到某一临界值后，自由度稍微增加，就发生突发性集聚。

(3) 区位的粘性。区位的粘性，即路径依赖，是新经济地理学模型的另一个突出特征。历史选择了某种产业分布模式，在经济活动的格局被锁定时，经济系统内生力量很难改变这种均衡状态。要改变这种模式，需要支付很大的成本或较强的外生冲击。

(4) 预期的自我实现。当贸易自由度处于突破点与持续点之间的叠加区时，对称结构与核心边缘结构都是局部的稳定均衡。当人们的预期发生变化时，将根据变化后的预期选择对称结构或核心边缘结构（安虎森，2009）。

根据新经济地理学的研究结论，产业布局及优化调整中一方面要利用本地市场效应、价格指数效应及其循环因果规律，充分发挥市场的主导作用，引导相关产业向相关区位集聚，实现集聚收益；另一方面又要根据产业突发性集聚的特征，重视历史因素和偶然因素的作用，在新一轮产业转移浪潮和招商引资中，提高地方政府把握机会的能力。此外，根据产业布局路径依赖的机制，在产业空间调整优化时，合理把握调控的力度，积极发挥预期的作用，优化产业布局。

四 第三自然与枢纽网络的布局模式

进入21世纪后，人们越来越深刻地认识到人力资本已经成为决定产业布局的重要因素。首先，人力资本不仅是生产过程必不可少的投入要素，而且是提高生产效率的关键因素。人力资本投入的增加不仅可以提高人力资本自身的生产效率，并且通过提高物质资本的边际收益最大值、推迟边际收益开始下降的临界点、减缓物质资本边际收益的下降速度等作用，提高其他生产要素的生产效率。其次人力资本是技术进步的重要源泉,是技术扩散的必要条件,是技术应用的基础,构成技术进步的引擎(李建民,1999)。同时,人力资本与物质资本之间构成互补关系,随着科学技术的发展和经济的增长,物质资本的不断增加需要投入更多的人力资本,二者之间的互补弹性不断提高,人力资本的重要性日益突出。因此,在产业布局中,人力资本成为企业角逐的核心因素。区域人力资本的质量与规模,直接决定着布局产业的层次与数量。

随着信息化和网络化的普及,流动空间的触角几乎遍及所有区域;随着高铁线路网的逐步建成,将形成高速铁路、高速公路、航空等构成的综合便捷的交通网络。在此推动下,企业不再围绕一个中心城市开展贸易,而是借助交通和信息网络开拓广域市场空间。在网络空间中,决定产业布局的不是第二自然强调的本地市场规模,而是枢纽和网络所达到的广域空间。

人力资本与信息网络在产业布局中的作用更加突出,使得区域的人力资本与信息设施(含教育研发机构)构成了区域的第三自然。在第三自然中,产业布局的空间组织形式从中心腹地的封闭的"塔尖式"模式演变为"枢纽—网络"的开放模式。在此模式中,产业的辐射范围不再是自身周边或腹地的城乡节点,而是覆盖全区域的所有其他枢纽和节点,同时也接收其他枢纽提供的产品和服务;承载枢纽的城市具有地区领导力,这种领导力主要是通过人力资本和知识溢出来实现的(王铮等,2014)。新时期要更加重视人力资本和信息网络的作用,积极建设枢纽城市。特别是大城市,通过积极建设"知识枢纽",为高等级服务业布局提供条件。

五 区域竞争与政策指向的布局模式

在任何经济中,政府都是最重要的主体,它的经济决策直接决定了国民经济中企业面对的宏观激励结构,进而影响产业空间布局。1994年财政分权体制改革后,地方政府握有大量的经济资源(项目经费)、政治资源(审批权)、社会资源(与下级组织及带头人的良好关系)和舆情资源(宣讲优惠政策)等。在政治和经济双重竞争的条件下,地方政府在税收、投资、土地、人才、环保等方面实施大量优惠政策,加大招商引资力度,形成区域之间相互竞价的锦标赛模式(周业安、宋紫峰,2009)。尤其对于产值大、税收多的重化工业的重大项目,更是不惜代价地争取。区域竞争以及与之相关的优惠政策,固然促进了地方经济的发展,但也是导致"产业潮涌"、重复布局和产业结构趋同等问题的重要原因(林毅夫等,2010)。从国外的发展经验看,在上一级区域建立协调机构,并赋予一定的财权,是协调区际关系、优化产业布局的重要举措。

此外,区域竞争也意味着产业的发展与布局呈现政治周期的特征。为了尽快取得政治成绩,新一任地方领导任职之后会在短时间内选择、设计和打造区别于前任领导和邻域地区的新产业,"冷却"原有产业。之所以急切选择并打造新产业,主要是为了贴上新领导的产业标签,淡化原领导的工作政绩,从而获得继续晋升的资本。考虑到地方政府官员的任期情况,地方政府选择的典型产业必须在短期内见到效果;而且地方政府官员的晋升愿望越强烈,要求产业显现效果的时间就越短(冯猛,2014)。这是导致产业布局混乱、并出现政治周期的重要原因。

第四节 城市层级与产业布局转向

城市层级是城市(城乡)规划的范围,与城市经济区相对应,主要包括建成区,也适当考虑与建成区存在密切联系的乡村空间。城市层级上产业布局的本质任务是合理、有效、公正地创造有序的城市生产生活空间环境(吴志强、李德华,2010),而功能分区是实现空间有序发展的重要手段。产业功能分区布局有利于充分发挥集聚收益,但并非越专越好。随着城市规模的扩大,功能分区的布局模式容易带来城市拥挤、住房紧张、环境污染、过度蔓延等问题。为此，出现了城市扩张、多核心城市、新城、区域协同发展等多种功能疏解模式。同时，功能分区模式重视经济效益、轻视社会制度，重视生产、忽视生活，重视企业、忽视人，不利于人们的生产与生活。结构主义、人文主义、后现代化主义出现后，这种范式受到了严峻挑战，出现了制度、文化、社会等多维转向以及产城融合等的要求。

一　集聚经济与功能分区

经济活动的一个客观规律是规模效应，商业、服务业及工业都需要一定的集聚规模，才能获得集聚经济。同时，产业布局也需要降低不同产业之间的负外部性干扰，并满足社会、阶层、文化等的诉求，于是在城市内部形成居住区、商业区、工业区等功能分区。

（一）从 SML 到 SSA 的产业集聚框架

集聚经济包括地方化经济和城市化经济两种类型，它本质上来自地理成本、时间成本与知识扩散成本的节约（Glaeser，2010）。马歇尔将集聚经济分解为产业关联、劳动力匹配、知识溢出三大分支[①]；Duranton and Puga（2004）从共享（Sharing）、匹配（Matching）和学习（Learning）角度进行了系统总结，形成了 SML 框架。Hu and Sun（2014）根据制造业和城市享受的集聚经济类型，建立了制造业与城市的匹配框架，定量回答了"什么技术特征的制造业，在什么规模城市布局"的问题。

Behrens et al.（2014）结合 Dixit–Stiglitz（1977）和 Henderson（1974）两大框架，从空间排序（Sorting）、选择效应（Selection）和集聚经济（Agglomeration）三个方面解释了高才能个体与高效率

---

① 学术界通常认为产业集聚研究的鼻祖是马歇尔。其实，杜能在《孤立国》第二卷和第三卷中就已经深入分析了产业集聚的原因，并归纳了三种分散力与七种集聚力（Fujita，2012）。

企业在大城市显著集聚的现象,形成 SSA 框架①。空间排序、选择效应和集聚经济三者相互影响,形成互补关系。(1)大城市中激烈的选择效应意味着只有更加有才华的个体才能在那里生存,才华较低的个体选择到中小城市工作生活,从而在空间上形成不同才能的人在不同规模城市分布的空间排序现象。(2)拥有高才能个体的城市,个体之间具有较强的竞争,从而强化了选择效应。同时,高才能个体也使得企业更加有效率,能够支付更高的工资,吸引更多有才能的个体到这里集聚,从而强化集聚经济。(3)规模较大的城市能够为有才能的个体提供更高的平台和更多的施展机会,使得有才能的个体在规模更大的城市中收益更大,从而使得空间排序与集聚经济之间形成互补关系。②

(二)功能分区与产业布局

为了获得同类个体或产业带来的集聚经济,减小不相关个体或产业的负外部性,产业集聚导致了功能分区,并形成了不同的功能分区模式。③ 根据各地到城市中心的距离差异,杜能研究了产业功能布局的"杜能环"规律。目前,"杜能环"形式的功能分区仍在现代大都市圈中发挥作用。东京都区集聚着注重各种信息交换的核心管理职能(企业总部),从京滨地带到东京都多摩、神奈川县的广阔区域分布着 R&D 以及相应的中试生产功能,外侧则分布着量产部门(藤井,2015)。芝加哥学派则基于城市土地利用结构与多元化社会关系的分析,提出了同心圆、扇形与多核心等三大经典的功能分区

---

① 不同才能的人会根据自身的才能选择一个最适合他/她的城市规模,从而形成了不同才能的人在不同规模城市分布的空间排序现象。一旦选定了城市,人与人之间、企业与企业之间就会展开激烈的竞争,在优胜劣汰、适者生存的作用下,市场留下的都是才能较好、效率较高的个体,这就是选择效应。

② 空间排序、选择效应和集聚经济三者的互补关系,并不意味着大城市只有高才能的个体。不同才能的个体之间存在互补关系,使得大城市中各种才能的人都存在,只不过高才能个体的比例更高。这是 SSA 框架解释的重点。

③ 尽管城市化经济强调产业的多样化,但这种多样化也是相关产业的多样化,不是无限的多样化。因此产业集聚的 SML 框架内含着功能分区的思想。

模型。概括起来，城市内部的功能分区是经济（土地、经济规模效应、投入产出、经济基础）、社会（阶级、种族、教育层级）、文化—政治、政治经济（权力、城市政体）等因素综合作用的结果。在此基础上，张庭伟（2001）从政府力（当地政府的组成成分及采用的发展战略）、市场力（控制资源的各种经济部类及与国际资本的关系）和社区力（社区组织、非政府机构及全体市民）三个方面搭建了城市功能分区的演化动力模型。

二 集聚不经济与功能疏解

随着城市规模的扩展，产业集聚与功能分区的弊端开始显现：交通拥挤、资源紧张、房价上涨、环境污染、城市蔓延等集聚不经济日益突出，城市进入功能疏解阶段。从功能疏解的空间形式看，主要包括以下四种方式：

（一）城市扩张

随着中心城区集聚不经济问题的日益突出，为了获得更大的住房空间、更好的自然环境，居民具有向郊区迁移的需求；为了吸引新的开发项目，大城市周边的小城镇具有土地开发的动力；再加上上级政府在城市功能疏解方面的要求以及税收等方面给予的优惠，中心城区的功能不断向郊区疏散。不过，城市扩张导致消耗土地过多、依赖小汽车交通、破坏生态环境等现象。为此，各国政府分别基于保护耕地、保护自然环境、复兴中心城区等的要求，规范土地利用性质，鼓励高密度紧凑发展，建立邻里单元和综合功能区，建设隔离绿化带，强调精明增长（张庭伟，1999）。

（二）多核心城市

从单核心城市向多核心城市演变是世界各国大城市发展的基本规律，多核心城市融合大中小城市的优点，能够有效实现大城市的功能疏解。为此，许多国家和地区提出多核心城市发展模式，引导大都市区向多核心演进，形成了具有与中央核心区互补和竞争的郊区次中心的现代多核心城市网络结构模式（石忆邵，1999）。20世纪80年代以来美国边缘城市（Edge City）的兴起、近年来北京通州副中心的建设等都是强调多核心城市的发展模式。

（三）新城建设

为应对伦敦的大城市病，霍华德提出田园城市的设想，通过在城市经济区之外建设融合城乡优点的新城，疏导大城市功能。[①] 第二次世界大战之后，英国、美国、日本、新加坡、中国等都进行了大量实践。新城建设的出发点是为了营造新的社区，给人们提供更好的居住环境和生活条件，以吸引从中心城区疏散的人口和产业，拦截从外围流入的农村劳动力。新城建设初期需要积极发挥政府的作用，通过不断完善住房、医疗、教育、交通、商业等设施，带动人口与产业，形成产业、金融与就业的良性互动，促进新城成为相对独立的社区。

（四）区域协同发展

区域内不同规模的城市分别发挥着不同的功能，它们之间形成了相互依存的关系，大城市固然提供了高等级的产品和服务，但是中小城市的功能同样不可忽视。中小城市不仅是中低等级产业布局的场所，而且为大城市拦截了众多农村劳动力。不同规模城市的协同发展，是实现产业和人口等级规模分布的基本条件，是疏解大城市病的重要方式。2014年以来中央提出京津冀协同发展，就是从京津冀整个区域的发展出发，通过提升天津和河北各级城市的发展水

[①] 根据《英国大不列颠百科全书》，新城是通过在大城市以外重新安置人口，设置住宅、医院和产业，设置文化、休憩和商业中心，形成新的、相对独立的社会。与多核心城市中各个核心之间的关系相比，新城在经济、社会、结构、规划等方面具有相对独立性，对中心城区的依赖较小（张捷，2003）。

平，缩小区域差距，达到吸纳北京非首都功能、缓解北京大城市病的目的。

从功能疏解的顺序看，出现了居住疏散化为先导、带动产业疏散化与以产业疏散化为先导、逐步走上居住疏散化的两种道路。从疏散的效果看，居住疏散化为起点的道路，由于服务设施的配套，达到了较为稳定的功能疏解效果；相反，通过行政指令先行搬迁企业而居住疏散化滞后的道路，延长通勤时间、增加城市拥堵。实现不同等级城市之间、城乡之间基本公共服务均等化，尤其是在此基础上促成优质公共服务资源向外转移，决定着城市功能疏解能否实现、是否可持续发展（张强，2016）。

三 多维转向与产城融合

长期以来，产业布局主要从经济视角研究经济活动的分布规律，重视工业、轻视服务业，重视经济效益、轻视社会和制度，重视生产、忽视生活，重视企业、忽视人。自结构主义、人文主义、后现代化主义出现后，这种范式受到了严峻挑战，社会结构、制度文化、产城融合受到越来越多的重视，出现了产业布局的多维转向。这种转向在城市层级尤为显著，城市层级的产业布局，不仅与经济发展密切相关，而且与社会发展紧密相连，城市的社会特征与社会结构，例如年龄结构、收入结构、文化结构等，不仅影响居住用地规模，而且影响公共服务设施的建设档次和数量，影响布局产业的类型。因此，城市层级的产业布局要十分注重吸取社会发展方面的成果，提高产业布局的效果（崔功豪，2002）。

1. 针对功能分区导致的功能分割、城市蔓延等问题，城市规划理论从注重功能分区的《雅典宪章》（1933）转向注重人与人之间相互关系的《马丘比丘宪章》（1977）、《华沙宣言》（1981）和《北京宪章》（1999），强调城市产业布局要以人为核心，更加重视社会文化和可持续发展（孙施文，2007）。

2. 20世纪80年代以来新产业空间、学习型区域、区域创新系统等新空间不断涌现，产业布局理论充分吸收新经济社会学所发展的"嵌入性""地方网络""关系资产""非贸易相互依赖"等理论工具，强调产业布局不仅是一个路径依赖和被制度化的过程，也是一个嵌入社会和建构关系的过程，出现了制度、文化、关系、尺度等多维转向（安德森等，2009；李小建，2016）。尽管这些新空间都具有产业集群的特征，但是产业集群不一定带来创新。王缉慈（2016）认为制度文化因素是决定创新成败的关键，最根本的因素有两点：一要有各种各样的促进企业合作的机构（IFC），二要有各种各样的促进企业合作的活动。

3. 加入WTO以来，在全球化与城镇化的双重推动下，中国新城新区迅猛扩张。根据遥感数据显示，2000—2010年中国开发的新区总面积达到32939平方千米，与2000年之前的总面积相当（龙瀛，2017）。冒进扩张的新城新区普遍存在生活设施、教育、医疗等服务设施配套不足，城市综合功能发展滞后等问题，严重影响人们的生产与生活。新城新区在未来产业布局中要统筹考虑城市经济增长趋势、产业演变特征、社会结构等因素，合理确定新城规划范围、居住用地规模、公共设施的建设档次与数量，处理好产业与就业、生产与生活等关系，走产城融合之路（邹伟勇等，2014）。

不同的空间层级，考虑的产业布局因素不同。对空间层级与产业布局的研究，可以为各级政府制定产业布局战略规划提供参考。

第九章

产业与环境的匹配

产业布局既要发挥市场在资源配置中的决定性作用，也要更好地发挥政府的作用。产业布局要以优化目标为导向，实现产业与环境匹配、产业与城市匹配、产业与人口匹配等三大目标，达到环境、经济与社会效益的协调统一。本章探讨产业布局的第一大目标：产业与环境的匹配。首先从促进学科建设、满足人民美好生活需要、实现中华民族永续发展等三个方面介绍了产业与环境匹配的重大意义。由于主体功能区是产业布局的空间约束框架，其次介绍了主体功能区与产业布局的关系，提出了产业布局调整的方向与建议。提升能源利用效率是当前中国优化环境的首要选择，最后通过分析能源效率的产业与省域特点，指出了提升能源效率的产业重点和空间重点。

第一节 产业与环境匹配意义

本章讨论的产业与环境匹配，是指通过调整产业空间布局，优化生态环境，实现环境保护目标。产业布局是重要的手段，生态保护是本质目标。实现产业与环境匹配具有重大的理论与现实意义。

第一，从产业布局的角度出发，提出产业与环境匹配的路径，有助于丰富宏观和微观经济学、技术经济学、生态经济学、区域经济学等学科的理论内容。生态环境是一项重要的公共产品，政府干预是解决市场失灵的必要手段；同时，科斯定理认为在改善生态环境过程中，市场也可以发挥重要作用。通过明确产权，促进污染权交易，可以改善生态环境。因此，学理上往往从治理环境污染、调整产业结构、发展循环经济、促进可再生能源发展、促进污染权交易等角度提出具体的改善生态环境的途径。划定生态红线，调整产业布局，针对重点产业和重点区域进行空间调控，也是实现环境优化的重要方法，这将丰富宏观和微观经济学、技术经济学、生态经济学、区域经济学等学科的相关理论内容。

第二，实现产业与环境匹配，是人民美好生活的迫切需要。2019年中国人均GDP突破1万美元，中国经济已经进入高质量发展阶段，人民的需求也逐渐从物质需求、享受需求、人文需求，扩展到生态需求。清洁的空气和水、绿色有机的食品、安静的生活环境、良好的生态环境……都已经成为人民美好生活的迫切需求。2020年新冠肺炎疫情的全球蔓延，使得人们更深刻地认识到人与自然和谐发展是人类健康的重要保障。实现产业与环境匹配，是保护生态环境的重要途径，是实现人民美好生活需要的重要手段。

第三，实现产业与环境匹配，是实现中华民族永续发展的需要。改革开放以来，中国经济快速发展的同时，粗放型发展方式、污染避难所效应等也给生态环境带来了巨大的负荷压力。绿水青山就是金山银山，保护生态环境就是保护自然价值和增值自然资本，生态本身就是效益。为此，党的十九大报告指出，建设生态文明是中华民族永续发展的千年大计。必须坚持节约资源和保护环境的基本国策，像对待生命一样对待生态环境，坚定走生产发展、生活富裕、生态良好的文明发展道路。通过规范产业布局，划定生态红线，调控产业空间能耗，实现产业与环境匹配，是建设美丽中国、实现中华民族永续发展的需要。

第二节 主体功能区与生态基底

为优化生态环境、实现绿水青山的目标，2011年国家颁布了《全国主体功能区规划》，这是中国第一个全国性国土空间开发规划。主体功能区划的实施，有利于规范国土开发、优化生态环境，有利于调整产业结构、转变经济发展方式，有利于缩小区域差距、缓和社会矛盾，有利于打破行政经济、缓解区际冲突。当然，这些功能中最核心的功能是规范生产与生态的关系，为产业布局提供生态框架，实现产业发展与生态环境的匹配。

一 主体功能区划的生态思想

主体功能区划根据资源环境的承载能力、现有国土开发密度和发展潜力，确定区域主体功能，划定哪些区域应当优化开发和重点开发，哪些区域应当限制开发和禁止开发。主体功能区划是基于中国出现的诸多区域问题，为实现高效、协调和可持续发展而确立的一个基本方针和策略。它在发展理念、发展内涵等方面突显生态思想。

（一）坚持生态优先的理念

主体功能区划摒弃了GDP增长至上的理念，从规划程序、生态价值、政府绩效考核等方面秉承生态优先的发展理念。（1）在规划程序方面，主体功能区划实行先划定限制开发区和禁止开发区，后划定优化开发区和重点开发区的办法，优先保护自然资本；（2）在生态价值实现方面，主体功能区划通过碳汇交易、生态补偿等方式，实现环境价值，体现环境伦理；（3）在政府绩效考核方面，主体功能区划通过弱化优化开发区经济增长的评价，突出限制和禁止开发区生态环境的评价，从而促进对生态环境的保护。

(二) 诠释发展的核心内涵

发展是与人们的价值取向一致的运动和变化。在空间上，这种价值取向体现为选择适合区域禀赋的发展模式。中国各地区资源环境承载力、人力资本禀赋、市场接近等的巨大差异性，决定了并不是每个地区都适合工业化与城市化（樊杰，2007）。只有放弃"一刀切"的"唯GDP、工业化、城市化"的发展思路，选择适合自然发展规律与经济发展规律的发展模式才是体现人们价值取向的真正发展。主体功能区划按照"宜生态则生态，宜经济则经济"的原则，确定各区域发展的主体功能与发展模式，将发展的内涵落实到具体的空间载体上，诠释了发展的核心内涵。

二 主体功能区划的生态职能

主体功能区划是在中国处于快速工业化、城镇化发展时期各种矛盾日益突出的背景下提出的。它的职能包括解决生态环境恶化、发展方式粗放、区域差距扩大、区际关系冲突等突出问题。当然，主体功能区的核心职能在于为产业布局提供绿色基底，规范产业布局的框架。

(一) 规范国土开发秩序、优化生态环境

近十几年来，随着工业化与城市化的快速推进，各类建设乱占耕地的现象愈演愈烈，导致建设用地盲目扩张和无序蔓延，空间开发秩序十分混乱：突出表现为工矿建设占用空间偏多，开发区占地面积较多且过于分散，城市和建制镇建成区空间利用效率不高，耕地减少过多过快，保障粮食安全压力很大（陆大道，2007）。与此同时，工业发展和城市盲目扩张导致生态环境不断恶化，国家生态屏障区人口超载，生态安全受到威胁（生态屏障、功能区划与人口发展课题组，2008）。

主体功能区划根据区域资源环境承载力与开发潜力，确定区域主体功能，划定国土开发"红线"，保障区域关键自然资本不随时间减少，提高区域的生态功能、保障国家生态安全（Pearce and Warford，1993），并辅以相应的财政政策、产业政策、土地政策、政府考核评价体系，规范国土开发秩序。同时，通过人口转移、生态补偿、财政补贴、基本公共服务均等化等途径，提高限制开发区与禁止开发区人们的生活水平，从而激发保护环境的积极性，达到优化生态环境目标。

（二）调整产业结构、转变发展方式

地方政府通过便宜的土地、优惠的政策等要素价格失真策略，赋予产业"行政性比较优势"，直接导致产业结构调整缓慢（周天勇、张弥，2010）。尤其自2002年以来，在新一轮工业化进程的推动下"四大板块"第三产业的比重总体都在不断下降，使得中国第三产业的比重比世界同等收入国家的一般水平低20个百分点，三次产业结构越发失衡（夏杰长，2008）。与此同时，三次产业内部结构也亟待高级化。第二产业中高技术产业总量较小、发展较慢，2001年以来TFP对工业增长的贡献率不断下降（张军、陈诗一、Jefferson，2009）。第三产业内部传统服务业发展快速，现代服务业和新兴服务业明显落后。

主体功能区划通过划定开发红线、调整政府绩效考核机制与制度，停止政府的规则软化型生产职能、调整政府的财政补贴型、金融扩张型与租金减免型生产职能，改变政府干预经济的方式，激发企业创新与产业升级，试图从根本上解决经济结构调整缓慢与经济发展方式粗放的问题。这在优化产业结构的同时，保护了生态环境。

（三）加强双向流动、实现生态价值

解决中国国土开发秩序混乱、生态环境恶化等区域问题的关键在于限制开发区和禁止开发区的功能实施。而制约限制开发区与禁止开发区主体功能实施的最大障碍在于资金的缺乏。在禁止开发区与限制开发区经济发展水平较低的条件下，财政补贴只是杯水车薪。通过市场手段，实现生态价值才是构建经济发展与环境保护共生机制、保障生态功能的关键。为此，主体功能区划一方面通过引导禁止开发区和限制开发区人口向重点开发区和优化开发区转移，减小区域生态压力；另一方面，通过财政转移、生态补偿、碳汇交易、生态产品等实现生态价值的措施，使得限制开发区与禁止开发区获得更高的经济发展水平。双向流动，推动限制开发区和禁止开发区规划的顺利实施。

三 主体功能区划与产业布局调整

区域主体功能是产业有序调整的总方针。其中，限制开发区、禁止开发区、优化开发区是产业空间调整的难点和主要矛盾所在。产业空间调整过程中，要根据各个企业和产业的特点，制定不同的方案，实现有序调整。同时，多渠道增加调整动力，降低调整成本，促进产业空间调整。此外，还要发挥中国特色社会主义制度的优越性，依靠考核杠杆，激发地方政府积极性，从而降低产业调整的空间粘性和路径锁定效应。

（一）依托主体功能，形成产业空间调整总方针

地域功能是指一定地域在更大的地域范围内，在自然资源和生态环境系统中、在人类生产活动和生活活动中所履行的职能和发挥的作用（樊杰，2007）。主体功能区通过建立区域主体功能区规划模型与求解算法，根据不同空间尺度上各类功能区的阈值确定区域的主体功能（张晓瑞、宗跃光，2010）。在此基础上，设定不同主体功能区经济活动的主要内容和产业选择的基本方向，进而引导经济活动、人口有序转移，并实施生态补偿。因此，主体功能是引导产业

空间调整的总方针。

具体而言,由于限制开发区、禁止开发区、优化开发区是产业空间调整的难点和主要矛盾所在,所以在产业调整的主体方向上,主要表现为限制开发区的产业向重点开发区转移、禁止开发区的产业向重点开发区转移、优化开发区的产业向重点开发区转移,重点开发区的产业向优化开发区转移。此外,也会出现限制开发区和禁止开发区的产业向优化开发区转移的情形,但这是次要的流向(见图9—1)。

与此同时,在限制开发区和禁止开发区着力加强环境保护,通过退耕还林、退耕还草、人口和产业迁移,减轻环境承载负担,提升生态涵养能力和环境承载力。

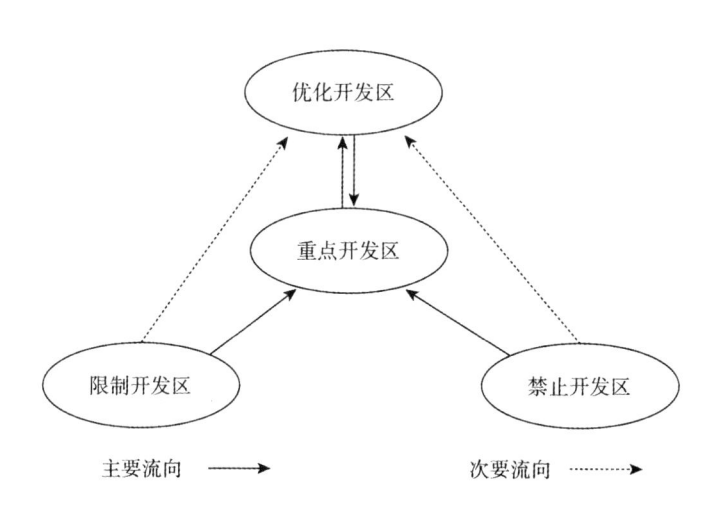

图9—1 区域主体功能与产业空间调整流向

资料来源:笔者自制。

(二)根据分类原则,制定差异化的调整方案

对于一个产业、一个企业而言,产业空间调整是一项巨大的生存挑战。调整不好,一个企业可能利润大幅下滑、现金流断裂,甚至倒闭;调整好了,会促进企业升级,推动企业上升一个新台阶。因此,产业空间调整必须遵循差异化原则。由于不同的产业具有不

同的资源依赖度、市场依赖度和人力资本依赖度，因此，其空间调整的难度存在很大差异。根据主体功能进行产业布局调整过程中，需要深入调查不同产业和不同企业的诉求。在此基础上，综合企业家、行业协会、学者、地方政府官员、老百姓等的意见，制定差异化的调整方案和调整时间，既要保护生态环境，缓解生态压力，也要给企业充分的空间调整的时间，保障企业利益。这是决定产业空间调整效果和成败的关键。

（三）增强调整动力，减小产业调整的成本

促进产业有序调整，需要多渠道增加调整动力。（1）根据主体功能，划定国土空间调整"红线"，并坚决贯彻实施，从而调整企业未来预期，这是形成调整动力的一个关键。（2）在产业调整的过程中，严格禁止不符合区域主体功能的增量产业的进入。（3）依托生态补偿、财政补贴、基本公共服务均等化、产业政策、土地政策、政府考核评价体系等，降低企业调整成本，形成产业调整的合力。（4）提升优化开发区、限制开发区与禁止开发区人们的教育水平、学习能力和人力资本水平，提高保护环境的积极性，形成产业调整的一大内生动力，从而推动产业调整。（5）多渠道增加就业能力，为产业调整过程中失业人员的再就业提供机会。

（四）重构考核标杆，降低产业的空间锁定效应

产业发展的过程是一个不断空间集聚的过程，也是一个因产业集聚导致空间不断锁定的过程。对于企业，产业空间调整动力严重不足。差异化的调整政策，对于一些企业会形成逆向选择，这会形成负面的示范效应，大幅降低产业空间调整的动力。因此，要充分发挥中国特色社会主义制度的优势，通过重构考核杠杆，发挥地方政府的积极性，加大监督和督促力度，降低产业调整的拖延时间和空间锁定效应。

四 实施主体功能区划的建议

尽管主体功能区划在规范国土开发、转变经济发展方式、保护生态环境等方面具有很强的作用力,但也存在着诸多障碍与问题。需要在税制结构、基本公共服务、生态功能区适宜性开发、劳动力培训、重塑政府考核体系、构建问题区域识别框架等方面进一步完善。

(一)优化税制结构,拓展补偿方式

贫乏的资金是有效保护生态功能区的瓶颈。优化税制结构,拓展税收是解决这一问题的重要举措。首先,调整资源税范围,开展环境税。将水资源、森林资源、草场资源和短缺性资源纳入征收范围,使其普及到所有自然资源的开发中。开征环境税和排污税,将生态保护性税种所得额用于提供生态产品的功能区。其次,合理配置税种,调整分配结构。在扩大资源税收范围和提高资源税税率时,将增收部分全额划给地方,增强地方对资源保护和合理利用的动力(推进我国主体功能区建设的财政政策研究课题组,2009)。此外,变单一货币化补偿,为货币化补偿、生态项目建设、异地搬迁、劳动力培训等综合方式补偿,提高生态环境质量与保护效果。

(二)完善财政政策,实现基本公共服务均等化

尽管财政支撑仍然是现阶段实现基本公共服务均等化的核心途径,但由于存在转移支付门类过多、一般性转移支付比重过低等突出问题,财政效力无法有效发挥作用。为此,首先对现有比较复杂的转移支付形式进行合并和取消,整合到一般性转移支付和专项转移支付两种形式中。其次,提高一般性转移支付比重。在中央政府财力的基础上尽可能把比例提高到50%以上,使其成为比重最高的转移支付形式。最后,在加强专项转移支付管理的前提下,增设以

主体功能区为对象的专项转移支付科目，重点投向禁止开发区与限制开发区（孙健，2009）。此外，还要逐步建立基本公共服务供给的横向转移支付制度和转移支付的监督制度。

（三）适宜性开发生态功能区，构造自生能力

除了实施优化税制结构、实现基本公共服务均等化等策略之外，对生态功能区进行适宜性开发也是拓展资金渠道、实现生态价值的重要途径。由于对生态功能区进行适宜性开发是一个十分敏感的问题，开发强度掌握不好就会导致生态恶化、违背主体功能区划的初衷。因此，对生态功能区进行适宜性开发之前，首先根据区域主体功能，构建由开发时序、开发区域、开发内容、开发强度、监督评价体系等构成的完整系统。在保证生态功能不断提高的前提下，发展区域特色和符合功能定位的产业，构建经济发展与生态保护的共生机制，形成生态功能区的"自生能力"，达到有效保护生态的目的。除了大家熟悉的发展旅游业之外，新疆墨玉的肉苁蓉种植、四川攀枝花的以林养林、黑龙江以虎养虎的探索等也都是很好的经验。

（四）加强劳动力培训，推进主体功能区划实施

人口素质是影响区域发展方式转变、生态功能提升的最大制约因素。提高人口素质，有利于限制开发区与禁止开发区人口的有序转移，有利于优化开发区与重点开发区创新能力的提高，是主体功能区规划实施的保障。

限制开发区与禁止开发区人口超载、人口素质相对较低、少年儿童比例较高，单靠放开户籍制度、提供基本公共服务，无法顺利实现人口大量有序转移。加强劳动力培训，提高人们在城市就业的能力，才是缓解资源环境压力、实现人口大量有序转移的关键。而在优化开发区人口老龄化问题开始显现、重点开发区城乡人口素质差距很大的背景下，加强劳动力培训、提高人口素质，有利于提高优化开发区劳动力的创新能力，有利于提高重点开发区人口的就业

能力与集聚能力,缓解优化开发区的人口集聚压力(张耀军、陈伟、张颖,2010)。

(五)重塑政府绩效考核体系,转变政府职能

主体功能区以"以地为本"为基本原则,相应的政府绩效考核也应该采用"分类评估"的方法,构建同类区域政府在考核绩效上的竞争机制。考核指标包括约束性指标与预期性指标,其中约束性指标是政府考核绩效的强制性指标(徐风华、王俊杰,2006)。基于区域的主体功能,在约束性指标的选择上,优化开发区选择新产品产值率、R&D 比重、单位 GDP 能耗等指标,重点开发区选择职工工资增长率、居民消费增长率等,而限制开发区与禁止开发区选择各类自然资源的开发强度、基本公共服务均等化等作为约束性指标。

通过政府绩效考核体系的重塑,不断引导政府职能转变。停止规则软化型生产职能,调整财政补贴型生产职能、金融扩张型生产职能与租金减免型生产职能,增强政府在自主创新、社会民生、环境保护上的作用力(梁东黎,2009)。

(六)构建问题区域识别框架,促进"地域的繁荣"

主体功能区强调"人的繁荣",忽视"地域繁荣",其实施会进一步加剧空间的不均衡、加大西部大开发和落后区域发展的难度(魏后凯,2007)。因此,主体功能区并不能医治百病。从全面协调可持续发展的视角出发,还需要在主体功能区框架下构建落后区域、萧条区域等问题区域的识别框架。并通过完善财政、产业、土地、人口、环境等方面的政策,促进问题区域的发展,从而实现区域协调发展,这是推动生态保护的重要保障。

此外,为了顺利实施主体功能区划,还需要积极稳妥地推行跨省的耕地占补平衡制度,在保护耕地总量不少、质量不降的前提下,适当增加重点开发区、优化开发区的城市建设用地;还要根据地域功能的自身发育和成长特征,对地域主体功能进行适时动态转变。

第三节 能效分布与空间调控

总体而言，改善生态环境的路径主要有三条：一是提高能源效率，二是大幅提高可再生能源使用比例，三是实施环境治理技术。中国作为世界第二大经济体，能源禀赋主要以煤炭为主，石油、天然气大量依赖进口，而可再生能源自身的不稳定性与储能技术的不足，决定了短期内可再生能源无法起到主导能源作用。同时，碳捕捉、利用、储存等环境治理技术的成本依然很高（林伯强，2021）。为了保障国家能源安全，并实现绿色发展，提高能源效率是当前中国实现生态环境改善最为重要也最为可行的路径。

抓主要矛盾和矛盾的主要方面，是社会科学研究的重要方法论。本节通过分析能源效率的产业与空间特点，将能源消耗大、效率改善慢的产业和空间作为调控的重点，改善生态环境，推动产业与环境的匹配。

一 能源效率与绿色发展

气候变化是当前人类面临的最大威胁。作为全球第一能源消耗国，中国积极承担国际责任，在2015年巴黎气候大会上庄严承诺希望到2030年将整体能源结构中低碳燃料的比例提升至20%，并且到2030年碳强度比2005年下降60%—65%（潘家华，2016）。提高能源效率、发展碳收集储存技术、发展可再生能源等是实现绿色低碳发展的主要途径（奥基夫、奥布赖恩、皮尔索尔，2011）。由于中国的能源禀赋结构以煤炭为主，可再生能源自身的不稳定和储能技术的不足，巴黎承诺的目标意味着提高能源效率是未来中国较长一段时间内实现低碳减排、解决产业与环境矛盾的主要途径。

提高中国能源效率，有利于减缓全球变暖、保护生态环境、保障国家能源安全和实现经济低碳转型。(1) 中国整体处于工业化后期的发展阶段（黄群慧，2013）、城镇化处于快速增长时期、煤炭是能源供给的主要来源，这些特征决定了未来一段时间中国仍将处于能源消耗的高水平时期。提高能源效率，有利于减少碳排放，有助于未来地表温升不超过2℃目标的实现。(2) 环境污染是一种重大公众健康危害源，造成环境污染的许多原因和解决方案都跟能源行业息息相关（国际能源署，2017）。提高能源效率，有利于减少SO_2、NO_x和可吸入颗粒物的排放，保护公众健康与生物多样性，促进绿色发展。(3) 2016年中国原油对外依存度达到65.5%，且大部分来自中东、北非等地缘政治敏感区域。天然气的进口依存度也超过30%。提高能源效率，有利于减少能源的进口依赖，减少能源冲突，保障国家能源安全。(4) 提高能源效率，意味着需要进行全面的创新、探索和学习，从而推动新一轮的能源工业革命。能源工业革命会大幅改进现有能源的生产方式和消费方式，有利于促进新产业形成，打造新的经济增长点。并在此过程中，实现经济发展方式的低碳转型（斯特恩，2016）。

现有文献对能源效率进行了大量研究，主要集中在能源效率评价和能源效率影响因素两个方面。考虑到文献众多，本章只选择代表性文献和综述性文献进行总结。(1) 从评价方法看，包括单要素能源效率方法和全要素能源效率方法两大分支。能耗强度是一种计算简单且易于进行国别比较的单要素测度方法，但由于该指标包括了产业结构的变动、能源与劳动之间的替代、能源与资本之间的替代、能源投入结构的变化、能源价格的变动，这些变化都将显著影响指标值的大小，而并不表明能源生产的技术效率发生变化。而且，没有考虑其他投入要素的影响（魏楚、沈满洪，2009）。为此，研究者开始转向使用全要素生产率框架进行分析，Hu and Wang（2006）率先提出了全要素能源效率的概念，通过测度样本点相对于生产前沿的远近程度进行相对效率的比较。对于前沿的估计有参数法和非参数法两种。非参数方法的典型代表是数据包络分析法（DEA），而参数方法的代表是随机前沿分析法（SFA）。张少华、蒋伟杰（2016）对能源效率的评价方法进行了系统梳理，并比较了各种方法的优缺点。DEA方法无须具体的函数形式，就可以分解出能源效率，并考虑"节能减排"，但是无法排除随机因素的干扰、结果可比性差、结果无法进行统计检验。SFA的结果对随机干扰较稳健、考虑多投入和多产出、结果可以进行统计检验，但是函数设定具有主观性、结果并非真正的能源效率、估计时样本往往较小。（2）从影响因素看，魏楚、沈满洪（2009）将影响能源效率变化的因素归纳为结构变动、技术进步与创新、经济制度三大因素。指数分解法将能源效率的变化分解为强度效应、产业结构效应、能源结构效应等三个方面。为了给能源强度变化提供更好的经济学解释，Wang（2007）提出了基于生产理论的分解方法（PDA），而PDA方法的主要缺陷在于对产业结构效应和能源消耗结构效应的测度上可能会与现实相悖。为此，林伯强和杜克锐（2014）综合了指数分解法（IDA）和生产理论分解法（PDA），提出了一个综合的分解框架，将能源效率的变化分解为产业结构效应、能源结构效应（能源间替代效应）、生产技术效应、技术效率效应、资本能源替代效应和劳动能源替代效应等六个成分，为解释能源效率变化提供了完整的理论框架（见图9—2）。

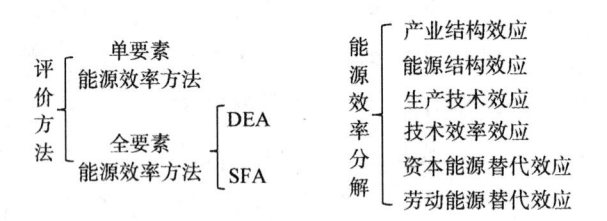

图9—2　能源效率测度方法与因素分解

资料来源：笔者自制。

当前中国面临着严峻的空气、水、土壤、海域等环境污染，如何实现国家设定的约束性目标，提升能源效率，达到产业与环境的匹配？抓住主要矛盾和矛盾的主要方面，是提高能源效率、实现产业与环境匹配的关键所在。即提高能源效率,需要找到一些抓手,分步骤、分重点地推进实施。显然,能源消耗大、利用效率低的产业和区域是提高能源效率的重点。为此,本章分两个步骤筛选这些重点产业和重点区域:首先,依次分析细分产业和省级区域两个维度的能源消耗分布与利用效率特征,整体把握中国能源消耗的产业空间图谱。其次,在此基础上,通过比较能源消耗与能源效率,筛选能源消耗大、利用效率低的产业和区域作为提高能源效率的重点,以期为国家分步骤、有重点地推进产业布局与环境匹配提供抓手参考(见图9—3)。

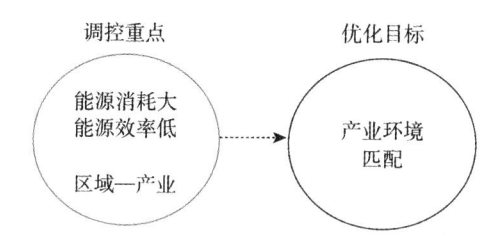

图9—3 能源消耗、能源效率、调控重点与产业环境匹配
资料来源:笔者自制。

二 提升能源效率的产业重点

能源效率评价包括单要素能源评价与全要素能源评价两大分支,为了便于结果之间进行比较,本章选择单要素能源评价方法,分析能源消耗的产业和空间图谱。

(一)能源消耗的产业分布

从三次产业看,1985年第一产业、第二产业、第三产业能源消耗分别是4044.8万吨标准煤、52369.8万吨标准煤、20268.1万吨标准煤,比重分别为5.3%、69.3%、25.4%;2015年第一产业、第二产业、第三产业能源消耗分别是8231.7万吨标准煤、287902.1万吨标准煤、121701.4万吨标准煤,比重分别为2.0%、68.9%、29.1%。经过了30年,第二产业一直是能源消耗的主体。从代表性细分产业部门看，能源消耗的第一大产业是工业，1985—2015年工业占能源消耗总量的比重维持在67%左右。其次是生活消耗，基本上维持在12%左右。第三大行业是交通运输、仓储和邮政业，其占比不断提高，2015年达到8.9%（见图9—4）。

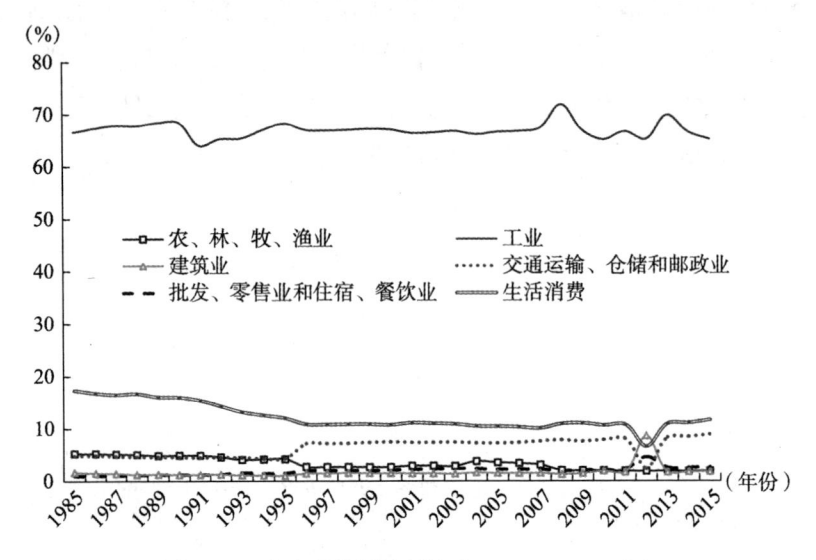

图9—4　各产业能源消耗比重（1985—2015年）

资料来源：历年中国能源统计年鉴。

从工业的细分产业看，40个细分产业的能源消耗分布呈现指数分布的特征，表明能源消耗的产业集中度较高。1985年、1990年、1995年、2000年、2005年、2010年、2015年七个年份能耗最多的10个行业基本稳定，它们包括黑色金属冶炼和压延加工业、化学原料和化学制品制造业、非金属矿物制品业、有色金属冶炼和压延加工业、石油加工炼焦和核燃料加工业、电力热力生产和供应业、纺织业、煤炭开采和洗选业、造纸和纸制品业、金属制品业、橡胶和塑料制品业，食品、饮料和烟草制造业，机械、电气、电子设备制造业等（见表9—1）。十大产业占能源消耗总量的54%左右，其中前五大产业的能源消耗占42%左右（见图9—5）。

表9—1　历年能耗最多的十个细分工业产业

位序	1985年	1990年	1995年	2000年	2005年	2010年	2015年
1	化学工业	化学工业	黑色金属冶炼和压延加工业	黑色金属冶炼和压延加工业	黑色金属冶炼和压延加工业	黑色金属冶炼和压延加工业	黑色金属冶炼和压延加工业
2	建筑材料及其他非金属矿物制品业	黑色金属冶炼及压延加工业	化学原料和化学制品制造业	化学原料和化学制品制造业	化学原料和化学制品制造业	化学原料和化学制品制造业	化学原料和化学制品制造业
3	黑色金属冶炼及压延加工业	建筑材料及其他非金属矿物制品业	非金属矿物制品业	非金属矿物制品业	非金属矿物制品业	非金属矿物制品业	非金属矿物制品业
4	机械、电气、电子设备制造业	机械、电气、电子设备制造业	石油加工炼焦和核燃料加工业	石油加工炼焦和核燃料加工业	石油加工炼焦和核燃料加工业	石油加工炼焦和核燃料加工业	有色金属冶炼和压延加工业
5	煤炭采选业	煤炭采选业	电力、热力生产和供应业	电力、热力生产和供应业	电力、热力生产和供应业	有色金属冶炼和压延加工业	石油加工炼焦和燃料加工业
6	电力、蒸汽、热水生产和供应业	电力、蒸汽、热水生产和供应业	煤炭开采和洗选业	有色金属冶炼和压延加工业	有色金属冶炼和压延加工业	电力、热力生产和供应业	电力、热力生产和供应业

续表

位序	1985	1990	1995	2000	2005	2010	2015
7	食品、饮料和烟草制造业	食品、饮料和烟草制造业	纺织业	煤炭开采和洗选业	煤炭开采和洗选业	煤炭开采和洗选业	纺织业
8	纺织业	纺织业	有色金属冶炼和压延加工业	石油和天然气开采业	纺织业	纺织业	煤炭开采和洗选业
9	石油和天然气开采业	石油和天然气开采业	石油和天然气开采业	纺织业	石油和天然气开采业	造纸和纸制品业	金属制品业
10	有色金属冶炼及压延加工业	有色金属冶炼及压延加工业	造纸和纸制品业	造纸和纸制品业	造纸和纸制品业	石油和天然气开采业	橡胶和塑料制品业

资料来源：中国统计局，由 EPS DATA 整理。

（二）能源效率的产业特征

随着体制改革的推进和产业结构的演进，中国三次产业的能源效率呈现先上升后下降的波浪式上升特征（安德鲁斯—斯皮德，2015）。但从三次产业的比较看，第二产业的能源效率一直低于第一产业和第三产业，利用效率较低（见图9—5）。从几个代表性的产业部门看，批发零售业和住宿、餐饮业及建筑业的能源效率较高，工业及交通运输、仓储和邮政业的能源效率较低（见图9—6）。

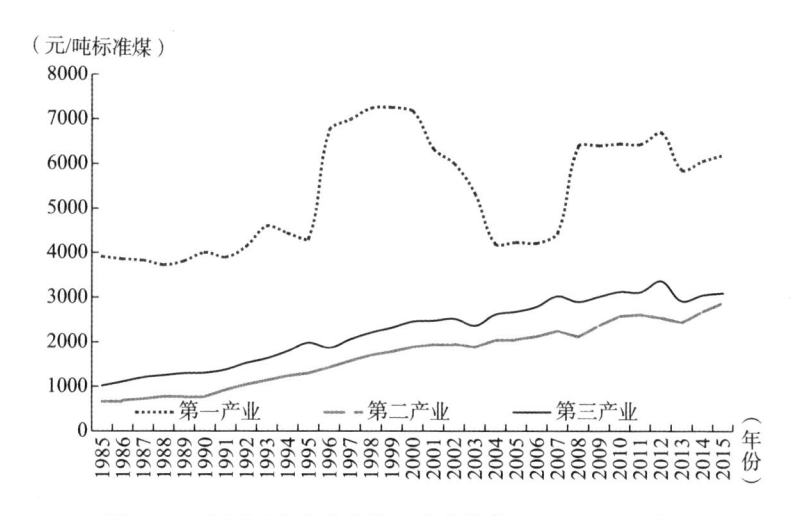

图9—5 中国三次产业的能源效率演变（1985—2015年）

注：产业增加值以1978年为基期折算。

资料来源：历年《中国能源统计年鉴》，《中国统计年鉴2016》。

基于数据的可获得性，使用2014年工业产业中各个细分行业的主营业务收入计算能源效率，结果表明：效率最高的10个行业是烟草制品业、文教工美体育和娱乐用品制造业、计算机通信和其他电子设备制造业、电气机械和器材制造业、仪器仪表制造业、纺织服装服饰业、皮革皮毛羽毛及其制品和制鞋业、交通运输设备制造业、家具制造业、废弃资源综合利用业。效率最低的10个产业是其他采矿业、黑色金属冶炼和压延加工业、水的生产和供应业、其他制造

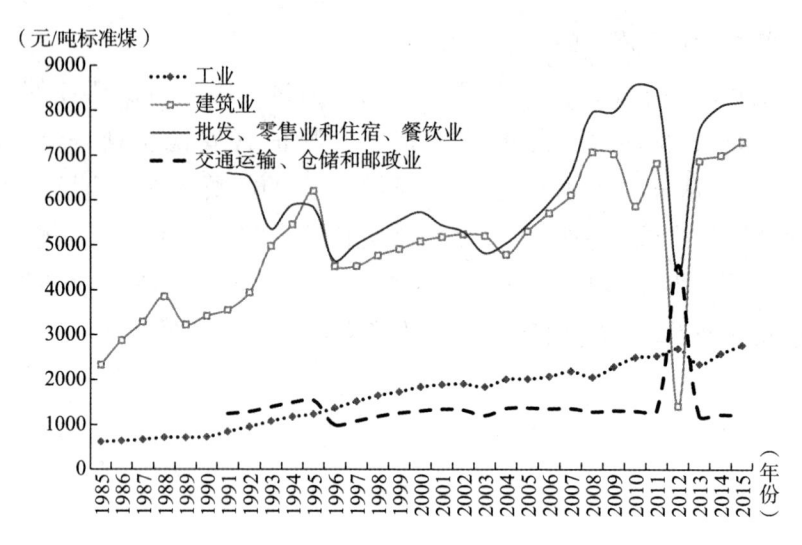

图 9—6　代表性产业的能源效率演变（1985—2015 年）

注：产业增加值以 1978 年为基期折算。

资料来源：历年《中国能源统计年鉴》，《中国统计年鉴 2016》。

业、非金属矿物制品业、化学原料和化学制品制造业、石油加工炼焦和核燃料加工业、石油和天然气开采业、有色金属冶炼和压延加工业、造纸和纸制品业（见表 9—2）。

表 9—2　　　　2014 年工业产业中细分产业能源效率　　　单位：元/吨标准煤

效率最高的 10 个产业	能源效率	效率最低的 10 个产业	能源效率
烟草制品业	374424.8	造纸和纸制品业	33616.3
文教工美体育和娱乐用品制造业	366886.5	有色金属冶炼和压延加工业	29466.7
计算机通信和其他电子设备制造业	284798.6	石油和天然气开采业	28913.9
电气机械和器材制造业	259937.3	石油加工炼焦和核燃料加工业	24755.4
仪器仪表制造业	257378.6	化学原料和化学制品制造业	17741.0
纺织服装服饰业	222308.4	非金属矿物制品业	15266.3

续表

效率最高的 10 个产业	能源效率	效率最低的 10 个产业	能源效率
皮革毛皮羽毛及其制品和制鞋业	219385.0	其他制造业	15158.5
交通运输设备制造业	202301.2	水的生产和供应业	13411.0
家具制造业	200926.8	黑色金属冶炼和压延加工业	9339.3
废弃资源综合利用业	188075.1	其他采矿业	515.5

资料来源：《中国能源统计年鉴2015》，中国工业经济数据库。

结论1：工业的能源消耗占总消费的67%左右，能源消耗较大，但同时能源效率也较低。通过比较能耗最大的10个工业产业与效率最高的10个工业产业，发现：交通运输设备制造业能耗较大，但是效率较高。通过比较能耗最大的10个工业产业与效率最低的10个工业产业，发现：**黑色金属冶炼和压延加工业、化学原料和化学制品制造业、非金属矿物制品业、有色金属冶炼和压延加工业、石油加工炼焦和核燃料加工业、造纸和纸制品业等6个产业既是耗能大的产业，也是效率低的产业，同时也是产能过剩比较突出的产业。**从提高能源效率的角度看，这些产业是降耗的重点，也是实现产业与环境匹配目标的重点调控产业。

三 提升能源效率的空间重点

（一）能源消耗的省域分布

改革开放以来，产业向东部沿海地区不断集聚，能源消耗随之向东部迁移。2015年能源消耗最多的十大省份分别是山东、江苏、广东、河北、河南、辽宁、四川、浙江、山西、内蒙古，其中前五大省份占整个国家能源消耗的33.7%，前十大省份占全国能源消耗的56.0%。高耗能区域集中在沿海、中部地区的山西和河南、西部地区的内蒙古和四川。

从能源消耗增长率看，1986—2015年能源消耗年均增长最快的十大省份是海南、宁夏、广东、福建、青海、内蒙古、浙江、新疆、

228　产业布局原理

广西、云南。这种格局既与能源消耗的基数有关，也与区域发展战略的调整有关。东部的崛起是广东、福建能源消耗快速增长的原因，西部大开发则是宁夏、青海等资源富集省份能源消耗快速增长的重要驱动力（见图9—7）。

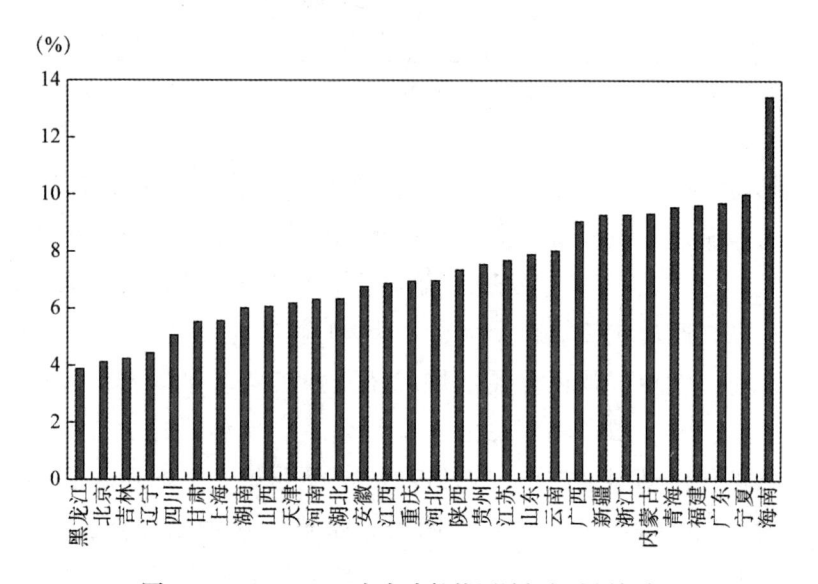

图9—7　1986—2015年各省份能源消耗年均增长率
资料来源：中国统计局，由EPS DATA整理。

（二）能源效率的省域特征

从能源效率看，2015年能源效率最高的十个省份是上海、广东、江苏、北京、天津、福建、浙江、安徽、湖北和海南，最低的十个省份是宁夏、青海、新疆、山西、贵州、内蒙古、云南、河北、甘肃、广西。其中，能源效率最高的上海为7770.4元/吨标准煤；最低的宁夏回族自治区为796.4元/吨标准煤，上海是宁夏的9.8倍。这固然与产业结构的差异有关，但也与能源效率有关。从区域分布看，能源效率较高的省份分布于东部地区，能源效率较低的省份主要分布在西部地区（见图9—8）

从能源效率的增长变化看，1986—2015年能源效率提升最快的十个省份是吉林、北京、天津、四川、辽宁、黑龙江、江苏、河南、上海、甘肃，最慢的十个省份是海南、宁夏、青海、新疆、广西、云南、重庆、浙江、贵州、内蒙古。其中，能源效率提升最大的是辽宁，提升6.7倍；最小的是海南，下降了0.02倍。从区域分布看，能源效率增长慢的省份主要分布在西部地区（见图9—9）。

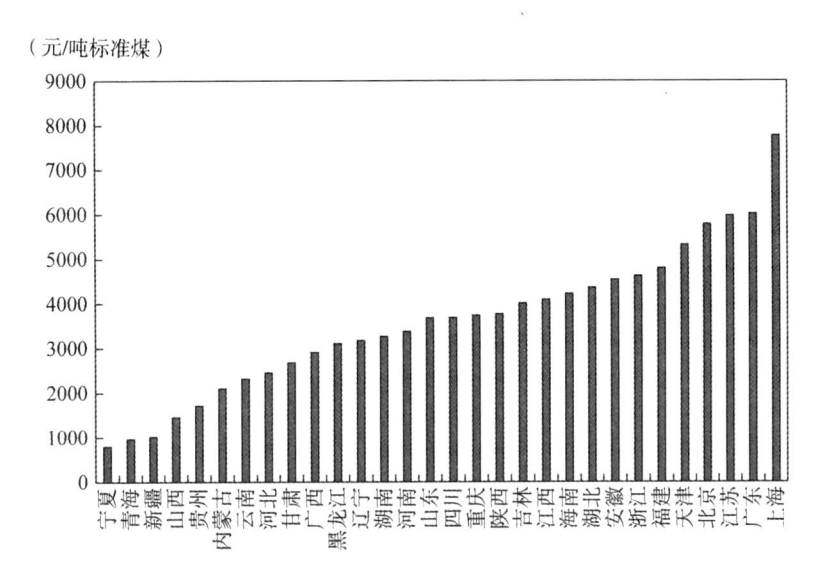

图9—8　2015年各省份能源效率比较

资料来源：中国统计局，由EPS DATA整理。

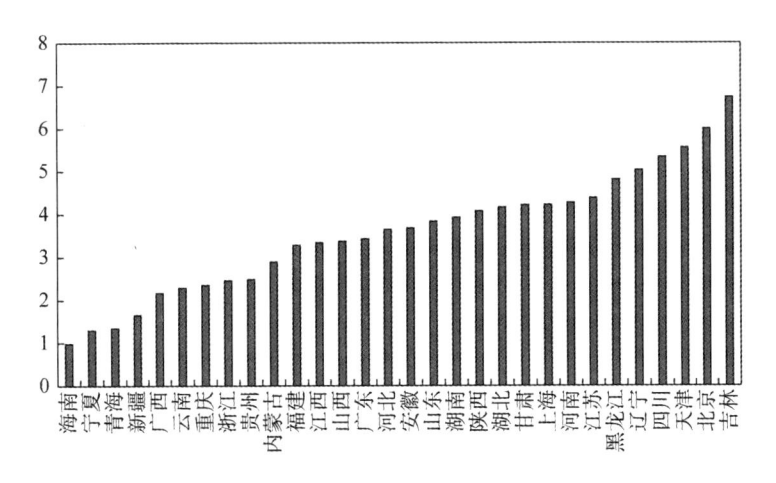

图9—9　1986—2015年各省份能源效率提升倍数

资料来源：中国统计局，由EPS DATA整理。

结论2：通过比较2015年各个省份的能源消耗与能源效率，可以发现：江苏、广东、浙江、湖北的能源消耗大，但效率较高；而**河北、山西、内蒙古、新疆的能源消耗大，但是效率较低且效率提高较慢，这些省份是提高能源效率的重点区域，也是实现产业与环境匹配目标的重点调控区域**。

党的十九大报告指出，建设生态文明是中华民族永续发展的千年大计。提高能源效率是当前中国建设生态文明的关键举措。其中，能源消耗大、利用率低的产业和区域是提高能源效率的重点抓手。调控好这些产业和区域，能够又快又好地改善生态环境，实现产业布局与生态环境匹配的目标。

需要说明的是，提高重点产业和重点区域的能源效率需要从供给侧结构性改革、技术进步、产业结构、能源结构、行政法律经济手段多管齐下做起。第一，能耗较大、利用效率较低的产业和区域，也是产能过剩比较突出的产业和区域。通过清理违法违规建设项目、淘汰落后产能、联合执法等行动，严控增量、优化存量、自觉减量，努力推进供给侧结构性改革，这是提高这些产业和区域能源效率的关键。第二，促进技术进步是实现提高能源效率的根本途径。提高能源使用各个环节的技术水平，推广节能技术，加强循环利用，是提高能源使用效率的主要途径。第三，优化产业结构是提高能源效率的重要手段。不同产业的能源消耗强度不同，第三产业能源消耗强度较小。随着经济发展水平的提高与产业结构的演进，第三产业的快速发展将降低能源消耗的强度，提高能源效率（魏楚、沈满洪，2009）。第四，改变能源结构是提高能源效率的快速途径。加速推广天然气替代煤炭和石油的力度，加快用电替代煤炭和石油，是提高能源效率的快捷途径（海夫纳三世，2013）。第五，提高能源效率必须综合使用多种手段，多管齐下。发挥经济手段的激励作用，依托行政手段的引导作用，借助法律手段的监管作用，促进各个行为主体提高能源效率。

第十章

产业与城市的匹配

经济发展的过程是产业结构不断调整的过程,也是空间结构不断优化的过程。调整产业结构与优化空间结构是世界各国和地区经济发展的重要主题(Combes and Overman,2004; Fujita et al.,2004; Holmes and Stevens,2004)。产业布局的第二大目标是实现产业与城市的匹配。产业与城市匹配的目的是提高经济效益。本章首先分析了产业与城市匹配的意义,在此基础上分析了制造业与城市匹配的理论机制,并借助计量模型,研究了中国制造业与城市匹配的标准。

第一节 产业与城市匹配意义

产业与城市匹配,就是根据不同产业和不同城市的发展特点,实现产业发展诉求与城市拥有特质的吻合,最终达到提高产业效益和促进城市发展的双重目标。建立产业与城市的匹配体系,无论对于相关学科发展,还是对于解决中国当前经济发展中的现实问题都具有重要的意义。

一 建立产业与空间匹配体系是学科发展的核心所在

(一)区域经济学中的产业空间匹配

Hoover(1975)在久负盛名的《区域经济学导论》中谈道:区

域经济学是研究"哪里有什么，为什么，又该怎么办"的学科。他的精辟概括将区域经济学分解为产业和空间两大紧密相关的要素，并认为区域经济学是研究产业与空间的统一体。然而，直到今天，产业与空间的研究常常在两条并行的轨道上前行，产业与城市的匹配仍然是区域经济学科发展的难题。

从国外区域经济学的研究看，尽管在产业和空间两个方面都取得了很多成果，但解释为什么不同规模的城市中产业的组成不同是未来区域与城市经济学发展面临的三大挑战之一（Abdel Rahman & Anas, 2004）。

从国内区域经济学的研究看，受苏联计划经济的影响以及微观数据的限制，对"哪里有什么，为什么，又该怎么办"的研究，多从要素禀赋与地域分工的角度研究（周起业等，1989；刘再兴，1995；陈才，2001；孙久文、叶裕民，2003；魏后凯，2006）。然而，要素禀赋与劳动地域分工阐述地是宏观产业布局和宏观区位发展变化的客观规律性（陈才，2001），不能有效地指导中观和微观区域经济实践。更为重要的是，仅从要素禀赋与劳动地域分工角度研究产业与空间的关系，忽视区域发展的内生循环累积机制，容易受到新经济地理学的攻击和诟病（Baldwin, Forslid, Martin, Ottaviano and Robert‐Nicoud, 2003；安虎森，2009）。

（二）技术经济学中的产业空间匹配

技术经济学是研究技术和经济之间的矛盾关系及其发展变化规律的科学。生产力布局技术经济学是技术经济学的重要分支学科，产业布局是技术经济学科的一项重要内容（徐寿波，2012）。合理布局产业是发挥集聚效益、降低交易成本、提升项目收益的一个关键因素；技术活动，尤其是高端技术，在空间上呈现幂律分布，合理的产业布局是掌握并顺应技术发展规律的空间体现；经济活动总要落实在空间上，产业布局是解决技术经济问题的落脚点。然而，与对产业布局巨大的现实需求相比，由于技术经济学学科比较年轻

（1965年建立该学科），学科建设任务依然繁重，学科体系中关于产业与空间匹配规律的相关内容非常薄弱。

概括起来，将产业与空间纳入统一的研究框架，建立二者匹配关系，是完善区域经济学、技术经济学等学科体系的迫切需要。

二 产业与城市匹配是化解中国宏观经济多重矛盾的关键

（一）调整产业结构是中国经济的主题

在赶超发展战略与GDP考核机制作用下，中国产业结构存在失衡。这种失衡一方面表现为第三产业发展滞后，三次产业结构失衡；另一方面表现为高技术产业总量较小、发展较慢，TFP对工业增长的贡献不断下降（张军等，2009），产业结构内部失衡。此外，还表现为产业布局混乱、产业匹配不合理。实现产业结构的合理化与高度化，促进高技术产业创新发展、低技术产业专业化发展，这关系到中国能否跨越"中等收入陷阱"。因此，调整产业结构是中国经济的主题。

（二）优化空间结构是中国政府最为迫切的任务

中国是一个区域经济差距较大的国家。20世纪末以来，中国政府先后实施了西部大开发、中部崛起等战略，一直致力于通过优化空间结构来缩小区域差距。在此作用下，2007年后中西部地区、东北地区与东部地区在经济发展上由"速度"趋同向"速度"反超转变，区域协调发展的态势不断加速（孙久文、胡安俊，2011）。但是，我们还需要看到中国基尼系数高达0.485，区域差距依然很大（李实、罗楚亮，2010）。经济要素仍然向东部地区集聚，省域间绝对差距仍将持续扩大一段时间，区域协调发展的成果还不牢固（孙久文、胡安俊，2011）。发展的中心目标是使每个地区的人们获得平等的社会机会，提高人们的可行能力与实质自由（森，2002）。如何优化倾斜的国土空间、缩小区域差异，是中国政府最为迫切的任务。

（三）多重矛盾的相互交织，需要同时调整产业结构与空间结构

当前中国经济面临着科技创新不足、产业结构失衡；区域差距较大、空间结构失衡；资源环境问题突出等困难。产业结构的失衡，会通过制约产业转移而影响空间结构的调整；空间结构失衡，通过影响内需而妨碍产业结构的调整；产业结构的失衡会导致资源环境问题，资源环境问题又会阻碍产业结构调整……这些矛盾环环相扣、相互交织。产业与空间是经济活动的两个"面"，产业结构的调整需要空间落地，而空间结构的优化需要产业支撑，产业与空间是不可分割的统一体。实现中国经济持续健康发展，必须从产业与空间的系统性出发，加强二者的协同研究。

概括起来，无论相关学科的发展，还是中国经济发展的实践都要求把产业与空间纳入统一框架，建立二者的匹配体系。产业与空间匹配是学科发展的核心所在，是解决中国经济存在的突出矛盾的支点和突破口。

第二节　产业与城市匹配机制

一　产业与城市匹配的思路

国内外学者对产业结构与空间结构的调整进行了大量的研究。许多学者从产业结构演进规律（库兹涅茨，1989）、调整动力（Aghion and Howitt, 1992; Romer, 1990; 孙军，2008）、影响因素（Drucker and Feser, 2012; Zwemuller and Brunner, 2005; 黄茂军、李军军，2009）、升级路径（张其仔，2008）等方面提出了产业结构调整的思路；从区域空间组织构架的选择（陆大道，2002）、空间结构演变、城市规模体系合理化（Abdel-Rahman and Anas, 2004）

等角度提出了空间结构调整的思路。产业结构与空间结构是紧密相关的，这决定了两个结构的调整需要同时进行。然而，既有的研究却常常将二者割裂开来，单独研究。因此，调整产业结构与空间结构的目标自然无法实现。尽管区位理论、生命周期理论（Vernon，1966；Vernon，1979）、雁阵模式（Kojima，2000）等对产业的空间布局进行了研究，但是它们仅仅停留在定性描述上，没有给出产业与空间匹配的定量标准，从而无法有效指导区域经济实践。

本章以集聚经济的相关理论为基础，在制造业与城市之间建立一种定量的匹配关系，提出同时调整产业结构与空间结构的路径。集聚经济是产业与城市发展的重要力量，它包括地方化经济和城市化经济两种类型（Fujita et al.，1999）。地方化经济是同一产业集聚带来的外部经济，而城市化经济则是不同产业集聚带来的外部经济（Glaeser et al.，1992；Henderson，1997；Henderson，2003）。不同技术层次的产业、不同规模的城市往往具有不同的集聚经济特征。一般而言，创新部门和规模较大的城市主要享受城市化经济，而标准化部门与规模较小的城市则主要享受地方化经济（Duranton and Puga，2000）。因此，根据产业与城市享受的集聚经济类型，可以在产业与城市之间建立匹配关系：创新部门与规模较大的城市匹配，标准化部门与规模较小的城市匹配，从而实现产业结构与空间结构的优化（见图10—1）。

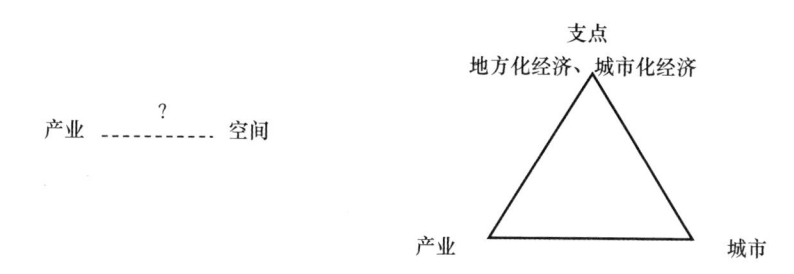

图10—1　产业与城市的匹配支点

资料来源：笔者自制。

二 不同技术层次的产业具有不同的集聚经济性质

对于创新部门,创新产品产生之前往往需要很长一段时间去探索它的设计、投入、工艺以及规格。这决定了创新产品的产生除了需要一批训练有素的高素质科研队伍外,首先需要一个多样化的发展环境,从而为创新提供灵感。其次,创新产品能否打入市场,还需要不断地与供货商、消费者进行迅速有效的交流与沟通。并根据他们的需求,修正样品的缺陷与不足(Vernon,1979;Freeman and Soete,1997)。这些特点决定了创新部门需要布局在多样化的环境中,并享受城市化经济。

相反,标准化部门的技术流程都已经模块化,其对产品投入的灵活性要求不高。标准化部门更看重生产成本(Vernon,1966;Vernon,1979;Duranton and Puga,2000)。因此,标准化部门往往布局在劳动力成本、土地成本等比较低的区域,并通过大规模专业化生产,获取地方化经济。

三 不同规模的城市具有不同的集聚经济性质

规模较大的城市拥挤效应较大,为了平衡较大的拥挤效应,规模较大城市的集聚经济也较大。而要产生较大的集聚经济,需要联合生产多种产品的固定成本小于单独生产各个产品的固定成本之和(Abdel-Rahman and Fujita,1993)。而这意味着规模较大城市的产业和产品种类较多。因此,规模较大的城市主要表现为城市化经济。

规模较小的城市拥挤效应相对较小,为了平衡较小的拥挤效应,规模较小城市的集聚经济也较小。而这意味着规模较小的城市可以选择少量种类的产业和产品进行专业化生产,而同时不用承担多样化产业和产品带来的拥挤效应(Henderson,2003)。因此,规模较小的城市主要表现为地方化经济[①]。

四 产业与城市的匹配框架

基于上面的分析，创新部门和规模较大的城市主要享受城市化经济，标准化部门和规模较小的城市主要享受地方化经济。因此，可以根据享受的集聚经济类型，在制造业与城市之间建立匹配关系：创新部门与规模较大的城市匹配，标准化部门与规模较小的城市匹配（见图10—2）。

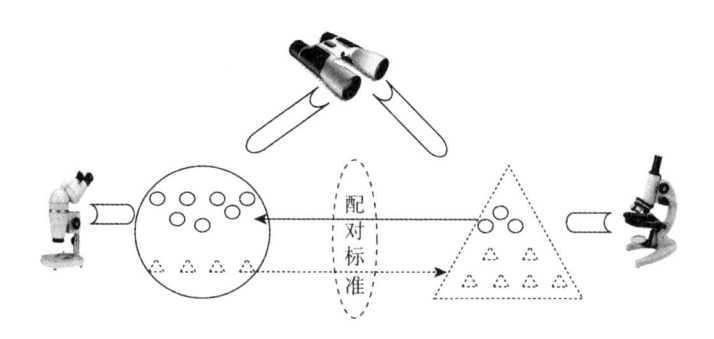

图10—2 产业与城市的匹配过程

注：图中大圆圈和大三角形表示享受不同集聚经济的两种城市类型；小圆圈和小三角形是与大圆圈和大三角形依次"配对"的产业类型。显微镜意指从单个城市的角度，考察产业结构优化；望远镜意指从整个城市体系的角度，考察空间结构优化。

资料来源：笔者自制。

产业与城市匹配的理论框架，定性描述了产业与城市的匹配关系。为了实现产业与城市的定量匹配，首先需要根据产业的创新程度和城市规模对产业与城市进行划分，识别哪些产业与哪些城市享受地方化经济、哪些产业与哪些城市享受城市化经济。在此基础上，

---

① 美国的很多中小城市具有很强的创新能力，并享受城市化经济。但对于中国而言，大城市主要表现为城市化经济（多样化），而中小城市主要表现为地方化经济（专业化）（周一星、孙则昕，1998；许锋、周一星，2008）。感谢 Jean-Claude Thill 教授的建议。

提出产业与城市匹配的路径。这些都是接下来的定量分析试图解决的问题。

第三节 产业与城市匹配方法

本节交代了采用的计量模型、数据、指标与测度中使用的方法。

一 门槛模型

假定制造业的生产满足柯布—道格拉斯（CD）生产函数 $Y = AK^\alpha L^\beta$，并假定技术水平 A 可以拆分成国家和地方两个部分：$A = A_{national} A_{local}$。$A_{national}$ 代表制造业的技术进步和其他随时间变化的量，A_{local} 包括地方化经济、城市化经济以及城市固定效应（Glaeser et al.，1992）。对 CD 生产函数两边除以 L，然后取对数，可得到下面的模型：

$$y_{ij}(t) = \alpha k_{ij}(t) + \gamma l_{ij}(t) + \theta s_{ij}(t) + \xi d_{ij}(t) + \delta_i(t) + f_j + \varepsilon_{ij}(t) \quad (10\text{—}1)$$

其中，$y_{ij}(t)$、$k_{ij}(t)$、$l_{ij}(t)$、$s_{ij}(t)$、$d_{ij}(t)$ 分别为 t 期 i 产业 j 城市的人均工业增加值、人均资本、从业人员、地方化经济和城市化经济，前三者为对数值。方程并不假定规模报酬不变，所以，$\gamma = \alpha + \beta - 1$。$\delta_i(t)$、$f_j$、$\varepsilon_{ij}(t)$ 分别为产业时间固定效应、城市固定效应和误差项。其中，产业时间固定效应用来控制产业技术进步和其他随时间变化的量对因变量的影响，而城市固定效应用来控制城市区位等不随时间变化的量对因变量的影响。

为了建立制造业与城市的匹配关系，需要考察不同技术层次的制造业和不同规模的城市在集聚经济上的特征。换句话说，就是要考察模型（10—1）可能的非线性特征，特别是可能存在的门槛效应，Hansen（1999）的门槛模型是非常好的估计方法之一。门槛模型的基本原理是将门槛值作为一个未知变量纳入一般的计量模型中，构建所考察的解释变量系数的分段函数，并对门槛值及"门槛效应"进行相应的估计和检验。门槛模型与邹检验的区别在于：邹检验之前，门槛值是已知的；而门槛模型的门槛值是未知的。门槛模型的基本表达式为：

$$y_{ij}(t) = \begin{cases} X + \theta_1 s_{ij}(t) + \xi_1 d_{ij}(t) & q \leq \varphi \\ X + \theta_2 s_{ij}(t) + \xi_2 d_{ij}(t) & q > \varphi \end{cases} \quad (10\text{—}2)$$

其中，$X = \alpha k_{ij}(t) + \gamma l_{ij}(t) + \delta_i(t) + f_j + \varepsilon_{ij}(t)$，$\theta_1$、$\theta_2$、$\xi_1$、$\xi_2$是估计系数；$q$为门槛变量，$\varphi$为待估计的门槛值。

选择合适的门槛变量是门槛模型的基本要求，门槛模型要求门槛变量不随时间而改变（Hansen，1999）。为了识别制造业与城市的集聚经济性质差异，根据上面的理论框架，选择反映制造业技术层次和城市规模的变量作为门槛变量。新产品产值率（新产品产值占工业总产值的比重）是反映技术先进性的重要指标（陈佳贵、黄群慧，2009）。为此，本章选择新产品产值率均值的次序作为分析制造业集聚经济特征的门槛变量[①]。新产品产值率越高，次序越大。尽管城市规模是变化的，但是其规模次序相对稳定（Abdel‑Rahman and Anas，2004）。为此，选择城市人口规模均值的次序作为分析城市集聚经济特征的门槛变量[②]。城市规模越大，次序越小。在具体测度中，对数据进行10%修边，并把门槛值限定在 $\{4\%, 8\%, 12\%, \cdots, 96\%\}$ 的百分位上。

进行了门槛测度后，还需要对各个门槛值的显著性进行显著性检验。原假设：不存在门槛值；备择假设：存在门槛值。

$$F = [S_0 - S_1(\text{gamma})] / \text{sigma}^2 \quad (10\text{—}3)$$

[①] 2004年新产品产值率数据缺失，均值是2003年、2005年、2006年、2007年四年数据的均值。门槛模型要对门槛变量的每一个值都进行检验，为了计算机程序编写与测度的方便，本章选择均值的次序作为门槛变量。专利也是反映产业技术层次的指标，但考虑到数据的可获得性，本章选择新产品产值率这个指标。

[②] 选择城市人口规模次序，而不是经济规模次序的原因在于后者的变化大于前者。

gamma 为门槛值；S_0 为不存在门槛时的残差平方和；S_1 为存在门槛时的残差平方和；$sigma^2 = S_1 / [n(T-1)]$，nT 为总的步长。如果门槛值存在，其残差平方和最小，因此，F 值最大。

二 数据结构与指标选择

集聚经济的测度结果受到产业维度、空间维度和时间维度的影响（Rosenthal and Strange，2004）。本章选择 2003—2007 年中国 335 个城市的 169 个三位数制造业数据进行分析①。制造业数据源于中国统计局，城市人口和 GDP 数据来自国研网（DRCNET）。工业品出厂价格指数、固定资产价格指数来源于各年各省（直辖市、自治区）的统计年鉴。

在指标选择上，本章重点阐述资本存量、地方化经济和城市化经济的选择。对资本存量的测度一般采用 Goldsmith 的永续盘存法（Perpetual Inventory Approach）。用永续盘存法进行估计，需要知道四个变量：当年的投资、投资品的价格指数、经济折旧率、基年资本存量（张军、吴桂英、张吉鹏，2004）。基于数据的可获得性，本章研究的只是五个相邻年份的数据，无法采用永续盘存法进行估计。所以，改为采用大家常用的另一个指标——固定资产净值平均余额来反映资本存量（黄勇峰、任若恩、刘晓生，2002；韩国高、高铁梅、王立国等，2011）。

对于地方化经济和城市化经济，一般选择企业个数、产业规模、产业密度、专业化指数等来表达地方化经济；选择城市规模、多样化指数、类 EG 指数等来表达城市化经济（Glaeser et al.，1992；Ciccone and Hall，1996；Henderson，1997；Duranton and Puga，

---

① 本章仅选择 2003—2007 年数据。没有选择 2003 年之前的数据，原因在于 2003 年中国的产业分类标准发生了较大变化，使得 2003 年前后的数据不能实现较好的匹配；自 2008 年起中国统计局不再公布产业增加值的数据，而这个指标是本章计量模型的因变量。为此，没有选择 2007 年之后的数据。335 个城市包括 4 个直辖市、15 个副省级市、266 个地级市（由于广西来宾市和崇左市数据缺失，所以不是 268 个地级市）和 50 个自治州、盟、地区。

2000；Henderson，2003；Combes et al.，2010）。本章按照 Henderson（2003）的做法，选择企业个数表达地方化经济（s），类 EG 指数表达城市化经济（d）①。表达式为：

$$s_{ij} = n_{ij} \tag{10—4}$$

$$d_j = \sum_i (E_{ij}/E_j - E_i/E)^2 \tag{10—5}$$

其中，E_{ij}、n_{ij} 分别为 i 产业 j 城市的从业人员和企业数，E_i 为 i 产业的从业人员，E_j 为 j 城市的人口，E 为全国人口。

测度计量模型之前，首先对数据进行了折算。基于数据的可获得性，各城市三位数制造业的工业增加值采用各省份两位数制造业的工业品出厂价格指数进行折算，各城市三位数制造业的固定资产净值平均余额采用各省的固定资产价格指数进行折算。之后，将工业增加值小于 0、固定资产小于等于 0、从业人员小于等于 0、企业数小于等于 0、专业化指数大于等于 100、多样化指数大于等于 10000 的观察值删除。由于个别城市的企业个数非常大，将各个城市某一产业的企业数大于本省该产业企业数的观察值删除。在此基础上，处理为平衡面板数据。从专业化指数和多样化指数的统计特征看，变量的方差很大，表明不同城市、不同产业在专业化与多样化上具有显著的分异，这为分析集聚经济提供了基础。各个变量的基本统计特征如表 10—1 所示。

表 10—1　　　　　　　　各个变量的基本统计特征

变量	定义	样本	均值	标准差	最小值	最大值
y	产出	82095	11.02	0.94	0.00	18.15
k	资本	82095	7.19	2.02	0.24	15.42
l	劳动	82095	6.78	1.55	0.69	12.95

---

① 本章也选择专业化指数（s'）与多样化指数（d'）表达地方化经济和城市化经济。但门槛模型的测度结果显示不存在显著的制造业门槛值。为此，本章仅仅报告了用企业个数和类 EG 指数表达地方化经济和城市化经济的结果。

续表

变量	定义	样本	均值	标准差	最小值	最大值
s	地方化经济	82095	13.18	32.51	1.00	821.00
d	城市化经济	82095	133.70	270.60	5.39	8393.00
rnpvmean	新产品产值率均值	82095	8.50	7.69	0.34	45.87
GDP	GDP	82095	5.50e+04	8.60e+04	1.30e+03	1.00e+06
POP	人口	82095	1.61	1.73	0.11	15.26

注：GDP 单位为百万元，人口单位为百万人。

资料来源：中国统计局数据库。

三 测度技术

在模型估计中，关键是处理好模型中存在的内生性问题。本章的计量模型主要存在两个内生性问题：

1. 遗漏变量。本章遗漏的变量主要有技术进步、劳动力素质等随时间变化的因素，自然禀赋、区位和基础设施等不随时间变化的因素。对于技术进步、劳动力素质等随时间变化的因素，本章借鉴 Glaeser et al. (1992) 和 Henderson (2003) 的做法，通过在模型 (1) 中引入时间-产业固定效应 $\delta_i(t)$ 来解决这个问题。这样处理的好处是避免了对产业技术进步等随时间变化的变量估计不准确的问题。对于自然禀赋、区位和基础设施等不随时间变化的因素，论文通过引入城市固定效应来解决。

2. 自我选择问题。素质高的劳动力，选择在经济增长快的区域工作。通常的处理方法是引入反映劳动力素质的变量 (Combes et al., 2010)。基于数据的可获得性，无法获取三位数层面的劳动力素质的变量。考虑到这个问题与遗漏变量的相似性，与处理第一类问题一样，该问题同样可以通过城市固定效应和产业时间固定效应得以较好地控制。

第四节 产业与城市匹配结果

使用门槛模型，依次测度中国制造业在集聚经济上的门槛效应和中国城市集聚经济的门槛效应。在此基础上，根据制造业和城市的集聚经济类型，形成匹配结果。

一 中国制造业集聚经济的门槛效应

首先看中国制造业在集聚经济上的门槛效应。Hausman 检验表明固定效应 FE 是较好的估计方法。估计结果表明：存在一个集聚经济门槛值 140，对应的产业是金属加工业。使用这个门槛值，可以把样本划分为两组，依次考察各组的集聚经济性质（见表 10—2）。

1. 对于新产品产值率较高的产业（$q > 140$）表现为显著的地方化经济，这个结论与理论阐释恰好相反。这种现象是由中国经济的发展阶段决定的。整体而言，中国的现代化水平仅仅为国际最先进水平的 1/3（陈佳贵、黄群慧，2009），制造业的生产技术水平和创新能力较低。对于中国制造业，即使是新产品产值率较高的产业仍然是国际上技术水平较低的产业，或者处于技术水平较高产业的生产环节。因此，从计量结果看，新产品产值率较高的三位数制造业地方化经济显著，城市化经济不显著。

地方化经济之所以为负数，与中国地方政府对经济的干预有关。各级政府为了加快经济增长，实施了各种优惠政策促进产业在本地投资，导致产业总体规模过大，恶性竞争加剧，从而导致地方化经济为负数。

本章还分析了 20 个高技术制造业的情况。结果表明：高技术制造业没有显著的集聚经济。这种现象与地方政府驱使下的"产业潮涌"密切相关（林毅夫，2007）。在地方政府握有巨大的资源和具有承接发达国家和地区产业转移的双重优势叠加作用下，全社会对承接的较高技术产业的良好前景存在共识。于是，技术较高产业在中国遍地开花①。产业的过分分散，导致无法形成显著的集聚经济。与此同时，由于这些产业是建立在地方政府财政性补贴、规则软化等基础上的，企业研发投入较少，产生的正向城市化经济较弱。

2. 对于新产品产值率较低的三位数制造业（$q \leqslant 140$），没有显著的集聚经济。这种现象一方面与这些产业的技术环节有关。由于中国的许多低技术制造业主要以加工贸易或者代工贴牌的方式参与到由发达国家跨国公司组织的产品或产业全球价值链中的低端环节，知识溢出相对较少，产业间形成的集聚经济也较弱。另一方面，中国在成为世界加工厂的过程中，各种配套都已经相对完善，低技术产业的集聚经济收益几乎已经达到顶点。对于当前的这些产业而言，增加专业化和多样化不会带来多少集聚经济。因此，对于这些产业，未来的重点在于产业升级。只有进行了产业升级，才会获得更多的集聚收益。

表10—2 中国制造业集聚经济的门槛效应与高技术产业的集聚经济特征

	$q \leqslant 140$	$q > 140$ [a]	高技术产业
k	0.22***	0.20***	0.25***
	(48.95)	(17.49)	(16.85)
l	-0.12***	-0.11***	-0.10***
	(-24.14)	(-9.34)	(-6.27)
s	-1.25e-04	-2.00e-02***	-1.54e-03
	(-0.52)	(-2.83)	(-1.29)
d	1.63e-06	-2.78e-06	-3.77e-05
	(0.17)	(-0.16)	(-1.61)
_cons	9.84***	10.19***	10.10***
	(196.08)	(81.75)	(67.18)

---

① 最后处理的平衡面板数据总共包括264个城市，高技术产业遍布于其中的247个城市中。

续表

	$q \leqslant 140$	$q > 140$ [a]	高技术产业
方法	FE	FE	FE
N	69030	13065	7540

注：括号中为 t 统计量，* $p<0.1$，** $p<0.05$，*** $p<0.01$；q 为门槛值，q 越小，新产品产值率越小；篇幅原因，表中没有列出各个虚拟变量的系数。a：当把高新技术产业从这个样本中去除后结果类似，因此，本章没有报告。

二 中国城市集聚经济的门槛效应

分析了制造业的集聚经济门槛效应后，接下来分析城市的集聚经济门槛效应。Hausman 检验表明固定效应 FE 是较好的估计方法。估计结果表明：存在 2 个门槛值，对应的城市规模次序为 30（枣庄市）和 230（通化市）。城市规模较小的城市（$q>230$）表现为显著的地方化经济，规模中等的城市（$30<q\leqslant230$）表现为显著的城市化经济，而规模最大城市（$q\leqslant30$）的集聚经济则不显著（见表10—3）。

对于规模较小城市和规模中等城市的集聚经济性质与理论阐释一致，在此不再解释。而对于规模最大城市的集聚经济不显著，需要给予说明。自 2001 年以来，中国大城市的运营成本大幅上升。尤其是，2004 年之后房价急剧攀升，导致大城市的运营成本大幅提高（况伟大，2010）。于是，许多企业迁移到规模较小城市中。因此，规模最大城市（$q\leqslant30$）的集聚不经济是由大城市的运营成本上升导致的，制造业已经不适合在这些大城市中发展。这些城市需要发展新的产业形态。

表10—3 城市集聚经济的门槛效应

	$q \leqslant 30$	$30<q\leqslant230$	$q>230$
k	0.22***	0.21***	0.23***
	(22.92)	(43.25)	(15.09)

续表

	$q \leq 30$	$30 < q \leq 230$	$q > 230$
l	-0.10***	-0.12***	-0.15***
	(-9.82)	(-22.39)	(-8.00)
s	-1.26e-04	-2.51e-04	1.29e-02***
	(-0.41)	(-0.78)	(4.37)
d	9.90e-06	-7.73e-04***	1.67e-03**
	(1.38)	(-6.37)	(2.33)
_cons	9.95***	9.87***	9.59***
	(89.52)	(171.25)	(51.68)
方法	FE	FE	FE
N	15695	60210	6190

注：括号中为 t 统计量，* $p < 0.1$，** $p < 0.05$，*** $p < 0.01$；q 为门槛值，q 越小，城市规模越大；篇幅原因，表中没有列出各个虚拟变量的系数。

三 中国制造业与城市匹配的结论

根据上面的定量分析，得到以下结论：

（1）新产品产值率的次序大于 140 的产业与城市规模次序大于 230 的城市都表现为显著的地方化经济。因此，二者匹配在一起。需要注意的是，为了实现这类产业与这类城市的有效匹配，解决制造业地方化经济为负的问题，需要提升企业的产业进入壁垒，适度提高产业集中度，从而扭转过度投资现象（张杰、黄泰岩、芦哲，2011）。

（2）"产业潮涌"导致高技术制造业过度分散、集聚经济不显著。高技术产业的发展需要一个多样化的环境，从而提供创新的支撑。由于城市规模次序在 30 和 230 之间的城市表现为显著的城市化经济，因此，高技术产业与城市规模次序在 30 和 230 之间的城市匹配。为了提高高技术产业的城市化经济效应，要取消与规范政府的各种政策优惠行为，防止企业通过"寻租"获取非正常超额利润而导致的企业创新动力下降，进而造成集聚经济不显著（张杰、黄泰岩、芦哲，2011）。

（3）对于城市规模次序小于30的城市，服务业是其发展方向。从理论上讲，当人均GDP超过4000美元之后，服务业进入第二波快速发展时期（Eichengreen and Gupta，2009）。这些规模较大的城市，绝大多数的人均GDP都已经超过4000美元，这为发展服务业提供了条件。从实践中看，这些城市要么是省会城市、副省级城市，要么是重要的沿海城市。近年来，这些城市的运营成本上升尤其突出。由于服务业，尤其是生产性服务业，对土地的需求相对较少，而对信息的需求相对更多，近年来服务业在这些城市得以快速发展。因此，发展服务业，尤其是生产性服务业，是这些城市未来发展的方向。

（4）对于新产品产值率次序小于140的产业而言，无论在什么类型的城市中，都需要不断地进行产业升级。因为只有进行了产业的升级，才能增强产业的关联性，才能提高集聚经济收益。

四 研究贡献与研究不足

本章的研究对既有研究有以下几点发展：

第一，提出了同时调整产业结构与空间结构的新思路。本章借助门槛模型，定量回答了"哪些产业与哪些城市享受地方化经济，哪些产业与哪些城市享受城市化经济"的问题。在此基础上，建立产业与城市的匹配关系。这种匹配关系，可以实现产业结构与城市体系结构的双重优化。从单个城市看，通过把产业匹配到与之享受相同集聚经济类型的城市中，城市的产业结构实现了调整；从城市体系看，产业与城市的匹配过程，就是享受相同类型集聚经济的产业与城市在空间上调整的过程，因此可以实现空间结构的优化。

第二，测度了中国三位数制造业集聚经济的门槛，回答了"什么制造业，具有什么集聚经济"的问题，对于制定产业发展规划与政策具有参考价值。产业集聚的既有研究主要分析欧洲、美国、日本等发达国家和地区产业的集聚经济性质及差异（Nakamura，1985；Glaeser et al.，1992；Henderson，1997；Henderson，2003；Brulhart and Mathys，2008），而没有从整体上分析产业是否存在集聚经济的门槛问题。本章运用门槛模型，定量测度了制造业的集聚经济门槛，回答了"什么制造业，具有什么集聚经济"的问题，从而为国家制定产业发展规划与政策提供了参考。

第三，测度了中国335个城市的集聚经济门槛，回答了"什么城市，具有什么集聚经济"的问题，从而为城市确定朝专业化还是多样化发展提供了依据。尽管有些学者从集聚经济的视角讨论了城市向专业化或多样化方向发展的问题（Henderson，2010），但没有给出哪些城市向专业化发展、哪些城市向多样化发展的定量说明。本章通过测度城市在集聚经济上的门槛，回答了"哪些城市向专业化方向发展，哪些城市向多样化方向发展"的问题，从而明确了城市发展的方向。

本章还存在一些不足。首先，本章的分析框架是基于集聚经济展开的，没有考虑经济地理因素对城市与产业发展的影响。这一点是未来研究的一个方向。其次，制造业与城市的匹配过程，本质上是产业在空间调整的过程。如何通过城市内产业集聚经济的转换，实现产业与城市的匹配，也是未来研究的一个方向。

第十一章

产业与人口的匹配

产业布局的第三大目标是实现产业与人口的匹配，产业与人口匹配的本质是产业发展与就业增长的协调同步。在介绍产业与人口匹配意义之后，本章阐述了产业与人口匹配的理论逻辑与研究方法，在此基础上分析了中国产业与人口匹配的四种类型，最后指出产业与人口匹配的建议。

第一节 产业与人口匹配意义

产业布局的第三大目标是产业布局与就业人口布局的匹配，产业布局与就业人口布局的交叉点是城镇化，产业与人口匹配具有重大的现实意义。

一 产业与人口匹配，有利于形成以人为本的城镇化

产业分布与人口分布的交叉点是城镇化，产业与人口的匹配，有利于促进人口就业，形成以人为本的城镇化。在工业化、信息化、服务化的协同推动下，中国的城镇化进入了快速发展时期。但是，在财政分权与地方政绩的驱动下，最近十多年来中国城镇化脱离了循序渐进的原则，出现了冒进城镇化和贫困城镇化，引发了一系列的问题，突出表现为：城市失业人口增多，社会安全问题突出；城

市环境质量下降，市政设施与住房无法及时配套，社会与环境成本加大；农民失地严重，贫富差距扩大，公共服务设施的空间配置对于弱势群体缺乏一定的公平性。在此背景下，城镇化远离了人口城镇化的核心目标，产业发展与就业之间出现了不协调。未来中国要实现以人为核心的新型城镇化，必须改变既有的城镇化冒进模式，实现发展与就业的统一、产业与人口的匹配是其中的关键所在。

二 产业与人口匹配，有利于夯实城镇化的支撑基石

如果说城镇化的本质内核是人口城镇化，那么产业化是实现城镇化和就业增长的基础和支撑。脱离了产业化，城镇化就不是人口城镇化，没有就业的城镇就是空城和鬼城。古典经济学、区位理论、新经济地理学、新古典经济学、新兴古典经济学分别从分工和交换、集聚经济、外部性与规模报酬递增、交易费用等视角，阐述了产业化促进城镇化和就业增长的理论机制。钱纳里、刘易斯、费景汉和拉尼斯、托达罗等发展经济学家从产业结构和就业结构的变动角度，探讨了产业化对城镇化和就业的推动作用。这些理论一致认为经济增长是城市产生和发展的首要前提，产业化是城镇化的根本动力。从中国城镇化的实践看，无论是民营经济驱动的城镇化，还是外资驱动的城镇化；无论是资本流动的城镇化，还是人口迁移的城镇化；无论是珠三角的发展，还是长三角的崛起，其背后都是产业推动的结果。当前中国的工业化仍将持续很长时间，新型城镇化必须以产业化为基础，走根据产业化支撑城镇化之路。

三 产业与人口匹配，有利于国家启动内需市场

2008年国际金融危机之后，发达国家经济衰退、失业加剧、财政赤字不断扩大，对外需求大幅减少。与此同时，各国为了振兴本国产业，贸易保护主义不断抬头，制造业回流与再工业化日趋扩大。

在此作用下，中国经济受到了很大的冲击。另外，经过几十年的高速增长，中国经济逐步走向新古典收敛，下行压力开始加大。为了保持中国经济持续发展，转变发展方式，从依靠外需转向依靠内需成为必然选择。城镇化通过加速要素在城乡的重新配置，刺激消费和投资，推进产业升级，培育创业者和新型市民等，蕴涵着巨大的内需潜力。为此，国家战略规划将城镇化作为国家重要发展战略，试图通过资源要素在城乡的重新配置，使中国进入城镇化驱动发展的新阶段。城镇化最核心内容是人口城镇化，最根本的支撑是产业化。要使得城镇化发挥好启动内需的作用，必须协调好产业与人口的匹配问题。

基于上述分析，本章依据中国城市市辖区第二产业和第三产业增加值（非农产业增加值）与从业人员（非农产业就业人员）在2001—2010年的增长变化，通过比较分析，制定产业与人口匹配的战略。根据产业增加值与从业人员份额的不同变化，将全国城市分为四类区域。增加值和就业双增长的区域，是产业与人口匹配的区域，未来发展中要着力提高就业的质量；对于增加值份额增加、就业份额下降的区域，要重视发展吸收就业能力强的产业，增加就业；对于增加值份额下降、就业份额上升的区域，通过产品升级、功能升级和链条升级、发展服务业，促进就业健康发展；对于增加值和就业都下降的大面积连片区域，要积极发展省域增长极，避免空心化。

第二节 产业与人口匹配机理与方法

一 理论机理

本章借助新经济地理模型，从理论上阐释产业与人口的匹配机理。

（一）基本假设

假设存在两个城市，每个城市具有农业和工业两个部门。农业部门满足完全竞争和规模报酬不变的性质。工业部门由 S 种不同产业组成，每种产业有多种产品，产品生产满足规模报酬递增、垄断竞争与不变替代弹性的性质。工业品的生产需要中间产品和劳动力，并且在区域间运输存在冰山交易成本。

（二）产业与人口匹配进程

在垄断竞争和规模报酬递增框架下，经济活动受到本地市场效应和价格指数效应构成的集聚力和市场竞争效应构成的分散力两个方面的作用。集聚力与分散力的大小及演化决定着产业与人口集聚的规模和进程。当运输成本下降到某一临界点（突破点）时，如果某一城市的市场规模增大，本地工业企业因接近较大的市场规模，节约了运输产品的费用而获得了垄断利润。于是，新的工业企业在该城市产生，其他城市的工业企业向该城市迁移。在此作用下，本地的市场规模进一步增大，从而进一步促使企业在该城市的集聚，这就是本地市场效应。与此同时，在企业集聚的过程中，产品的种类增多，这一方面减少了企业购买中间产品的运输费用，另一方面满足了消费者多样化的消费需求，从而构成促进企业在该城市集聚的另一种力量——价格指数效应。本地市场效应与价格指数效应二者互为因果、循环累积。随着运输成本的下降，本地市场效应和价格指数效应构成的集聚力最终会超过市场竞争效应构成的分散力，并占据主导地位，从而加速产业集聚。

产业为人口提供就业机会，产业的集聚带动人口的集聚，产业的规模决定就业人口的规模，产业集聚的速度决定人口集聚的速度。同时，人口为产业发展提供要素支撑，人口的规模也会影响市场规模，进而影响产业发展与产业规模。因此，产业与人口之间相互影响，共同构建产业与人口的匹配模式。由于不同产业的就业吸纳能力不同，不同就业人员的才能和消费能力也不同，所以产业与人口的匹配会呈现多种模式。

二　匹配方法

（一）数据结构

本章选择中国地级及以上城市市辖区的第二产业和第三产业增加值（非农产业增加值）与从业人员（非农产业就业人员）为研究对象，通过分析产业增加值和从业人员在2001—2011年的增长变化，分析产业与人口（就业）的匹配状况。

基于数据的可获得性，本章选择了265个城市。它包括4个直辖市、15个副省级城市、246个地级市（中国共有268个地级市，22个地级市的数据缺失）。从2011年看，样本区域无论是第二产业、第三产业增加值，还是第二产业、第三产业的从业人员，都占到全国市辖区的99.3%，样本反映了全国绝大多数的情况。既有研究表明，21世纪后中国进入人口到城市大量集聚（城镇化）的发展阶段。为此，时间尺度上选择2001—2011年。数据来源于中经网统计数据库。

（二）研究方法

计算各个市辖区的产业增长变化和就业增长变化，是分析产业与人口匹配状况的基本前提。

首先，通过比较各个城市第二产业和第三产业增加值在2001—2011年的变化份额，分析各个城市的产业发展变化。第二产业和第三产业增加值份额变化的公式为：

$$\Delta v = v_{r,2011} - v_{r,2001} = \frac{A_{r,2011}}{\sum_r A_{r,2011}} - \frac{A_{r,2001}}{\sum_r A_{r,2001}} \quad (11—1)$$

其中，Δv为2001—2011年r城市第二产业和第三产业增加值的变化份额；$v_{r,2011}$、$v_{r,2001}$分别为2011年和2001年r城市第二产业和第三产业增加值占全国的比重；$A_{r,2011}$、$A_{r,2001}$ 分别为 2011 年和 2001 年 r 城市的第二产业和第三产业增加值。

其次，选择 2001-2011 年各个城市第二产业和第三产业从业人员的变化份额来监测就业情况。

$$\Delta w = w_{r,2011} - w_{r,2001} = \frac{B_{r,2011}}{\sum_r B_{r,2011}} - \frac{B_{r,2001}}{\sum_r B_{r,2001}} \quad (11-2)$$

其中，Δw 为 2001-2011 年 r 城市第二产业和第三产业从业人员的变化份额；$w_{r,2011}$、$w_{r,2001}$ 分别为 2011 年和 2001 年 r 城市第二产业和第三产业从业人员占全国的比重；$B_{r,2011}$、$B_{r,2001}$ 分别为 2011 年和 2001 年 r 城市的第二产业和第三产业从业人员数量。

根据各个城市产业增加值和从业人员的变化份额，可以将城市分为份额增加区和份额减少区，并运用 ArcGIS 软件将变化份额空间可视化（基于一些原因，文中并没有把地图展示出来，需要的可向笔者索取）。根据产业增加值和从业人员的变化份额以及两者的不同组合，分析产业与人口的匹配状况，并提出优化建议。

第三节　产业与人口匹配模式

一　产业增加值变动的空间版图

根据第二产业和第三产业增加值的变化，份额增加的区域主要集中在京津冀、长三角和珠三角三大都市圈的外围经济带，东部地区发达省域的边缘区域，中西部地区的城市群，安康—重庆沿线和资源富集区等。

（一）京津冀、长三角和珠三角三大都市圈的外围地带

近年来三大核心区地价飞涨，"民工荒"问题加剧，企业生产成本不断上涨。在此驱动下，三大核心经济区的产业具有向外迁移的

动力。与此同时，国家的政策（比如京津冀协同发展、长三角一体化发展、天津滨海新区综合配套改革试验区建设、皖江城市带建设等）也在加速驱动核心区产业向外转移。核心区的外围地带成本较小、基础设施完善，又接近三大核心区的市场网络，是产业向外转移的理想区域，吸引了大量的转移产业。

（二）东部发达省域的边缘区域

集中在山东西南部、江苏北部、广东北部和东部等省域边缘（发展中）区域。山东、江苏和广东是我国最为发达的省份，近年来随着核心城市地价上涨、工资上升，省域内部"涓滴—扩散"效应开始发挥作用①。与此同时，各省省委、省政府顺应市场机制，本着缩小省域区域差距和保障GDP不外流的双重目标，通过积极的政策引导产业向省域发展中区域转移（比如江苏的南北共建工业园政策、广东的双转移政策等）。在市场与政府的双重推动下，省域边缘区域凭借较低的成本优势，吸引了大量的产业，产业份额快速增加。

（三）中西部地区城市群，包括成渝经济区、长株潭城市群、中原经济区和北部湾地区

这些区域是中西部地区的增长核心，也是近年来国家陆续批复的成渝城乡统筹综合配套改革试验、长株潭两型社会综合配套改革试验区、北部湾经济区等国家战略的主要作用区域，经济发展基础较好，具有较强的集聚能力，产业不断向这些中心集聚。

（四）安康—重庆沿线地区和资源富集区

安康—重庆铁路线分布的主要城市有安康市、达州市和广安市。

---

① 笔者分析了省会城市产业增加值与从业人员的份额变化。份额减少最多的20个城市主要集中在东部地区的省会城市；而在中西部地区，省会城市则是份额增长快速的区域。东部地区已经进入"涓滴—扩散"阶段，而中西部地区还处于集聚阶段。

资源富集区主要包括两个区域，一个位于内蒙古、吉林、辽宁的交界处，另一个位于内蒙古、山西、陕西、宁夏的交界处。2002年以来国家启动新一轮重工业化，世界工厂的地位逐步确立。与之相对应，对资源的需求快速增长，资源性产业发展迅速，从而推动该区域产值份额显著增加。

产业增加值份额的变化表明，东部地区的产业出现扩散态势，扩散区域集中在京津冀、长三角和珠三角三大核心区域的外围和山东、江苏、广东三省的发展中区域。而中西部地区仍然处于产业集聚阶段，都市圈/城市群仍然是产业集聚的主要区域。

二　从业人员变动的空间版图

从业人员增幅较大的区域主要集中在东部沿海地区、中西部地区多个城市群和资源富集区等。

（一）东部沿海地区

东部沿海地区是中国改革和开放的先发区域，借助这一优势，东部沿海地区建立了较好的经济基础。2001年中国加入世贸组织之后，东部沿海地区借助接近国际市场的先天优势和优越经济基础的先发优势，对外开放程度进一步提高，民营经济、国有经济和外资经济蓬勃发展，推动东部地区农村人口向城镇转移。与此同时，中西部地区经济基础较弱，就业机会相对不足，大量的中西部人口也向东部沿海地区迁移。2001—2011年，东部地区的城镇从业人员由5942万人增长到1.14亿。根据第六次全国人口普查数据，2010年上海、北京、天津、浙江、广东的省际流动人口占常住人口份额分别为39%、36%、23%、32%和21%，中西部地区的人口迁入是推动东部沿海地区从业人员份额上升的重要原因。不过，近年来东部沿海区域的"民工荒"不断涌现，部分城市从业人员份额开始减少[①]。

(二) 中西部城市群，包括中部城市群、成都经济圈等

中部城市群是由湖北、湖南和江西多个核心城市构成的经济区，而成都经济圈则是由成都及其周边核心城市构成的经济区。这些区域是中西部地区的增长极，在本地市场效应和价格指数效应的作用下，增长极区域集聚产业的能力不断增强。与此同时，无论西部大开发、中部崛起等协调发展战略，还是成渝、长株潭、北部湾等综合配套改革试验区与区域规划，都是基于重点突破的原则，力求通过核心城市群的发展带动整个中西部地区的发展。在市场和政府双重力量的作用下，中西部城市群区域发展较为迅速，就业机会增多，吸引了中西部农村和中小城市的大量人口向核心区域的集聚，从而提高了中西部城市群的就业份额。

(三) 资源富集区

该区域位于内蒙古、陕西、宁夏交界地带，包括鄂尔多斯市、榆林市、延安市、渭南市、银川市。快速的资源开发，带动人口在矿业开发城市大量集聚。资源型产业的开发具有生命周期特征，难以避免陷入"开放—建设—兴盛—萎缩—报废"的发展历程，而且资源型产业受市场波动的影响较大。这些特点决定了资源型产业推动的人口就业往往具有不稳定性。

产业化是就业人口增长的根本动力。它既拉动本区域农民人口转变为城镇人口，也拉动了其他区域人口向本区域的迁移。然而，在户籍制度、财政实力、资源环境等多重约束下，有相当一部分迁移人口没有享受到市民的待遇，具有短期流动的特征。实现这些人口的市民化，是未来的重要任务。

---

① 总体来说，2001—2011年东部沿海的从业人员份额在不断上升。但近年来随着"民工荒"问题的加剧，云浮市、阳江市、韶关市、揭阳市、泉州市、温州市、绍兴市出现从业人员份额的下降。

三 产业与人口匹配模式

分类指导是社会科学研究重要的方法论。产业增加值与就业份额两个指标的变化是有差异的。根据两个指标的变化份额，借助叠加分析，设定判别矩阵，将中国城市的产业与人口匹配情况分为四种类型：产业增加值份额和从业人员份额双增长区域（用Ⅰ表达），产业增加值份额上升、从业人员份额下降区域（用Ⅱ表达），产业增加值份额下降、从业人员份额上升区域（用Ⅲ表达），产业增加值份额和从业人员份额双下降区域（用Ⅳ表达）（见表11—1）。不同类型区域面临着不同的问题，具有不同的调整模式（见图11—1）。

表11—1 判别矩阵

	$\Delta w > 0$	$\Delta w < 0$
$\Delta v > 0$	Ⅰ	Ⅱ
$\Delta v < 0$	Ⅲ	Ⅳ

资料来源：笔者自制。

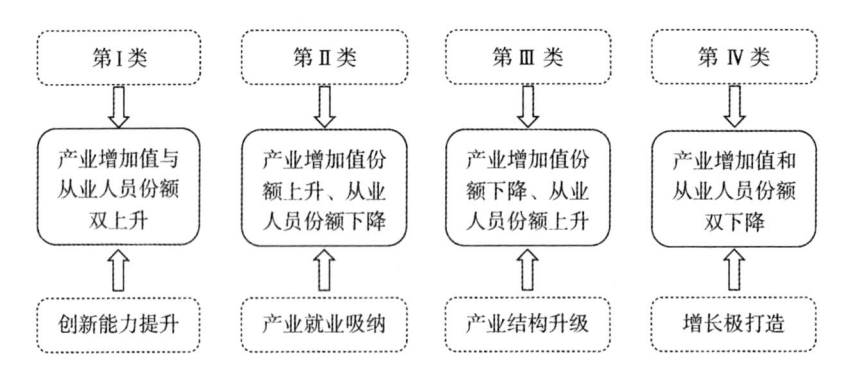

图11—1 产业与人口匹配的四种模式

资料来源：笔者自制。

第Ⅰ类区域——产业增加值与从业人员份额双上升区域。这类区域主要集中在京津冀都市圈外围城市，山东、江苏、广东的发展中区域，长株潭城市群，中原经济区，成都经济圈，北部湾经济区，内蒙古、陕西、宁夏交界的资源富集区。该类区域产业增加值与从业人员增长速度都快于全国平均速度，展现出较强的经济发展活力与集聚能力。这些区域是我国东部核心区域的边缘区、中西部地区的核心增长极，未来产业与人口匹配的重点是提高产业的创新能力，带动城镇化发展质量的提高。

第Ⅱ类区域——产业增加值份额上升、从业人员份额下降的区域。该区域主要集中在皖江经济带、珠三角外围经济带、重庆—安康区域、内蒙古和辽吉蒙资源富集区。近年来，在国家规划与政策的驱动下，大量国有大型企业、资源开发型企业向该区域转移，促使这些区域增加值份额快速大幅增加。由于这些企业资金密集度较高，吸收就业能力较弱，从业人员增速缓慢。而且政策驱动的城镇化往往具有不稳定性，当政策失效后会引发产业和人口的再转移。因此，未来发展中该类区域要根据区域发展的比较优势，选择吸收就业能力强的产业，增加就业能力，提高产业与人口的匹配质量。

第Ⅲ类区域——产业增加值份额下降、从业人员份额上升的区域。该类区域主要集中在东部沿海地区和中西部的欠发达地区。东部沿海城市是中国经济的发达区域。改革开放以来，该区域大力发展劳动密集型产业，创造了大量的就业，从业人员份额大幅上升。但由于这些产业处于产业链的低端，附加值很低，"民工荒"问题出现后，产业利润空间缩小。2008年国际金融危机之后，这些产业受到国际市场的剧烈冲击，增加值份额趋于下降。目前该区域正处于产业的转型升级阶段。由于该区域尚有大约1.4亿的农民工，他们没有享受到市民的均等待遇，未来发展的重点在于一方面通过工艺流程升级、产品升级、功能升级和链条升级，不断提高第二产业的质量，增强就业质量；另一方面，积极发展服务业，增强服务业的就业能力。对于中西部的欠发达区域，未来产业与人口匹配的重点是通过从业人员向中西部增长极和东部地区集聚与转移,调整增加值结构与就业结构的偏差,实现产业与人口的匹配。

第Ⅳ类区域——产业增加值和从业人员份额双下降区域,主要集中在中西部较为落后的区域、东北地区和东部地区的河北。而且在山西、河北、河南与东北地区,产业增加值和从业人员份额双下降的区域呈连片分布。未来产业与人口匹配的过程中,对于这些连片区域,需要打造省域增长极,发挥核心增长极的作用,提高区域的集聚能力,避免区域的空心化。

四 结论与建议

产业与人口的匹配,即产业发展与就业人口相适应,既是产业发展的需要,也是以人为本的需要。从整个国家看,产业与人口的匹配,有利于推动城镇化健康发展,从而发挥启动内需的作用。本章通过比较2001—2011年中国城市第二产业和第三产业增加值和从业人员份额的变化,归纳了产业与人口匹配的类型,提出未来改进的战略,得到了以下结论:

根据产业增加值与从业人员变化份额的叠加分析,可以将全国城市分为四类区域。(1) 对于增加值和就业双增加的区域,是产业与人口匹配较好的区域,也是未来产业发展和人口就业的重点区域;(2) 对于增加值份额增加、就业份额下降的区域,要重视发展吸收就业能力强的产业,提高就业的吸纳能力;(3) 对于增加值份额下降、就业份额上升的区域,一方面通过工艺流程升级、产品升级、功能升级和链条升级,不断提高第二产业的质量,增强就业质量;另一方面,积极发展服务业,增强服务业的就业能力;(4) 对于增加值和就业都下降的大面积连片区域,要积极发展省域增长极,避免空心化。

通过产业增加值和就业份额的比较分析,得到三点启示和建议。

第一,坚守产业带动就业的理念。当前中国经济下行压力较大,各级政府都把产业投资作为启动内需、保障经济发展的最重要的手段。然而，脱离就业的产业投资固然可以带来短期的投资效应，但这是以透支未来更大的消费和投资为代价的。因此，必须坚守产业带动就业的理念。

第二，促进产业转型和升级是推进产业与人口匹配的最为重要的任务。通过对四类区域的分析发现，第Ⅰ类区域面临产业发展的问题，第Ⅱ类区域面临促进就业的难题，第Ⅲ类区域面临"民工荒"和农民工非市民化的问题，第Ⅳ类区域则面临产业空洞化的挑战。解决这些问题的重要途径在于产业的转型和升级。通过产业转型和升级，一方面吸收就业、加快农民工市民化，另一方面提高企业效益和工人收入。因此，产业的转型和升级关系到产业与人口匹配的质量和效益，是当前最为重要的任务。

第三，发展多元经济，促进资源富集区发展的持续性和稳定性。资源富集区是产业增加值和从业人员增长较快的区域。但是资源密集型产业具有较为明显的生命周期，并且受市场波动的影响较大。目前中国有110多个资源型城市，估计2030年将达到200个左右。这些资源型城市，大多数在今后某个时间将出现资源枯竭。在资源开采完毕之前，找到替代产业、发展多元经济是保障该区域产业与人口匹配实现可持续的关键。

第十二章

中国产业布局的成就与方向

中国的产业布局取得了伟大的成就，也积累了丰富的具有中国特色的产业布局经验。当前，中国的产业布局也存在政府干预过多、重复布局、分散布局、促进区域创新方面作用不强、没有充分适应经济发展新特点等问题，这些都是未来需要关注的方向。

第一节 产业布局的成就经验

中国的产业布局取得了伟大的成就，构建了世界制造基地，优化了区域空间结构，完善了产业布局学科体系。同时，也积累了丰富的具有中国特色的产业布局经验。战略上，把握优先次序，不断调整产业布局方向；战术上，营造地区性"小气候"，建设开发区，分步推进产业在全国的纵深布局。此外，产业布局中也存在一些教训，需要通过深化改革、完善市场机制和优化政府职能来解决。

一 构建完整产业体系，提升创新发展能力

经过70多年的产业布局，中国建立了较为完整的产业链，形成了较为完整的产业体系，发展成为世界制造基地。改革开放之前，经过"156项项目"的布局与三线建设，在建设国防战略后方的同时，中国内陆形成了由国防科技产业、机械工业、原材料产业、能

源工业等构成的产业结构，基本建成独立完整的工业体系；改革开放之后，在中国政治稳定和市场化改革的驱动下，工业化加速产生的巨大市场规模优势、劳动力无限供给条件下的二元结构落差优势、高储蓄率、包容并包的文化底蕴等与发达国家的产业转移结合起来，带动中国纳入国际分工体系，形成世界制造基地（刘鹤，2008）。世界500多种主要工业产品中，中国有220多种产品的产量居世界第一，形成了完整的产业体系。

依托"156项项目"、三线建设、863计划、973计划等科技重大专项工程，通过技术引进、技术改造、消化吸收与技术创新，开拓了一些新领域，在航天、高铁、基建、杂交水稻、量子通信技术、5G等领域突破了一系列尖端技术，创新能力不断提升。同时，城市创新指数不断提高，形成了多层次城市创新体系。根据澳大利亚2thinknow公司公布的全球创新城市指数，2018年总共评选了52个支配型城市、120个枢纽型城市、256个节点型城市和72个新型城市。中国的香港、上海、北京是支配型城市，深圳、台北、广州是枢纽型城市，苏州等36个城市是节点型城市（2thinknow，2018）。

二 优化空间结构，促进区域经济协调发展

中华人民共和国成立以来的产业布局，优化了区域空间结构，促进了区域协调发展。通过"156项项目"和三线建设，中国内陆建成了一大批基础设施和新兴工业城市，仅"一五"计划的实施，就新建了6个城市（或工业市区）：包头（新区）、洛阳（涧西区）、白银、株洲、茂名、富拉尔基等，以及新的工业区、镇，形成了重工业为主的产业结构，奠定了区域发展的基础。20世纪末以来，西部大开发、东北振兴、中部崛起等战略的实施，进一步完善了中国内陆的基础设施，有效提升了中西部地区和东北地区的科技基础与区域特色产业的发展能力，促进了生态环境的保护，增加了区域的吸引力。一大批过去工业基础较弱的城市，已经发展成为重要的工

业城市，如哈尔滨、长春、包头、兰州、西安、太原、郑州、洛阳、武汉、湘潭、株洲、重庆、成都、乌鲁木齐等（董志凯，2009）。

在产业发展和城市建设的基础上，以线串点，以点带面，中西部地区和东北地区的点轴开发持续深化，空间结构不断优化。中部地区形成了武汉都市圈、长株潭城市群、中原城市群、太原城市群等极核结构，沿长江经济带、沿陇海经济带、沿京广和京九经济带的作用也越来越突出。西部地区整体上仍处于极核式发展阶段，初步形成了"西三角"经济区、西段陇海兰新经济带和长江上游经济带。东北地区的点轴系统进入成熟发展阶段，辽宁沿海经济带、哈大齐经济带作用日益凸显（李国平、王志宝，2013）。增长极、都市圈、城市群、经济带的建设，整合了区域空间，提升了经济发展效益，有效地拉动了中西部和东北地区的发展，促进了区域协调发展。

此外，沿海和内陆的梯度差异，构成了中国内部形成雁阵模式的基础（蔡昉等，2009）。这种区域空间结构有效挖掘了中国内需潜力，有效降低了国际贸易保护主义的影响，提高了中国经济的回旋余地、韧劲与持续发展能力。

三　在实践中总结，不断完善产业布局学学科体系

中国的产业布局学是在实践中不断总结归纳和发展起来的。中华人民共和国成立以来，通过自然资源综合考察、国土开发战略及规划、主体功能区划、开发区建设等，对产业布局进行了大量实践。在此基础上，积极吸收国际上相关学科的成果，形成了较为完整的产业布局学科体系（刘再兴等，1984；陆大道等，2003；陈栋生，2013）。

（一）微观选址与产业布局

微观选址是产业布局的基础，现已经形成了三种范式（胡安俊、孙久文，2018）。以区位理论为基础，研究企业选址与要素、市场等

分布的关系，形成产业布局的指向原理；以外部经济为基础，研究企业集聚与人才流动、技术示范与技术竞争的关系，形成企业选址的知识扩散模型（Glaeser et al., 2010；安虎森，2009；王缉慈，2016）；以新经济地理学为研究框架，研究共享、匹配、学习等集聚效应与企业选址的机理（Fujita 等，1999；Duranton and Puga, 2004）。

（二）产业布局与空间结构

在 Dixit – Stiglitz 框架下，研究产业在均匀分布与核心边缘分布之间演变的机理与过程（Krugman，1991；Baldwin et al., 2003）。结合经济分布的空间模式与演化顺序，形成点轴理论、经济带理论、网络开发理论等（陆大道，2001；张文尝等，2002；魏后凯，2016）。从规划需求出发，探讨国家、区域和城市三种空间层级与产业布局的关系（胡安俊、孙久文，2018）。

（三）产业布局与生态环境

根据资源环境承载力、现有开发密度与开发潜力，形成主体功能区划的相关理论。通过生态底线管控，规范企业选址，规制污染天堂，保护生态环境，实现人与自然和谐发展（吴传钧，1998；樊杰，2015）。

（四）产业布局与社会发展

总结三线建设、新城区建设、开发区建设中生产与生活脱节的教训，处理好产业发展与社会发展的关系。通过建设邻里中心，布局医疗、教育、文化卫生等社会服务设施，平衡生产设施与生活设施的比例关系，满足居民生活需要。此外，还研究产业布局在协调区际关系和外部性、探索改革转型、保障国家国防安全等方面的作用。

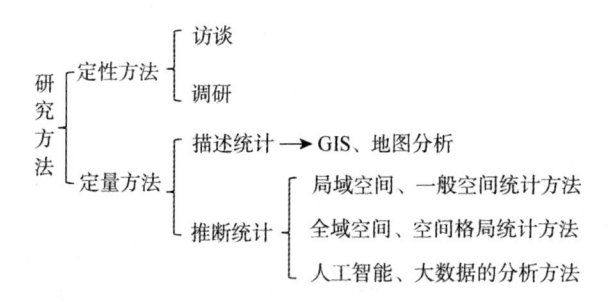

(五) 产业布局的研究方法

产业布局的研究方法主要包括定性和定量两类。定性方法主要包括访谈和调研（基钦、泰特，2006；克利福德、瓦伦丁，2012），定量方法主要使用统计学方法，包括描述统计和推断统计两类。其中，描述统计方法主要是借助 GIS 技术进行地图分析，而推断统计方法则包括基于局域空间的空间计量、地理探测器等一般空间统计方法（王劲峰等，2019）和基于全域空间的空间格局统计方法（赵作权，2014）。近年来，随着大数据和人工智能技术的发展，空间尺度、时间尺度、研究粒度和研究方法都发生了变革，出现了网络爬虫、数据跟踪等新的产业布局方法（见图 12—1）。

图 12—1 产业布局的研究方法

资料来源：笔者自制。

四 把握先后次序，调整产业布局战略

中华人民共和国成立以来，中国的产业布局一直贯彻着"把握先后次序、调整布局战略"的思路和经验。中华人民共和国成立之初，面对严峻的国际形势和经济发展水平较低的国情，快速实现工业化、保障国家安全是首要任务。为此，集中人力、物力和财力，优先发展重工业、大力推进"156 项项目"与三线建设是实现这一任务的关键。改革开放之初，发展经济与改革开放是首要任务。通过重新界定产权、激活市场合约、确立以市场价格为基础的协调机

制，从提升效率的大局出发，率先发展东部。改革红利与人口红利推动产业在东部沿海地区大规模集聚，有力推动了中国经济的快速腾飞。当国家综合实力达到小康水平时，巨大的区域差距成为国家发展的突出挑战，区域协调发展成为政府工作的紧迫任务。为此，20世纪末以来国家陆续实施了西部大开发、东北振兴、中部崛起等战略，通过完善基础设施、发展科教文化、优化投资环境等引导产业跨区域转移。党的十八大以来，中国经济进入新时代。面对巨大的过剩产能与中国企业不断积累的对外投资经验，审时度势，引导产业在全球布局成为提升国际竞争力的战略选择。概括起来，每个时代都有不同的主要矛盾，政府面临不同的战略任务。科学把握每个时代的主要矛盾与战略任务，制定相应的产业布局战略，是中华人民共和国成立以来产业布局的基本经验。

五 营造地区性"小气候"，依托开发区分步推进产业的纵深布局

改革开放之初，市场力量几乎消灭殆尽，要短时间内形成国内市场，并全面与国际市场接轨是不可能的。于是，中国政府通过设立经济特区、沿海港口城市与沿海经济开放区，营造地区性的与国际市场接轨的"小气候"作为对外开放的基地，大幅降低企业运行的制度成本，引导产业在这些区域集聚（傅高义，2008；吴敬琏，2016）。当这些区域的技术、管理、知识、对外政策等窗口功能发挥出来并积累了大量改革经验后，开始复制沿海开放模式，逐步引导产业向全国纵深布局，这是中国产业布局的另一条重要经验。

作为地区性"小气候"和产业纵深布局载体的开发区，是地区先导产业的重要集聚区、招商引资的重要载体，积累了丰富的产业布局经验，受到广大发展中国家的青睐。具体经验有：一是以先进科学的规划和管理机制为引领，实施"先规划、后建设、先地下、后地上"的建设程序，确保一张蓝图绘到底；二是高起点高质量建

设基础设施，优化开发区的硬件环境；三是政府从投资者立场出发，在项目审批、用地建厂、招聘工人、公共设施、医疗保障等方面深化放管服改革，形成亲商高效的服务体系；四是秉承"生态优先、环保立区"的理念，采取环保提前介入、一票否决的制度，建立生态环保绿色园区；五是建设功能配套的邻里中心，实现产城融合发展；六是实施招聘制度和考核制度，建立勤政廉洁的公务员队伍（潘云官，2016）。

六 吸收产业布局教训，深化改革推动产业优化布局

中国产业布局过程中也走了不少弯路，存在一些教训。改革开放之前的教训集中在三线建设时期，在"文化大革命"极"左"思潮影响下，决策层片面强调备战要求，过分强调"靠山、分散、进洞"的布局策略，建设规模铺得过大、战线拉得过长、进程过快，忽视经济规律和科学管理，经济效益低下。同时，由于过分强调"先生产后生活"，学校、医院、商店、住房等匮乏，生活设施留下严重欠账，影响职工生活与身体健康（陈东林，2003）。改革开放之后的教训主要集中于：（1）地方竞争、重复布局与产能过剩。在中国特色的"行政分包制"下，地方政府掌握了大量资源，"纵向行政发包"和"横向官场竞争"导致地方政府过度干预，引起产业潮涌、重复和分散布局等问题，带来了巨大的资源错配（林毅夫等，2010；周黎安，2017）。（2）生产设施与服务设施不匹配。长期以来，中国的产业布局重视生产、忽视生活。加入WTO后，中国新城新区迅猛扩张。冒进扩张的新城新区普遍存在生活、教育、医疗等服务设施配套不足问题，城市综合功能发展滞后，严重影响人们的生活。（3）产业布局与生态环境污染。在各地竞争发展中，出现了"县县点火，镇镇冒烟"的布局模式，造成了严重的环境污染（杨伟民，2008）。近年来，随着产业跨区域转移的不断加快，中西部地区成为许多污染企业的"环境避难所"。

吸收过去的教训，优化产业布局一要深化改革，规范政府行为，完善价格机制，发挥市场在资源配置中的决定性作用，让市场机制主导产业布局；二要深入推进以人为核心的理念，增强政府在提供公共服务方面的职能，处理好生产与生活等关系，走产城融合之路（邹伟勇等，2014）；三要积极发挥政府在环境规制、降低负外部性等方面的作用，深入实施主体功能区规划，促进产业绿色协调发展。

第二节　产业布局的方向与建议

中国的产业布局取得了伟大的成就，但也存在政府干预过多、重复和分散布局、促进创新方面作用不强、没有充分适应经济社会发展新特点等问题。综合考虑当前存在问题与发展趋势，未来的产业布局需要着力关注以下几个方向：

1. 市场主导与产业集中布局

针对产能过剩、产业布局分散等问题，要规范政府职能，发挥市场在资源配置中的决定性作用，尤其要发挥市场在汇率、利率、土地等方面的作用，减少政府干预，让价格机制主导企业的区位决策。而且，市场主导下的效率与人均意义上的区域平衡两者之间实现双赢（陆铭、向宽虎，2014）。中国人多地少和缺水的基本国情，决定了中国的产业布局必须走规模经济之路。未来的产业布局，要按照主体功能区和城市群为主体的城镇化思路，发挥好政府在公共服务、市场监管、生态底线管控、空间公平正义等方面的作用，逐步整合空间资源，促进产业集中布局。针对产业集中可能带来大城市病等问题，可借鉴东京和新加坡的经验，主要通过优化产业在城市和城市群中的布局、提升城市管理水平来解决。

2. 服务业的协同集聚规律

服务业的构成极其庞杂、性质各异，既不宜简单地套用研究实体经济的分析思路，也没有反映服务业一般特征的普适框架，服务业的研究多从具体的行业出发（江小涓，2011）。目前对服务业布局规律的研究，主要集中于生产性服务业，包括生产性服务业布局的影响因素、与制造业的互动格局、与城市等级体系的关系等方面（李松庆，2011；柳坤、申玉铭，2013）。随着中国进入服务业社会和城市社会，城市病日益凸显，越来越多的城市进入功能疏解阶段，未来需要重点研究服务业的协同布局规律，回答什么类型的生产性服务业与什么类型的生产性服务业协同集聚、什么类型的生产性服务业与什么类型的生活性服务业协同集聚、什么类型服务业与什么类型制造业协同集聚等问题。这对于有序推进功能疏解、解决大城市病等具有重要参考价值。

3. 产业布局在促进创新与形成新动能中的作用

2008年国际金融危机以来，伴随着国内要素价格飙升、发达国家"再工业化"和贸易保护主义等多重压力，推动创新、培育经济发展新动能和实现高质量发展成为中国面临的关键任务。创新的产生既需要具备好奇、财富、恐惧和情怀四大动力，也需要打通"原理—技术—产品"的创新链条。创新的分布极不平衡，聚合动力和打通链条的关键在于空间集聚（周其仁，2017）。空间集聚有利于将有想法、愿冒险的人聚在一起，提高创新氛围的浓度；有利于增强各主体之间的信任程度，促进科学家、大学、研究所、政府、初创企业、风险资本等的高频互动，促进知识传递、分享和集成；有利于促进研发协同、创新外包、专利许可以及技术转让等操作（刘军等，2017）。未来的产业布局，要以促进创新为着眼点，沿着竞争力优先的路径，探索产业集聚与工艺升级、价值链升级、产品升级等的关系，形成可复制的经验，推动中国经济动能转换与高质量发展。

4. 人工智能时代的产业布局规律

人工智能时代，数据成为新的生产要素，数字化经济带来了规模经济和范围经济，这将大幅提高生产效率（Goldfarb and Trefler, 2018）；人工智能通过资本替代劳动，资本的收入份额会增加，管理者和有技能者的收入份额也会增加，而普通劳动者的收入份额会下降，赢家通吃成为人工智能时代的生存逻辑（布莱恩约弗森、麦卡菲，2014；Aghion et al.，2017）。人工智能的发展具有很大的空间不平衡，比如中国科技部公布的三批次共15家新一代人工智能开放创新平台，只集聚在北京、上海、深圳、杭州、合肥等5个城市。人工智能企业空间布局的集聚性与赢家通吃生存逻辑相结合会加剧区域空间的分化。与此同时，随着新一代信息基础设施在落后区域的布局和升级，人工智能技术也将大幅提高落后区域的教育、医疗、文化等水平，促进技术扩散与区域发展的趋同。分化力与趋同力如何影响产业的空间布局是亟待需要研究的问题。

5. 产业布局在缩小南北方区域差距中的作用

2008年以来中国南北区域经济的差距不断拉大，北方GDP份额由2008年的43.24%大幅下降到2018年的38.48%。在此期间，全球需求下滑，国内运行成本上升，在国内外两大因素综合作用下，中国经济增长大幅下滑，经济增长动能逐渐由需求侧转向供给侧。而在供给侧，中国南北方具有很大的差异：（1）从南北方的主导/支柱产业来看，北方地区能源、原材料和重工业比重大，资源型经济突出，煤炭、钢铁、水泥、平板玻璃等行业产能过剩严重。由于这些产业加工深度和技术含量不高，抗外部干扰能力较弱，在"去产能"的推动下，北方经济增长受到较大的影响。（2）从南北方的体制机制来看，北方地区国有经济比重仍然偏高，国有企业历史包袱仍未得到根本解决；北方地区，特别是东北地区民营经济发展严重滞后，科技创新活力不足（魏后凯，2017）。因此，中国南北区域差距的实质是南北方产业结构与体制机制的差异。为缩小南北方区域差距，北方地区要以供给侧结构性改革为主线，推进国有企业改革，大力优化营商环境，以中心城市和各类功能性平台为依托，加大人才培养和智力引进力度，促进新兴产业在示范平台集聚发展，发展新兴服务业，拓展对外开放空间，推动产业结构调整，促进南北区域协调（杨荫凯、刘羽，2016）。

6. "一带一路"背景下中国产业海外布局研究

2013年习近平总书记提出"一带一路"倡议后，得到了沿线国家的积极响应。在此推动下，中国企业"走出去"的步伐不断加快，共建项目由单一项目合作向一揽子项目合作延伸，由企业分散布局向园区集聚布局转变，"一带一路"正在向着高质量发展。与此同时，也存在地缘政治复杂、政府干预过多、海外投资经验不足、投资恶性竞争、产融对接不充分、缺乏高级管理人才等突出问题（张晓静等，2020）。政府需要发挥市场在资源配置中的决定性作用，完善"一带一路"沿线国家争端解决机制，促进金融合作，加强金融监管等；企业则需要学习借鉴发达国家的海外投资经验，总结自身海外投资的经验与教训，加强对投资国的政策、文化等的理解，防范投资风险，增强语言表达、沟通与突发事件公关能力，提高海外投资效益。在此背景下，产业在海外布局的地理区位、合作模式、风险控制等是需要深入研究的问题。

7. 双循环发展战略与产业空间布局趋势

双循环发展战略将在较长一段时间内指导中国经济社会发展，必将对中国的产业布局产生重要而深刻的影响。（1）从国内产业布局趋势看，一是随着中国进入高质量发展阶段，对高科技产品的需求不断增多。高科技产业将加强在京津冀城市群、长三角城市群、粤港澳大湾区等核心增长极的布局，从而满足居民的需求；同时，高水平人力资本要素在这些区域较为集中，为高科技产业的发展提供了人才支撑；二是随着双循环战略的实施，国家更加重视内需市场。这为中西部和东北地区特色产业的发展提供了巨大市场，促进了中西部和东北地区特色产业的发展。（2）从海外投资布局趋势看，新冠肺炎疫情极大地改变了国际投资环境。中国的海外投资企业将势必改变过去的发展模式，加强对国际政治与政策的分析与研判，遵守国际投资和服务规范，增强市场化程度，更加注重对营商环境友好国家进行"深耕"，提高对外产业布局的经济效益。由于双循环发展战略刚刚在2020年提出，还有许多产业布局问题需要深化研究。

党的十九大报告指出，中国特色社会主义进入新时代，中国社会主要矛盾已经转变为人民日益增长的美好生活需要与不平衡不充分发展之间的矛盾。这一矛盾将在未来很长时间里指导着中国的发展战略。合理的产业布局关系到国家经济、社会、环境、安全大局，如何通过产业布局促进经济充分和平衡发展，既是中央政府关注的焦点，也是学术界关心的热点。为此，提出两条建议：

1. 加大改革力度，优化产业集聚，促进创新与充分发展

创新是实现充分发展的根本动力，而产业集聚是激发创新的关键支撑。合理的产业集聚提高了创新过程中交流的浓度，延展了彼此的知识边界，增加了创新火花产生的概率和质量；合理的产业集聚增加了上下游产业配套的便利度，降低了交易的成本，提高了创新成果的可能性。因此，优化产业集聚，能够激发产业创新，进而促进其充分发展。当然，产业集聚激发创新并促进充分发展，是需要一些条件的。第一，合理的通货膨胀率。在过去的几十年，贸易顺差与外资的引进使得中国积累了大量的外汇储备。这固然促进了外汇市场的稳定和国家的经济安全，但在现行外汇管理体制下，外汇储备的增加意味着国内基础货币的增加，进而在货币乘数的作用下促使国内货币供应量过快上涨。这是资本脱实向虚、形成资产泡沫的主要原因。因此，合理的通货膨胀率，是促进实体经济健康发展和产业集聚的基本条件。这需要改革中国的外汇管理体制，控制基础货币的发放总量，使通货膨胀处于合理水平，引导资本从脱实向虚向实体经济转变，这是产业集聚的基本前提。第二，产业集聚过程中要充分发挥市场作用。改革开放 40 多年来，地方政府在招商引资、促进产业集聚中发挥了重要作用，但也是导致不相关产业扎堆、产业布局混乱的重要原因。因此，地方政府在制定产业规划和城市更新的过程中，要重视吸收企业的意见，重视在空间上留白，充分发挥市场的作用，引导相关产业的空间集聚，而不是增加值大的产业空间集聚，从而形成产业集聚的最大合力，促进创新与充分

发展。

2. 通过政府规制，优化产业布局，实现经济社会环境的平衡发展

政府的作用主要集中在解决市场失灵（包括产权确立和保护、公共物品、外部性、不完全竞争、不完全信息等五大方面）、稳定经济与平衡发展（再分配）等三大方面。为了促进经济社会环境的平衡发展，必须更好发挥政府作用，主要集中在以下两个方面：第一，按照主体功能区的要求，通过政府规制，引导产业从环境承载力弱的区域迁出、在环境承载力强的区域布局，同时加强环境治理，这是优化生态环境的关键举措；第二，经过改革开放40多年的发展，2019年31个省（区、市）的人均GDP都处于世界银行的中等偏上或高收入水平。其中，7个省（区、市）处于高收入水平。促进区域协调发展是一项长期的重点任务。引导产业向发展中区域、特别是中西部和东北地区的城市群（都市圈）进行集聚，进一步增加这些区域的就业机会与发展能力，进而引导人口在这些区域的集聚，这是保障中西部和东北地区的发展权、减小区域差距、促进经济社会协调发展的关键。

参考文献

［奥］约瑟夫·熊彼特：《经济发展理论》，何畏、易家详译，商务印书馆1912年版。

［德］扬－维尔纳·米勒：《什么是民粹主义》，钱静远译，译林出版社2020年版。

［美］埃里克·布莱恩、约弗森、安德鲁·麦卡菲：《第二次机器革命：数字化技术将如何改变我们的经济与社会》，蒋永军译，中信出版社2014年版。

［美］大卫·哈维：《新自由主义简史》，王钦译，上海译文出版社2010年版。

［美］丹尼·罗德里克：《全球化的悖论》，廖丽华译，中国人民大学出版社2011年版。

［美］傅高义：《先行一步：改革中的广东》，凌可丰、丁安华译，广东人民出版社2008年版。

［美］克里斯·安德森：《创客——新工业革命》，萧潇译，中信出版社2012年版。

［美］罗伯特·海夫纳三世：《能源大转型：气体能源的崛起与下一波经济大发展》，马圆春、李博抒译，中信出版社2013年版。

［美］马克·斯考森：《现代经济学的历程：大思想家的生平与思想》，马春文等译，长春出版社2009年版。

［美］曼弗雷德·B. 斯蒂格：《全球化面面观》，丁兆国译，译林出版社2013年版。

［美］威廉·鲍莫尔:《企业家精神》,孙智君等译,武汉大学出版社 2010 年版。

［美］西奥多·舒尔茨:《对人进行投资》,吴珠华译,商务印书馆 2017 年版。

［美］西蒙·库兹涅茨:《现代经济增长》,北京经济学院出版社 1989 年版。

［美］詹姆斯·布雷丁:《创新的国度——瑞士制造的成功基因》,徐国柱、龚贻译,中信出版社 2014 年版。

［日］池田信夫:《失去的二十年》,胡文静译,机械工业出版社 2012 年版。

［日］富田和晓、藤井正:《大都市圈》,中国建筑工业出版社 2015 年版。

［英］埃里克·霍布斯鲍姆:《工业与帝国：英国的现代化历程》,梅俊杰译,中央编译出版社 2017 年版。

［英］彼得·迪肯:《全球性转变——重塑 21 世纪的全球经济地图》,商务印书馆 2007 年版。

［英］彼得·霍尔、马克·图德－琼斯:《城市和区域规划》,邹德慈、李浩、陈长青译,中国建筑工业出版社 2014 年版。

［英］菲尔·奥基夫、杰夫·奥布赖恩、妮古拉·皮尔索尔:《能源的未来：低碳转型路线图》,阎志敏、王建军译,石油工业出版社 2011 年版。

［英］菲利普·安德鲁斯－斯皮德:《中国能源治理：低碳经济转型之路》,张素芳、王伟、刘喜梅译,中国经济出版社 2015 年版。

［英］凯·安德森、莫娜·多莫什、史蒂夫·派尔等:《文化地理学手册》,李蕾蕾、张景秋译,商务印书馆 2009 年版。

［英］克里斯·弗里曼、弗朗西斯科·卢桑:《光阴似箭：从工业革命到信息革命》,沈宏亮译,中国人民大学出版社 2007 年版。

［英］尼古拉斯·斯特恩:《尚待何时？应对气候变化的逻辑、紧迫性和前景》,东北财经大学出版社 2016 年版。

［英］萨利·杜根、戴维·杜根:《剧变:英国工业革命》,孟斯译,中国科学技术出版社2018年版。

［英］约翰·邓宁、萨琳安娜·伦丹:《跨国公司与全球经济》,马述忠、曹信生、柴宇曦、许光建等译,中国人民大学出版社2016年版。

安虎森:《新经济地理学原理》,经济科学出版社2009年版。

薄一波:《若干重大决策与事件的回顾》,中共党史出版社2008年版。

陈东林:《三线建设——备战时期的西部开发》,中共中央党校出版社2003年版。

陈东林:《中国共产党与三线建设》,中共党史出版社2014年版。

陈栋生:《经济布局与区域经济》,中国社会科学出版社2013年版。

陈栋生:《中国产业布局研究》,经济科学出版社1988年版。

董志凯:《中国共产党与156项工程》,中共党史出版社2015年版。

方福前:《当代西方经济学主要流派》,中国人民大学出版社2014年版。

国际能源署:《能源与空气污染:世界能源展望特别报告》,国网能源研究院译,机械工业出版社2017年版。

胡安俊:《产业生命周期:企业家精神、集聚、匹配、转移、空间结构的综合研究》,中国人民大学出版社2016年版。

黄奇帆:《结构性改革——中国经济的问题与对策》,中信出版社2020年版。

黄仁宇:《放宽历史的视野》,生活·读书·新知三联书店2001年版。

李小建:《中国特色经济地理学探索》,科学出版社2016年版。

梁小民:《走马看商帮》,上海书店出版社2011年版。

林毅夫、蔡昉、李周:《中国的奇迹:发展战略与经济改革》(增订版),格致出版社2014年版。

刘鹤:《没有画上句号的增长奇迹》,载吴敬琏、樊纲、刘鹤、林毅夫、易纲、许善达、吴晓灵主编《中国经济50人看三十年——回顾与分析》,中国经济出版社2008年版。

刘再兴、祝诚、周起业等:《生产布局学原理》,中国人民大学出版社1984年版。

陆大道:《区位论及区域研究方法》,科学出版社1991年版。

世界人工智能大会组委会:《智联世界》,上海科学技术出版社2019年版。

孙久文:《区域经济规划》,商务印书馆2004年版。

孙久文、肖春梅等:《21世纪中国生产力总体布局研究》,中国人民大学出版社2014年版。

孙久文、叶裕民:《区域经济学教程》,中国人民大学出版社2010年版。

孙施文:《现代城市规划理论》,中国建筑工业出版社2007年版。

同济大学发展研究院:《2018中国产业园区持续发展蓝皮书》,同济大学出版社2018年版。

汪德华:《中国城市规划史》,东南大学出版社2014年版。

王缉慈:《创新集群三十年探索之旅》,科学出版社2016年版。

王孝通:《中国商业史》(1936年版),中国文史出版社2015年版。

王亚南:《中国官僚政治研究》(1948年版),商务印书馆2010年版。

王俞现:《中国商帮600年:1370—1956》,中信出版社2011年版。

魏后凯:《区域经济理论与政策》,中国社会科学出版社2016年版。

吴传钧:《人地关系与经济布局》,学苑出版社1998年版。

吴敬琏:《当代中国经济改革教程》,上海远东出版社2016年版。

吴晓波:《激荡三十年:中国企业1978—2008》,中信出版社2014年版。

吴志强、李德华:《城市规划原理》,中国建筑工业出版社2010年版。

徐寿波:《技术经济学》,经济科学出版社2012年版。

杨开忠:《改革开放以来中国区域发展的理论与实践》,科学出版社2010年版。

杨伟民:《推进形成主体功能区 走上区域协调发展道路》,载吴敬琏、樊纲、刘鹤、林毅夫、易纲、许善达、吴晓灵主编《中国经济50

人看三十年——回顾与分析》，中国经济出版社 2008 年版。

张季风:《日本国土综合开发论》，中国社会科学出版社 2013 年版。

张可云:《区域经济政策》，商务印书馆 2005 年版。

张维迎、盛斌:《企业家——经济增长的国王》，上海人民出版社 2014 年版。

张文尝、金凤君、樊杰:《交通经济带》，科学出版社 2002 年版。

赵济:《新编中国自然地理》，高等教育出版社 2015 年版。

中国人民大学区域经济研究所:《产业布局学原理》，中国人民大学出版社 1997 年版。

周黎安:《转型中的地方政府——官员激励与治理》，上海三联书店 2017 年版。

周其仁:《邓小平领导中国改革的伟大活剧》，载吴敬琏、樊纲、刘鹤、林毅夫、易纲、许善达、吴晓灵主编《中国经济 50 人看三十年——回顾与分析》，中国经济出版社 2008 年版。

"工业化与城市化协调发展研究"课题组:《工业化与城市化关系的经济学分析》，《中国社会科学》2002 年第 2 期。

白重恩、钱震杰:《谁在挤占居民的收入——中国国民收入分配格局分析》，《中国社会科学》2009 年第 5 期。

蔡昉:《中国经济增长如何转向全要素生产率驱动型》，《中国社会科学》2013 年第 1 期。

蔡昉、林毅夫、张晓山、朱玲、吕政:《改革开放 40 年与中国经济发展》，《经济学动态》2018 年第 8 期。

蔡昉、王德文、曲玥:《中国产业升级的大国雁阵模型分析》，《经济研究》2009 年第 9 期。

陈佳贵、黄群慧:《我国实现工业现代化了吗——对 15 个重点工业行业现代化水平的分析与评价》，《中国工业经济》2009 年第 4 期。

陈良文、杨开忠、吴姣:《地方化经济与城市化经济——对我国省份制造业数据的实证研究》，《经济问题探索》2006 年第 11 期。

陈林、朱卫平:《广东省产业转移的发展现状与特征》，《国际经贸探索》2010 年第 1 期。

陈明星、李扬、龚颖华、陆大道、张华:《胡焕庸线两侧的人口分布与城镇化格局趋势——尝试回答李克强总理之问》,《地理学报》2016 年第 2 期。

陈修颖:《信息社会下中国区域经济空间结构模式的创新——兼谈新经济背景下中国城市与区域发展战略》,《中国软科学》2009 年第 3 期。

陈耀、陈钰:《我国工业布局调整与产业转移分析》,《当代经济管理》2011 年第 10 期。

陈自芳:《中国近代企业家精神简论》,《浙江学刊》1989 年第 2 期。

崔功豪:《当前城市与区域规划问题的几点思考》,《城市规划》2002 年第 2 期。

董志凯:《中国工业化 60 年——路径与建树（1949—2009）》,《中国经济史研究》2009 年第 3 期。

樊杰:《我国主体功能区划的科学基础》,《地理学报》2007 年第 4 期。

樊杰:《中国主体功能区划方案》,《地理学报》2015 年第 2 期。

范剑勇:《产业集聚与地区间劳动生产率差异》,《经济研究》2006 年第 11 期。

冯登国、张敏、李昊:《大数据安全与隐私保护》,《计算机学报》2014 年第 1 期。

冯猛:《基层政府与地方产业选择——基于四东县的调查》,《社会学研究》2014 年第 2 期。

符正平:《西方企业理论研究中的三大科学研究纲领》,《经济学动态》1998 年第 3 期。

关爱萍、王瑜:《区域主导产业的选择基准研究》,《统计研究》2002 年第 12 期。

韩国高、高铁梅、王立国、齐鹰飞、王晓姝:《中国制造业产能过剩的测度、波动及成因研究》,《经济研究》2011 年第 12 期。

何骏:《探索中国生产性服务业的发展之路——中国生产性服务业崛起的动因、空间和模式研究》,《经济学动态》2009年第2期。

何顺果:《西进在美国经济发展中的作用》,《历史研究》1984年第3期。

贺灿飞:《地方化经济、城市化经济与中国制造业企业劳动生产率》,《哈尔滨工业大学学报》(社会科学版)2011年第6期。

胡安俊:《推进人工智能深入发展的几个关键点》,《中国发展观察》2020年第17期。

胡安俊:《中国的产业布局:演变逻辑、成就经验与未来方向》,《中国软科学》2020年第12期。

胡安俊、刘元春:《中国区域经济重心漂移与均衡化走势》,《经济理论与经济管理》2013年第12期。

胡安俊、孙久文:《产业布局的研究范式》,《经济学家》2018年第2期。

胡安俊、孙久文:《空间层级与产业布局》,《财贸经济》2018第10期。

胡安俊、孙久文:《空间计量:模型、方法与趋势》,《世界经济文汇》2014年第6期。

胡安俊、孙久文:《提升中国能源效率的产业空间重点》,《中国能源》2018年第3期。

胡安俊、孙久文:《中国制造业转移的机制、次序与空间模式》,《经济学(季刊)》2014年第4期。

胡安俊、孙久文、胡浩:《产业转移:理论学派与研究方法》,《产业经济评论》2014年第1期。

胡安俊、孙久文、姚鹏:《中国城镇化战略:从冒进到适度的地理版图》,《经济管理》2014年第5期。

胡兆量:《边境优势论与边境口岸建设》,《城市问题》1993年第3期。

胡兆量:《地理学的基本规律》,《人文地理》1991年第1期。

黄群慧:《中国工业化进程：阶段、特征与前景》,《经济与管理》2013 年第 7 期。

黄勇峰、任若恩、刘晓生:《中国制造业资本存量永续盘存法估计》,《经济学（季刊）》2002 年第 1 期。

江飞涛、曹建海:《市场失灵还是体制扭曲——重复建设形成机理研究中的争论、缺陷与新进展》,《中国工业经济》2009 年第 1 期。

姜博、初楠臣、王媛、马玉媛、张雪松:《高速铁路对城市与区域空间影响的研究述评与展望》,《人文地理》2016 年第 1 期。

焦贝贝、张治河、肖新军、刘海猛:《中国开发区发展阶段与时空分布特征研究》,《科研管理》2018 年第 10 期。

况伟大:《预期、投机与中国城市房价波动》,《经济研究》2010 年第 9 期。

赖平耀:《中国经济增长的生产率困境：扩大投资下的增长下滑》,《世界经济》2016 年第 1 期。

李国杰、程学旗:《大数据研究：未来科技及经济社会发展的重大战略领域——大数据的研究现状与科学思考》,《中国科学院院刊》2012 年第 6 期。

李国平、王志宝:《中国区域空间结构演化态势研究》,《北京大学学报》(哲学社会科学版) 2013 年第 3 期。

李建民:《人力资本与经济持续增长》,《南开经济研究》1999 年第 4 期。

李磊、冼国明、包群:《"引进来"是否促进了"走出去"？——外商投资对中国企业对外直接投资的影响》,《经济研究》2018 年第 3 期。

李平:《提升全要素生产率的路径及影响因素——增长核算与前沿面分解视角的梳理分析》,《管理世界》2016 年第 9 期。

李埏:《论中国古代商人阶级的兴起——读〈史记·货殖列传〉札记》,《中国经济史研究》2000 年第 2 期。

李晓、李俊久:《"一带一路"与中国地缘政治经济战略的重构》,

《世界经济与政治》2015年第10期。

林伯强、杜克锐:《理解中国能源强度的变化:一个综合的分解框架》,《世界经济》2014年第4期。

林平凡、刘城:《产业转移:转出地与转入地政府博弈分析——以广东产业转移工业园为例》,《广东社会科学》2009年第1期。

林毅夫、巫和懋、邢亦青:《"潮涌现象"与产能过剩的形成机制》,《经济研究》2010年第10期。

刘树成:《民间投资增速严重下滑与宏观经济波动》,《中国工业经济》2016年第11期。

龙瀛:《新城新区的发展、空间品质与活力》,《国际城市规划》2017年第2期。

卢峰、李昕、李双双等:《为什么是中国?——"一带一路"的经济逻辑》,《国际经济评论》2015年第3期。

陆大道:《关于"点—轴"空间结构系统的形成机理分析》,《地理科学》2002年第1期。

陆大道:《论区域的最佳结构与最佳发展——提出"点—轴系统"和"T"型结构以来的回顾与再分析》,《地理学报》2001年第2期。

陆大道、刘卫东:《论我国区域发展与区域政策与地学基础》,《地理科学》2000年第6期。

陆铭、向宽虎:《破解效率与平衡的冲突——论中国的区域发展战略》,《经济社会体制比较》2014年第4期。

吕拉昌、魏也华:《新产业区的形成、特征及高级化途径》,《经济地理》2006年第3期。

吕拉昌、魏也华:《新经济地理学中的制度转向与区域发展》,《经济地理》2005年第4期。

吕明元:《产业选择理论在中国的发展脉络:1978—2004》,《产业经济研究》2005年第3期。

吕政:《论中国工业的比较优势》,《中国工业经济》2003年第4期。

罗珉、赵红梅:《中国制造的秘密:创新+互补性资产》,《中国工业经济》2009 年第 5 期。

罗云辉:《地区间招商引资优惠政策竞争与先发优势——基于声誉模型的解释》,《经济科学》2009 年第 5 期。

苗长虹:《变革中的西方经济地理学:制度、文化、关系与尺度转向》,《人文地理》2004 年第 4 期。

苗长虹:《欧美经济地理学的三个发展方向》,《地理科学》2007 年第 5 期。

欧雪银:《企业家精神理论研究新进展》,《经济学动态》2009 年第 8 期。

潘家华:《转型发展与落实〈巴黎协定〉目标——兼论"戈尔悖论"之破解》,《环境经济研究》2016 年第 1 期。

潘云官:《苏州工业园区的筹建、发展与崛起》,《百年潮》2016 年第 5 期。

任远:《由"进城"和"返乡"共同构成的城市化》,《江苏社会科学》2010 年第 3 期。

沈利生:《"三驾马车"的拉动作用评估》,《数量经济技术经济研究》2009 年第 4 期。

石忆邵:《从单中心城市到多中心城市——中国特大城市发展的空间组织模式》,《城市规划汇刊》1999 年第 3 期。

孙久文、胡安俊:《产业转入、转出的影响因素与布局特征——基于中国城市四位数制造业的分析》,《南开学报》(哲学社会科学版)2013 年第 5 期。

孙久文、胡安俊:《雁阵模式与中国区域空间格局演变》,《开发研究》2011 年第 6 期。

孙久文、胡安俊:《主体功能区划解决的主要问题、实现途径与政策建议》,《河北学刊》2012 年第 1 期。

孙久文、胡安俊、陈林:《中西部承接产业转移的现状、问题与策略》,《甘肃社会科学》2012 年第 3 期。

孙久文、胡安俊、沈岱岱:《集聚经济的源泉、维度特征与转换途径》,《理论界》2012 年第 3 期。

孙军:《需求因素、技术创新与产业结构演变》,《南开经济研究》2008 年第 5 期。

孙君、姚建凤:《产业转移对江苏区域经济发展贡献的实证分析——以南北共建产业园为例》,《经济地理》2011 年第 3 期。

汤洪波:《企业家理论的演进》,《经济评论》2006 年第 3 期。

唐华东:《中国开发区 30 年发展成就及未来发展思路》,《国际贸易》2008 年第 9 期。

涂正革、肖耿:《环境约束下的中国工业增长模式研究》,《世界经济》2009 年第 11 期。

汪海波、刘立峰:《中国工业化道路的回顾与前瞻——为庆祝新中国成立 60 周年而作》,《经济研究参考》2009 年第 38 期。

王保林:《产业升级是沿海地区劳动密集型产业发展的当务之急》,《经济学动态》2009 年第 2 期。

王峰玉、吴怀静、魏清泉:《现阶段我国开发区几个战略问题的思考》,《地域研究与开发》2006 年第 1 期。

王林生:《企业家精神与中国经济》,《管理世界》1989 年第 4 期。

王铮、孙翊、顾春香:《枢纽—网络结构:区域发展的新组织模式》,《中国科学院院刊》2014 年第 3 期。

魏楚、沈满洪:《能源效率研究发展及趋势:一个综述》,《浙江大学学报》(人文社会科学版)2009 年第 3 期。

魏后凯、白玖:《中国企业迁移的特征、决定因素及发展趋势》,《发展研究》2009 年第 10 期。

魏玮、毕超:《环境规制、区际产业转移与污染避难所效应——基于省级面板 Poisson 模型的实证分析》,《山西财经大学学报》2011 年第 8 期。

习近平:《国家中长期经济社会发展战略若干重大问题》,《求是》2020 年第 21 期。

徐鼎新:《旧中国商会溯源》,《中国社会经济史研究》1983 年第

1 期。

徐康宁、王剑:《自然资源丰裕程度与经济发展水平关系的研究》,《经济研究》2006 年第 1 期。

许锋、周一星:《我国城市职能结构变化的动态特征及趋势》,《城市发展研究》2008 年第 6 期。

严成樑:《资本投入对我国经济增长的影响——基于拓展的 MRW 框架的分析》,《数量经济技术经济研究》2011 年第 6 期。

叶振宇:《中国建设高水平海外产业园区的战略思考》,《中国发展观察》2016 年第 1 期。

张杰、黄泰岩、芦哲:《中国企业利润来源与差异的决定机制研究》,《中国工业经济》2011 年第 1 期。

张捷:《当前我国新城规划建设的若干讨论——形势分析和概念新解》,《城市规划》2003 年第 5 期。

张军、陈诗一、Gary H. Jefferson:《结构改革与中国工业增长》,《经济研究》2009 年第 7 期。

张军、范子英:《再论中国经济改革》,《经济学动态》2018 年第 8 期。

张军、吴桂英、张吉鹏:《中国省际物质资本存量估算：1952—2000》,《经济研究》2004 年第 10 期。

张其仔:《比较优势的演化与中国产业升级路径的选择》,《中国工业经济》2008 年第 9 期。

张强:《城市功能疏解与大城市地区的疏散化》,《经济社会体制比较》2016 年第 3 期。

张少华、蒋伟杰:《能源效率测度方法：演变、争议与未来》,《数量经济技术经济研究》2016 年第 7 期。

张涛、伏玉林:《我国东部地区产业升级对中西部发展的激励》,《财经科学》2009 年第 12 期。

张庭伟:《1990 年代中国城市空间结构的变化及其动力机制》,《城市规划》2001 年第 7 期。

张庭伟:《控制城市用地蔓延:一个全球的问题》,《城市规划》1999年第8期。

张卓元:《中国经济改革的两条主线》,《中国社会科学》2018年第11期。

郑京海、胡鞍钢、Arne Bigsten:《中国的经济增长能否持续?——一个生产率视角》,《经济学(季刊)》2008年第3期。

中国经济增长与宏观稳定课题组:《城市化、产业效率与经济增长》,《经济研究》2009年第10期。

中国社会科学院工业经济研究所课题组:《中国工业绿色转型研究》,《中国工业经济》2011年第4期。

周鸿祎:《人工智能安全及应对思考》,《民主与科学》2019年第6期。

周业安、宋紫峰:《中国地方政府竞争30年》,《教学与研究》2009年第11期。

周一星、孙则昕:《再论中国城市的职能分类》,《地理研究》1997年第1期。

朱富强、朱鹏扬:《经济增长的根源:投资推动抑或消费拉动——一个思想史的梳理和辨析》,《财经研究》2016年第2期。

邹伟勇、黄炀、马向明、戴明:《国家级开发区产城融合的动态规划路径》,《规划师》2014年第6期。

林伯强:《2060年中国"碳中和"目标的路径、机遇与挑战》,《第一财经日报》2021年1月19日第A11版。

刘玉海:《荷兰如何培育创新》,http://city.ifeng.com/a/20150504/420225_0.shtml。

饶富杰:《波特兰:从产业集群到创新阶层集群》,http://www.thepaper.cn/newsDetail_forward_1284320。

日本国土交通省:《国土形成計画(全国計画)》,http://www.mlit.go.jp/kokudoseisaku/kokudoseisaku_tk3_000082.html。

日本国土交通省:《国土のグランドデザイン2050～対流促進型国土

の形成~》, http://www.mlit.go.jp/kokudoseisaku/kokudoseisaku_tk3_000043.html。

中华人民共和国商务部、国家统计局、国家外汇管理局:《2017 年度中国对外直接投资统计公报》, http://hzs.mofcom.gov.cn/article/date/201512/20151201223578.shtml。

2thinknow, "Innovation Cities™ Index 2018: Global", https://www.innovation-cities.com/innovation-cities-index-2018-global/13935/.

Abdel-RahmanM. Hesham and Fujita Masahisa, "Specialization and Diversification in A System of Cities", *Journal of Urban Economics*, Vol. 33, No. 2, 1993.

Aghion Philippe and Howitt Peter, "A Model of Growth through Creative Destruction", *Econometrica*, Vol. 60, No. 2, 1992.

Agrawal Ajay, Devesh Kapur and John McHale, "How Do Spatial and Social Proximity Influence Knowledge Flows? Evidence from Patent Data", *Journal of Urban Economics*, Vol. 64, No. 2, 2008.

Agrawal Ajay, Iain Cockburn and Carlos Rosell, "Not Invented here: Creative Myopia and Company Towns", *Journal of Urban Economics*, Vol. 67, No. 1, 2010.

Aldrich He, B. Rosen and B. Woodward, "The Impact of Social Networks on Business Foundings and Profit: A Longitudinal Study", in John A. Hornday, Fred A. Tardley, Jeffry A. Timmons, and Karl H. Vesper, eds., *Frontiers of Entrepreneurship Research*, Boston MA: Babson College Press, 1987.

Alsleben Christoph, *Spatial Agglomeration and Product Market Competition*, Working Paper in University of Dortmund, 2007.

Amiti Mary, "Trade Liberalisation and the Location of Manufacturing Firms", *The World Economy*, Vol. 21, No. 7, 1998.

Amiti Mary, "Location of Vertically Linked Industries: Agglomeration versus Comparative Advantage", *European Economic Review*, Vol. 49, No. 4, 2005.

Au Chun – Chung and Henderson J., "Are Chinese Cities Too Small?", *The Review of Economic Studies*, Vol. 73, No. 3, 2006.

Baldwin Richard, "Agglomeration and Endogenous Capital", *European Economic Review*, Vol. 43, No. 2, 1999.

Baldwin Richard, Philippe Martin and Gianmarco Ottaviano, "Global Income Divergence, Trade and Industrialization: The Geography of Growth Take – off", *Journal of Economic Growth*, Vol. 6, No. 1, 2001.

Baldwin Richard, Rikard Forslid, Philippe Martin, Gianmarco Ottaviano and Frederic Robert – Nicoud, *Economic Geography and Public Policy*, Princeton: Princeton University Press, 2003.

Bates Timothy, "Self – employment Entry across Industry Groups", *Journal of Business Venturing*, Vol. 10, No. 2, 1995.

Baumol William J., *The Free – Market Innovation Machine: Analyzing the Growth Miracle of Capitalism*, Princeton: Princeton University Press, 2002.

Baumol William J. and Melissa A. Schilling, "Entrepreneurship", in Steven N. Durlauf and Lawrence E. Blume, eds., *The New Palgrave Dictionary of Economics*, New York, NY: Palgrave Macmillan Ltd, 2010.

Behrens Kristian, Andrea R. Lamorgese, Gianmarco I. P. Ottaviano and Takatoshi Tabuchi, "Changes in Transport and Non – transport Costs Local vs Global Impacts in A Spatial Network", *Regional Science and Urban Economics*, Vol. 37, No. 6, 2007.

Behrens Kristian, Gilles Duranton and Frederic Robert – Nicoud, "Productive Cities: Sorting, Selection and Agglomeration", *Journal of Political Economy*, Vol. 122, No. 3, 2014.

Behrens Kristian and Murata Yasusada, "General Equilibrium Models of

Monopolistic Competition: CRRA versus CARA", CORE Discussion Papers, 2007.

Bosma Niel and Rolf Sternberg, "Entrepreneurship as an Urban Event? Empirical Evidence from European Cities", *Regional Studies*, Vol. 48, No. 6, 2014.

Brixy Udo, "The Significance of Entry and Exit for Regional Productivity Growth", *Regional Studies*, Vol. 48, No. 6, 2014.

Brulhart M and Mathys N, "Sectoral agglomeration economies in a panel of European regions", *Regional Science and Urban Economics*, Vol. 38, No. 4, 2008.

Butler John Sibley and Cedric Herring, "Ethnicity and Entrepreneurship in America: toward an Explanation of Racial and Ethnic Group Variations in Self – employment", *Sociological Perspectives*, Vol. 34, No. 1, 1991.

Carroll Glenn R. and James Wade, "Density Dependence in Organizational Evolution of the American Brewing Industry across Different Levels of Analysis", *Social Science Research*, Vol. 20, No. 3, 1991.

Caselli Francesco Coleman II Wilbur John, "The U. S. Structural Transformation and Regional Convergence: A Reinterpretation", *Journal of Political Economy*, Vol. 109, No. 3, 2001.

Catherine Beaudry and Andrea Schiffauerova, "Who'sRight, Marshall or Jacobs? The Localization versus Urbanization Debate", *Research Policy*, Vol. 38, No. 2, 2009.

Chang and Brada, "TheParadox of China's Growing under – urbanization", *Economic Systems*, Vol. 30, No. 1, 2005.

Chen Henry, Paul Gompers, Anna Kovner and Josh Lerner, "Buy Local? The Geography of Successful and Unsuccessful Venture Capital Expansion", *Journal of Urban Economics*, Vol. 67, No. 1, 2010.

Chinitz Benjamin, "Contrasts in agglomeration: New York and Pittsburgh", *American Economic Review*, Vol. 51, No. 2, 1961.

Ciccone Antonio and Hall Robert, "Productivity and the Density of Economic Activity", *American Economic Review*, Vol. 86, No. 1, 1996.

Combes Pierre Philippe andGilles Duranton, "Labour Pooling, Labour Poaching and Spatial Clustering", *Regional Science and Urban Economics*, Vol. 36, No. 1, 2006.

Cotis Jean-Philippe, *Entrepreneurship as an Engine for Growth: Evidence and Policy Challenges*, London: GEM Forum, 2007.

Davidsson Per, "Nascent Entrepreneurship: Empirical Studies and Developments", *Foundations and Trends in Entrepreneurship*, Vol. 2, No. 1, 2006.

Davis Donald and David Weinstein, "Bones, Bombs, and Break Points: The Geography of Economic Activity", *American Economic Review*, Vol. 92, No. 5, 2002.

Davis Donald and David Weinstein, "A Search for Multiple Equilibria in Urban Industrial Structure", *Journal of Regional Science*, Vol. 48, No. 1, 2008.

Dean T. and Meyer G, "New Venture Formation in Manufacturing Industries: A Conceptual and Empirical Analysis", in N. Churchill et al. ed., *Frontiers of Entrepreneurship Research*, Babson MA: Babson College Press, 1992.

Dijk Jouke van and Pellenbarg Piet H, "Firm Relocation Decisions in The Netherlands: an Ordered Logit Approach", *Papers in Regional Science*, Vol. 79, No. 2, 2000.

Dixit Avinash and Joseph Stiglitz, "Monopolistic Competition and Optimum Product Diversity", *American Economic Review*, Vol. 67, No. 3, 1977.

Drucker Joshua and Feser Edward, "Regional Industrial Structure and Agglomeration Economies: An Analysis of Productivity in Three Manufacturing Industries", *Regional Science and Urban Economics*, Vol. 42, No. 1 – 2, 2012.

Duranton Gilles and Puga Diego, "Nursery Cities: Urban Diversity, Process Innovation, and the Life Cycle of Products", *American Economic Review*, Vol. 91, No. 5, 2001.

Duranton Gilles and Diego Puga, "Micro – foundations of Urban Agglomeration Economies", in Vernon Henderson, Jacques – Francois Thisse, eds., *Handbook of Regional and Urban Economics* (Vol. 4), Amsterdam: North Holland, 2004.

Duranton Gilles and Diego Puga, "From Sectoral to Functional Urban Specialization", *Journal of Urban Economics*, Vol. 57, No. 2, 2005.

Eichengreen Barry and Gupta Poonam, "The Two Waves of Service Sector Growth", National Bureau of Economic Research, 2009.

Ellison Glenn, Edward Glaeser and William Kerr, "What Causes Industry Agglomeration? Evidence from Coagglomeration Patterns", *American Economic Review*, Vol. 100, No. 3, 2010.

Forslid Rikard and Gianmarco Ottaviano, "An Analytically Solvable Core – periphery Model", *Journal of Economic Geography*, Vol. 3, No. 3, 2003.

Forslid Rikard and Ian Wooton, "Comparative Advantage and the Location of Production", *Review of International Economics*, Vol. 11, No. 4, 2003.

Freeman Christopher and Soete Luc, *The Economics of Industrial Innovation*, Cambridge: MIT Press, 1997.

Fritsch Michael and Michael Wyrwich, "The Long Persistence of Regional Levels of Entrepreneurship: Germany, 1925 – 2005", *Regional Studies*, Vol. 48, No. 6, 2014.

Fritsch Michael and Storey David. "Entrepreneurship in a Regional Context: Historical Roots, Recent Developments and Future Challenges",

Regional Studies, Vol. 48, No. 6, 2014.

Fujita Masahisa, "Towards the New Economic Geography in the Brain Power Society", *Regional Science and Urban Economics*, Vol. 37, No. 4, 2007.

Fujita Masahisa, "Thunen and the New Economic Geography", *Regional Science and Urban Economics*, Vol. 42, No. 6, 2012.

Fujita Masahisa, Paul Krugman and Tomoya Mori. "On the Evolution of Hierarchical Urban Systems", *European Economic Review*, Vol. 43, No. 2, 1999.

Fujita Masahisa, Paul Krugman, and Venables Anthony J., *The Spatial Economy: Cities, Regions and International Trade*, Cambridge: MIT Press, 1999.

Fujita Masahisa and Hideaki Ogawa, "Multiple Equilibria and Structural Transition of Non-monocentric Urban Configurations", *Regional Science and Urban Economics*, Vol. 12, No. 2, 1982.

Gallup John Luke, Sachs Jeffery and Mellinger Andrew, "Geography and Economic Development", *International Regional Science Review*, Vol. 22, No. 2, 1999.

Gartner W. B., "What are we talking about when we talk about entrepreneurship?", *Journal of Business Venturing*, Vol. 5, No. 1, 1990.

Gentry William M. and R. Glenn Hubbard, "Tax Policy and Entrepreneurial Entry", *American Economic Review Papers and Proceedings*, Vol. 90, No. 2, 2000.

Gerlach Heiko, Thomas Ronde and Konrad Stahl, "Labor Pooling in R&D Intensive Industries", *Journal of Urban Economics*, Vol. 65, No. 1, 2009.

Ghani Ejaz, William R. Kerr and Stephen O'Connell, "Spatial Determinants of Entrepreneurship in India", *Regional Studies*, Vol. 48, No. 6, 2014.

Gilboy George, "The Myth behind China's Miracle", *Foreign Affairs*, Vol. 83, No. 4, 2004.

Gimeno Javier, Timothy B. Folta, Arnold C. Cooper and Carolyn Y. Woo, "Survival of the Fittest? Entrepreneurial Human Ccapital and the Persistence ofUnderperforming Firms", *Administrative Science Quarterly*, Vol. 42, No. 4, 1997.

Glaeser Edward, *Agglomeration Economics*, Chicago: The University of Chicago Press, 2010.

Glaeser Edward, Rosenthal Stuart and Strange William, "Urban Economics and Entrepreneurship", *Journal of Urban Economics*, Vol. 67, No. 1, 2010.

Granovetter Mark, "Economic Action and Social Structure: The Problem of Embeddedness", *American Journal of Sociology*, Vol. 91, No. 3, 1985.

Granovetter Mark, "Economic Institutions as Social Constructions: A Framework for Analysis", *Acta Sociologica*, Vol. 35, No. 1, 1993.

Haltiwanger John, Jarmin Ron and Krizan C. J., "Mom – and – Pop Meet Big – Box: Complements or Substitutes?", *Journal of Urban Economics*, Vol. 67, No. 1, 2010.

Hanousek Jan, Evzen Kocenda and Mathilde Maurel, "Direct and Indirect Effects of FDI in Emerging European Markets: A Survey and Meta – analysis", *Economic Systems*, Vol. 35, No. 3, 2011.

Hansen Eric, "Entrepreneurial Networks and New Organization Growth", *Entrepreneurship Theory and Practice*, Vol. 19, No. 4, 1995.

Hayter Roger, *The Dynamics of Industrial Location: The Factory, the Firm and the Production System*, New York: Wiley, 1997.

Head Keith and Ries John, "Increasing Returns versus National Product Differentiation as an Explanation for the Pattern of US – Canada Trade", *American Economic Review*, Vol. 91, No. 4, 2001.

Head Keith and Mayer Thierry, "The Empirics of Agglomeration and Trade", in J. V. Henderson, Jacques – Francois Thisse, eds., *Handbook of Regional and Urban Economics* (Vol. 4), Amsterdam: North Holland, 2004.

Heertje Arnold, "Schumpeter Joseph Alois", in Steven N. Durlauf and Lawrence E. Blume. eds., *The New Palgrave Dictionary of Economic*, New York, NY: Palgrave Macmillan Ltd, 2008.

Helsley Robert and Strange William, "Matching and Agglomeration Economies in a System of Cities", *Regional Science and Urban Economics*, Vol. 20, No. 2, 1990.

HendersonJ. Vernon, "The Sizes and Types of Cities", *American Economic Review*, Vol. 64, No. 4, 1974.

Henderson J. Vernon, "Externalities and Industrial Development", *Journal of Urban Economics*, Vol. 42, No. 3, 1997a.

Henderson J. Vernon, "Medium Size Cities", *Regional Science and Urban Economics*, Vol. 27, No. 6, 1997b.

HendersonJ. Vernon, "The Urbanization Process and Economic Growth: the So – what Question", *Journal of Economic Growth*, Vol. 8, No. 1, 2003.

Hidalgo C. A., B. Klinger, L. Barabasi and R. Hausmann, "The Product Space Condition on the Development of Nations", *Science*, Vol. 317, No. 5837, 2007.

Hu Anjun and Jiuwen Sun, "Agglomeration Economies and the Match between Manufacturing Industries and Cities in China", *Regional Science Policy and Practice*, Vol. 6, No. 4, 2014.

Hu Jin – Li and Wang Shih – Chuan, "Total – factor Energy Efficiency of Regions in China", *Energy Policy*, Vol. 34, No. 17, 2006.

Jian Tianlun, Sachs Jeffrey and Warner Andrew, "Trends in Regional Inequality in China", *China Economic Review*, Vol. 7, No. 1, 1996.

Kirzner Israel M. "Austrian Economics", in Steven N. Durlauf and Lawrence E. Blume eds., *The New Palgrave Dictionary of Economics*, New York, NY: Palgrave Macmillan Ltd, 2008.

Koellinger P., Minniti M. and Schade C, "'I think I can, I think I can': Overconfidence andEntrepreneurial Behavior", *Journal of Economic Psychology*, Vol. 28, No. 4, 2007.

Kojima Kiyoshi, "'TheFlying Geese' Model of Asian Economic Development: Origin, Theoretical Extensions, and Regional Policy Implications", *Journal of Asian Economics*, Vol. 11, No. 4, 2000.

Kolko Jed. "Urbanization, Agglomeration and Coagglomeration of Service Industries", In *Glaeser Edward eds.*, *Agglomeration Economics*, Chicago: The University of Chicago Press, 2010.

Krugman Paul, "Increasing Returns and Economic Geography", *Journal of Political Economy*, Vol. 99, No. 3, 1991.

Krugman Paul, "On the Number and Location of Cities", *European Economic Review*, Vol. 37, No. 3, 1993.

Krugman Paul and Raul Livas Elizondo, "Trade Policy and the Third World Metropolis", *Journal of Development Economics*, Vol. 49, No. 1, 1996.

Kumar Nagesh, "Determinants ofLocation of Overseas R&D Activity of Multinational Enterprises: the Case of US and Japanese Corporations", *Research Policy*, Vol. 30, No. 1, 2001.

Markman Gideon, Phan Phillip, Balkin David and Gianiodis Peter, "Entrepreneurship and University-based Technology Transfer", *Journal of Business Venturing*, Vol. 20, No. 2, 2003.

Martin Ron, "The New 'Geographical Turn' in Economics: Some Critical Reflections", *Cambridge Journal of Economics*, Vol. 23, No. 1, 1999.

Martin Philippe and Carol Rogers, "Industrial Location and Public Infrastructure", *Journal of International Economics*, Vol. 39, No. 3, 1995.

Martin Philippe and Gianmarco Ottaviano, "Growth Location: Industry inA Model of Endogenous Growth", *European Economic Review*, Vol. 43, No. 2, 1999.

McMillan John and Woodruff Christopher, "The Central Role of Entrepreneurs in Transition Economies", *Journal of Economic Perspectives*, Vol. 16, No. 3, 2002.

Melitz Marc, "The Impact of Trade on Intra – Industry Reallocations and Aggregate Industry Productivity", *Econometrica*, Vol. 71, No. 6, 2003.

Monfort Philippe and Rosella Nicolini, "Regional Convergence and International Integration", *Journal of Urban Economics*, Vol. 48, No. 2, 2000.

Montgomery John, *The New Wealth of Cities: City Dynamics and the Fifth Wave*, London: Ashgate Publishing Press, 2007.

Mori Tomoya and Turrini Alessandro, "Skills, Agglomeration and Segmentation", *European Economic Review*, Vol. 49, No. 1, 2005.

Nakamura R., "AgglomerationEconomies in Urban Manufacturing Industries: A Case of Japanese Cities", *Journal of Urban Economics*, Vol. 17, No. 1, 1985.

Ottaviano Gianmarco, "'New' New Economic Geography: Firm Heterogeneity and Agglomeration Economies", *Journal of Economic Geography*, Vol. 11, No. 2, 2011.

Ozawa Terutomo, "Pax Americana – led Macro – clustering and Flying – geese – styleCatch – up in East Asia: Mechanisms of Regionalized Endogenous Growth", *Journal of Asian Economics*, Vol. 13, No. 6, 2003.

Pellenbarg PH., van Wissen L. and Dijkvan, "Firm Relocation: State of the Art and Research Prospects", Research Report 02D31, University of Groningen, 2002.

Pennings Johannes, "Organizational Birth Frequencies: An Empirical Investigation", *Administrative Science Quarterly*, Vol. 27, No. 1, 1982.

Puga Diego, "The Rise and Fall of Regional Inequalities", *European Economic Review*, Vol. 43, No. 2, 1999.

Ricci Antonio, "Economic Geography and Comparative Advantage: Agglomeration versus Specialization", *European Economic Review*, Vol. 43, No. 2, 1999.

RobinsonPeter. and Sexton Edwin, "The Effect of Education and Experience on Self – employment Success", *Journal of Business Venturing*, Vol. 9, No. 2, 1994.

Rosalinde Klein Woolthuis, Maureen Lankhuizen and Victor Gilsing, "A System Failure Framework for Innovation Policy Design", *Technovation*, Vol. 25, No. 6, 2005.

Rosenthal Stuart and Strange William, "Geography, Industrial Organization, and Agglomeration", *The Review of Economics and Statistics*, Vol. 85, No. 2, 2003.

Rosenthall Stuart and Strange William, "Evidence on the Nature and Sources of Agglomeration Economies", In J. V. Henderson, Jacques – Francois Thisse, eds., *Handbook of Regional and Urban Economics* (Vol. 4), Amsterdam: North Holland, 2004.

Shane Scott, *A General Theory of Entrepreneurship: The Individual – Opportunity Nexus*, MA: Edward Elgar, 2003.

Simonen Jaakko and Philip McCann, "Firm Innovation: The Influence of R&D Cooperation and the Geography of Human Capital Inputs", *Journal of Urban Economics*, Vol. 64, No. 1, 2008.

Starrett David, "Market Allocations of Location Choice in A model with FreeMobility", *Journal of Economic Theory*, Vol. 17, No. 1, 1978.

Stokey Nancy, "Human Capital, Product Quality and Growth", *Quarterly Journal of Economics*, Vol. 106, No. 2, 1991.

Stuetzer Michael, Martin Obschonka, Udo Brixy, Rolf Sternberg and Uwe Cantner, "Regional Characteristics, Opportunity Perception and

Entrepreneurial Activities", *Small Business Economics*, Vol. 42, No. 2, 2014.

Tabuchi Takatoshi and Thisse Jacques – Francois, "Taste Heterogeneity, Labor Mobility and Economic Geography", *Journal of Development Economics*, Vol. 69, No. 1, 2002.

Tabuchi Takatoshi and Thisse Jacques – François, "Regional Specialization, Urban Hierarchy, and Commuting Costs", *International Economic Review*, Vol. 47, No. 4, 2006.

Vernon Raymond, "International Investment and International Trade in the Product Cycle", *Quarterly Journal of Economics*, Vol. 80, No. 2, 1966.

Vernon Raymond, "TheProduct Cycle Hypothesis in A New International Environment", *Oxford Bulletin of Economics & Statistics*, Vol. 41, No. 4, 1979.

Wang Chunhua, "Decomposing Energy Productivity Change: A Distance Function Approach", *Energy*, Vol. 32, No. 8, 2007.

Westlund Hans, Johan P. Larsson and Amy Rader Olsson, "Start – ups and Local Entrepreneurial Social Capital in the Municipalities of Sweden", *Regional Studies*, Vol. 48, No. 6, 2014.

Witt Ulrich, "Evolutionary Economics", in Steven N. Durlauf and Lawrence E. Blume, eds., *The New Palgrave Dictionary of Economics*, New York, NY: Palgrave Macmillan Ltd, 2008.

Young Alwyn, "Learning by Doing and the Dynamic Effects of International Trade", *Quarterly Journal of Economics*, Vol. 106, No. 2, 1991.

Zhelobodko Evgeny, Sergey Kokovin, Mathieu Parenti and Jacques – Francois Thisse, "Monopolistic Competition: Beyond the Constant Elasticity of Substitution", *Econometrica*, Vol. 80, No. 6, 2012.

附录一

产业布局相关学术组织和期刊

产业布局是宏观经济学、技术经济学、区域经济学、经济地理学等相关学科的重要内容，是解决当前中国经济下行、环境污染、区域与地区差距扩大、产业结构调整与空间结构优化等诸多矛盾的关键突破口。为进一步加强交流，本部分附上与产业布局相关的学术组织和期刊，挂一漏万，仅供产业布局研究者和爱好者参考。

附表1　　与产业布局相关的代表性学术组织

国际学术组织	
American Economic Association	Internationale Schumpeter Society
Regional Science Association International	Association of American Geographers
国内学术组织	
中国经济50人论坛	中国经济学年会
中国技术经济学会	全国经济地理研究会
中国区域经济学会	中国区域科学协会
中国区域经济50人论坛	中国地理学会

附表2　　与产业布局相关的代表性期刊

国际期刊	
American Economic Review	Econometrica
Journal of Political Economy	Quarterly Journal of Economics
Review of Economic Studies	Research Policy

续表

国际期刊	
Journal of Regional Science	Journal of Economic Geography
国内期刊	
《中国社会科学》	《经济研究》
《经济学（季刊）》	《管理世界》
《世界经济》	《中国工业经济》
《数量经济技术经济研究》	《财贸经济》
《经济学动态》	《经济管理》
《求是》	《中国软科学》
《中国人口·资源与环境》	《地理学报》
《地理科学》	《地理研究》
《自然资源学报》	《经济地理》

附录二

2001—2011年中国城市的产业与人口匹配类型

城市	类型	城市	类型	城市	类型	城市	类型
娄底市	I	三亚市	II	晋城市	III	葫芦岛市	IV
盐城市	I	石嘴山市	II	鄂州市	III	自贡市	IV
宿州市	I	枣庄市	II	漳州市	III	长治市	IV
鹤壁市	I	铁岭市	II	保山市	III	安阳市	IV
鹰潭市	I	马鞍山市	II	武威市	III	临汾市	IV
商洛市	I	青岛市	II	宜宾市	III	咸阳市	IV
梅州市	I	沧州市	II	衡阳市	III	秦皇岛市	IV
白山市	I	通辽市	II	威海市	III	随州市	IV
鄂尔多斯	I	平顶山市	II	大庆市	III	鸡西市	IV
常州市	I	铜陵市	II	福州市	III	邢台市	IV
榆林市	I	辽源市	II	盘锦市	III	白银市	IV
益阳市	I	朝阳市	II	驻马店市	III	绥化市	IV
玉林市	I	六盘水市	II	荆门市	III	宣城市	IV
德阳市	I	呼伦贝尔市	II	常德市	III	承德市	IV
滨州市	I	莱芜市	II	无锡市	III	淮南市	IV
泰州市	I	营口市	II	西安市	III	桂林市	IV
西宁市	I	宝鸡市	II	孝感市	III	鹤岗市	IV
防城港市	I	淮安市	II	廊坊市	III	通化市	IV
眉山市	I	聊城市	II	贵阳市	III	信阳市	IV
丽水市	I	铜川市	II	十堰市	III	德州市	IV
衢州市	I	吉安市	II	泉州市	III	濮阳市	IV

续表

城市	类型	城市	类型	城市	类型	城市	类型
延安市	I	乌海市	II	黄石市	III	巢湖市	IV
唐山市	I	金昌市	II	金华市	III	双鸭山市	IV
清远市	I	九江市	II	湖州市	III	梧州市	IV
渭南市	I	安康市	II	温州市	III	商丘市	IV
日照市	I	郴州市	II	岳阳市	III	亳州市	IV
东莞市	I	四平市	II	嘉兴市	III	三明市	IV
银川市	I	抚州市	II	绍兴市	III	天水市	IV
龙岩市	I	朔州市	II	台州市	III	曲靖市	IV
汕尾市	I	镇江市	II	济南市	III	湛江市	IV
济宁市	I	内江市	II	珠海市	III	淄博市	IV
郑州市	I	贵港市	II	厦门市	III	阳泉市	IV
漯河市	I	池州市	II	广州市	III	黑河市	IV
舟山市	I	芜湖市	II	杭州市	III	滁州市	IV
临沂市	I	达州市	II	上海市	IV	三门峡市	IV
宿迁市	I	菏泽市	II	哈尔滨市	IV	株洲市	IV
南通市	I	广安市	II	沈阳市	IV	忻州市	IV
汕头市	I	资阳市	II	宜昌市	IV	上饶市	IV
河源市	I	嘉峪关市	II	鞍山市	IV	许昌市	IV
江门市	I	七台河市	II	武汉市	IV	萍乡市	IV
南京市	I	松原市	II	邯郸市	IV	荆州市	IV
中山市	I	乐山市	II	石家庄市	IV	吴忠市	IV
南宁市	I	张家界市	II	大同市	IV	湘潭市	IV
莆田市	I	六安市	II	抚顺市	IV	遵义市	IV
长沙市	I	泰安市	III	伊春市	IV	南阳市	IV
合肥市	I	云浮市	III	吉林市	IV	晋中市	IV
烟台市	I	阜阳市	III	齐齐哈尔市	IV	保定市	IV
苏州市	I	巴中市	III	兰州市	IV	运城市	IV
成都市	I	邵阳市	III	洛阳市	IV	南昌市	IV
佛山市	I	黄冈市	III	昆明市	IV	汉中市	IV
惠州市	I	绵阳市	III	长春市	IV	怀化市	IV
重庆市	I	阳江市	III	乌鲁木齐市	IV	潮州市	IV

续表

城市	类型	城市	类型	城市	类型	城市	类型
宁波市	I	韶关市	III	张家口市	IV	丹东市	IV
北京市	I	潍坊市	III	攀枝花市	IV	雅安市	IV
深圳市	I	周口市	III	牡丹江市	IV	东营市	IV
天津市	II	安顺市	III	锦州市	IV	南平市	IV
新余市	II	玉溪市	III	大连市	IV	泸州市	IV
赤峰市	II	白城市	III	开封市	IV	南充市	IV
呼和浩特市	II	昭通市	III	佳木斯市	IV	永州市	IV
包头市	II	赣州市	III	海口市	IV	钦州市	IV
景德镇市	II	宁德市	III	扬州市	IV	北海市	IV
太原市	II	连云港市	III	新乡市	IV	遂宁市	IV
柳州市	II	咸宁市	III	焦作市	IV	黄山市	IV
徐州市	II	广元市	III	阜新市	IV	茂名市	IV
淮北市	II	揭阳市	III	蚌埠市	IV		
本溪市	II	克拉玛依市	III	辽阳市	IV		
肇庆市	II	宜春市	III	安庆市	IV		

注：类型中的 I，II，III，IV 分别代表产业增加值份额和从业人员份额双增长区域（用 I 表达），产业增加值份额上升、从业人员份额下降区域（用 II 表达），产业增加值份额下降、从业人员份额上升区域（用 III 表达），产业增加值份额和从业人员份额双下降区域（用 IV 表达）。

资料来源：中经网统计数据库。

后　记

　　经济活动总要落实在一定的地理空间，于是便有了产业布局。作为一门经世致用的学问，产业布局的研究既需要精深的理论基础，也需要广泛的实践经验。《墨子》有言：伏久者飞必高。为了更好地掌握理论知识，十几年来我一直主持读书会（中国人民大学区域经济读书会和中国社会科学院数量经济与技术经济研究所"回归经典"读书会），借助读书会的平台精读经典理论与前沿文献。这本专著引用的文献很多是为读书会准备的。实践是智慧的源泉，为了加深对产业布局规律的认知，我也特别注重国情调研与体验式学习，通过与政府工作人员座谈、企业考察、老百姓访谈等，把握第一手资料。根据中国社会科学院的统一安排，2018—2019年我到甘肃省酒泉市金塔县挂职副县长，金塔是一个正处于工业化中期的县，在我国具有一般性。通过深度参与地方政府管理，为我理解政府运行机制与产业布局规律提供了难得的契机。这本专著是我对过去多年理论学习与实践考察的总结。

　　学贵得师，亦贵得友。把握产业布局规律，绝非易事。感谢培养我的导师们为我付出的大量心血，感谢指导过我的老师们，你们的学术指点让我豁然开朗。感谢这些年来与我奋战在读书会上的伙伴们，在与你们的交流中开阔了彼此的知识边界、增进了大家的友谊。

　　"和谐、勤勉、坚守、卓越"是中国社会科学院数量经济与技术经济研究所的所训。一大批优秀的人员在这个所工作着、奉献过，作为这个所的一名成员，我深为骄傲。感谢领导们对我的热情关心，感谢老师们的交流讨论。感谢中国社会科学院甘肃挂职团，感谢甘肃省金塔县各位领导，感谢家人，让我在交流中快乐成长。感谢中国社会科学院哲学社会科学创新工程学术出版资助。

  光阴荏苒，日月如梭。回想从本科、硕士、博士到工作，我在宏观经济、技术经济和区域经济领域已经有 18 个春秋。18 年来，我一直勤勤恳恳，努力工作。然而，由于产业布局涉及的因素太多，且动态变化，书中还有很多不足，欢迎读者朋友批评指正，我的邮箱是 85228678@qq.com。千淘万漉虽辛苦，吹尽狂沙始到金。我必将带着大家的建议，不负韶华，砥砺前行。

胡安俊

2021 年 3 月